U0721667

国际中文教育概论

刘洁　范媛媛　游黎　杜晓莉　著

四川文艺出版社

图书在版编目（CIP）数据

国际中文教育概论 / 刘洁等著 . -- 成都：四川文
艺出版社 , 2024.1
ISBN 978-7-5411-6891-8

Ⅰ . ①国… Ⅱ . ①刘… Ⅲ . ①汉语—对外汉语教学—
教学研究 Ⅳ . ① H195.3

中国国家版本馆 CIP 数据核字（2024）第 015107 号

GUOJI ZHONGWEN JIAOYU GAILUN

国际中文教育概论

刘洁　范媛媛　游黎　杜晓莉　著

出 品 人	谭清洁
责任编辑	陈雪媛
内文设计	史小燕
封面设计	赵海月
责任校对	文　雯
责任印制	桑　蓉

出版发行　四川文艺出版社（成都市锦江区三色路 238 号）
网　　址　www.scwys.com
电　　话　028-86361802（发行部）　　028-86361781（编辑部）

排　　版　四川胜翔数码印务设计有限公司
印　　刷　成都蜀通印务有限责任公司
成品尺寸　185mm×260mm　　开　本　16 开
印　　张　14.25　　字　数　270 千
版　　次　2024 年 1 月第一版　印　次　2024 年 1 月第一次印刷
书　　号　ISBN 978-7-5411-6891-8
定　　价　70.00 元

序1
以问题导向驱动国际中文教育知识体系构建

　　"国际中文教育"作为一个新兴学科的名称，经历了从"对外汉语教学"到"汉语国际教育"再到"国际中文教育"三次迭代更新。对外汉语教学时代的主要学科基本理论著作有刘珣著的《对外汉语教育学引论》、赵金铭主编的《对外汉语教学概论》和陈昌来主编的《对外汉语教学概论》等。汉语国际教育阶段出版了刘谦功著的《汉语国际教育导论》和傅其麟、邓时忠、甘瑞瑗主编的《汉语国际教育导论》等。"国际中文教育"这一学科名称的首次出现，始于2019年的国际中文教育大会，但在2022年教育部发布的新版《研究生教育学科专业目录》中，才正式将"汉语国际教育"专业学位类别的名称更改为"国际中文教育"。需要指出，这也只是在研究生教育层次培养硕士和博士研究生的专业学位类别的更名，本科教育层次上的"汉语国际教育"专业至今未见更名相关的正式文件。然而，我们从学理和学科内涵判断，"汉语国际教育"本科专业更名为"国际中文教育"应是大势所趋。

　　刘洁老师主编的《国际中文教育概论》是第一本将新的学科名称"国际中文教育"用于书名的学科基本理论教材。刘洁老师作为一线国际中文教育教师，牵头编写本书的初衷源于对国际中文教育学科基本理论教材匮乏的深切感受，反映了在学科快速迭代升级的过程中，国际中文教育知识体系构建的迫切性。一年多前，刘洁老师曾跟我谈及想编写一本《国际中文教育概论》，当时我充分肯定了这一想法，并表示我也想写一部类似的学科通论的著作。今天刘洁老师主编的著作即将付梓，而我的想法依然停留在构思阶段，看来，"心动不如行动"这句话在刘洁老师的身上得到了很好的诠释，而对于想得多、行动力不够的人来说，这句话又是一种警醒！这也充分证明了刘洁老师的勇气、信心和行动力。对所有学者尤其是中青年学者来说，刘洁老师及参与本书编写工作的范媛媛、游黎、杜晓莉老师的行动也给大家做出了榜样，说做就做，值得学习，正所谓，"临渊羡鱼不如归而结网"。

作为国际中文教育领域的研究者，我们的研究选题必须充分体现问题导向，在国际中文教育事业和学科快速发展进步的今天，学科理论体系建构任务十分迫切，因此，我们应该把有限的时间精力用于研究、解决事业发展和学科建设亟待破解的难题。汉语国际教育本科专业虽已历经多年建设，但尚缺能够反映事业和学科发展最新动态的教材。刘洁老师编写的这本教材克服了这一不足，较好地反映了国际中文教育最新发展状况和学科前沿的研究成果，使教学内容更接地气，使理论与实践更加紧密对接，便于学生学以致用，在理论成果知识转化方面做出了积极探索。

在即将落笔之时，看着机舱外远处泛着微光的夜空，我想写一句话：这篇序文是在出访英国的飞行途中完成的，很有纪念意义。我在想，如果我们都能争分夺秒，利用所有可以利用的时间来学习和研究，我们共同的国际中文教育事业发展和学科建设是不是可以发展得更好更快呢！

最后，预祝刘洁老师领衔，范媛媛、游黎、杜晓莉老师参与编写的这本教材早日出版！

2023 年 10 月 20 日完成于北京飞往伦敦的航班上

序2

2022年9月13日，国务院学位委员会和教育部公布了最新版的学位授予和人才培养学科目录，将"汉语国际教育"正式更名为"国际中文教育"，作为新增博士专业学位授予和人才培养学科之一，自2023年起实施。这标志着国际中文教育学科专业进入了一个新的发展阶段。

在这一背景下，为国际中文教育本科专业核心课程"国际中文教育概论"编撰出版一本新教材，及时反映新时代党和国家赋予国际中文教育作为一种国家事业的最新历史使命，凝练国际中文教育作为新兴交叉学科的最新研究成果，满足国际中文教育作为一种跨语言、跨文化的复合型、实践型专业人才培养方向的最新需求，就成了一种时代的召唤和历史的必然。

为了因应这一教育变革与教学需求，来自川、渝两地高校的四位青年学者，在认真研读既往同类教材、充分吸收其优秀传统和成功经验的基础上，广泛吸收国内外最新研究成果，深思精研国际中文教育的学科属性与专业内涵，从编写理念、内容结构等方面锐意创新，编撰出版了这本《国际中文教育概论》新版教材。

本书首先从事业—学科—专业三维视角对国际中文教育的发展历程进行了系统的回顾和梳理，接着从国际、中文、教育三个关键词入手，对国际中文教育的学科属性和理论基础进行了准确定位和清楚阐述，进而从施教内容（汉语本体）、施教对象（学生）、施教主体（教师）和施教行为（教学）四个方面对国际中文教育的专业和教学内涵及其相互关系进行了系统梳理和详细分析，让读者从纵向与横向、整体与局部、内容与过程等多个维度对国际中文教育有了更为全面、清晰的了解与把握。

本书不仅可以作为国际中文教育本科专业核心课程"国际中文教育概论"的教材

使用，也可以为国际中文教育专业硕士和博士研究生以及对相关学科领域学术研究感兴趣的专家学者提供有益参考。相信本书的出版必将促进国际中文教育专业高素质、创新型人才培养，推动国际中文教育学科建设的持续发展及学术研究的日益精进，助力我国国际中文教育事业的高质量发展。

2023 年 12 月于西南大学

前　言

在百年未有之大变局的新时代，随着中国国际地位和影响力的提升，中国正逐步走向世界舞台的中央，中文也正在由具有一定影响力的国际语言逐步成为具有重要影响力的语言。七十多年来，国际中文教育经历了学科确立、规模扩大、高速发展、疫情阻碍、转型升级和缓速提质的风风雨雨，学科研究更加深入、专业确立更加坚定、事业发展更加有序，"中文＋"、跨学科、本土化、标准化、数智化、文化互鉴等已成为当下国际中文教育的新标签。目前已经基本形成了顶层设计、学科引领和专业实践的三重格局，尤其是在后疫情时代，在全新的国际中文教育布局下，经由大数据、人工智能、元宇宙、虚拟仿真等技术赋能，在新文科建设的全新理念下，语言教学主业、文化共生共荣愿景、人类命运共同体构建等成为国际中文教育新的内涵意蕴。

事业起步晚，学科发展缓，专业归属迷，国际中文教育发展经历了匆忙上岗、快速扩展和布局调整的重要过程。无论是事业发展，还是专业建设或学科研究，人才培养尤为关键。国际中文教育从本科到专硕乃至专博，隶属文学和教育学两大学科门类，人才培养也从本科中文＋外语＋教育的模式到专硕教育＋跨文化交际再到学科研究＋跨文化研究的基本人才培养模式。因此，本科人才作为国际中文教育一线从业人员的基础来源，其学科理念、学科知识、教学技能、跨文化交际能力、语言表达和理解能力等的培养至关重要。

作为国际中文教育本科的专业核心课程——"国际中文教育概论"理应承担起树立专业理念、构架学科框架、划定学科范围、梳理学科发展历程、组织学科知识模块、介绍学科研究领域方法等职责。这也是学生接触专业、认识学科、了解事业发展的重要课程。从事该专业课程教学以来，用过较多相关教材：经典教程由于经典，中文本体色彩浓厚，学科理论体系较为陈旧，不能及时反映学科的新发展；教育类教程教育学色彩又过于浓重，忽略了中文作为第二语言的特殊性；教学法类教程较多强调外语教学法、教学实操，弱化了学科体系的搭建；二语习得类教程也较多分析偏误、习得等二语习得框架下的相关问题，国际中文教育自身的其他学科内涵并未凸显。因此在教学中，总要差强人意选一本教材，在实际教学中又不得不综合各家教材的相关知识模块"组装"到"国际中文教育概论"课程中来，同时也尽量照顾学生了解学科、掌握知识、学会方法等各方技能的培养，真是煞费苦心。

《国际中文教育概论》自立项以来，就确立了反映学科最新发展，以全新的学科理念构建学科基本理论框架，组建学科最新知识，介绍学科最新研究方法的基本教材撰写思想和具体任务，聚集了四川大学游黎老师、杜晓莉老师，西南大学范媛媛老师，以及成都信息工程大学刘洁老师四位在三所高校长期从事国际中文教育教学研究的一线教师作为写作团队，他们不仅长期奋战在国际中文教学和文化传播一线，而且长期从事国际中文教育相关研究，讲授国际中文教育概论相关课程，有深刻的教学体会和研究心得，写作团队的搭建保证了该教材写作的品质。

本书共六章，主要梳理了国际中文教育的发展历程，基本的学科理论，与该学科相关的其他学科理论，国际中文教育视域下的本体研究，以及学生、教师和教法等该学科关涉的三大主体，在充分考虑写作团队各自写作专长和擅长领域的前提下，写作团队进行了如下分工：刘洁老师主要撰写第一章，第二章的第三节、第四节，第三章和第五章；范媛媛老师主要撰写第六章；游黎老师主要撰写第二章的第一节和第二节；杜晓莉老师主要撰写第四章。

本教材以国际中文教育事业、学科和专业三大属性为纲，在照顾发展历程纵线梳理的基础上，横向穿插与国际中文教育专业相关的其他语言学、教育学、心理学等学科理论知识，聚焦中文作为二语的学习者的特殊性、国际中文教师的特殊素养以及适应中文教学的外语教学法，详细论述，关注国家的事业布局、学科最新发展动向、学科研究最新进展，有案例解析，也有学术研究方法示例，是国际中文专业本科生和研究生补修以及参加相关国际中文教育考试选拔的重要参考书。

感谢写作团队在繁忙的工作之余挤出时间精心完成相关写作内容，是他们的专业、敬业和对国际中文教育事业的情怀保证了该教材的质量；感谢成都信息工程大学给予本书写作的大力支持；感谢书稿精修完成时我所赴任的泰国孔敬大学孔子学院，公派的工作也给予了我很多写作案例和思路；同时还要感谢四川文艺出版社有限公司帮助该教材顺利付梓。

需要说明的是，由于能力有限，在该教材写作过程中参阅了大量前贤大家的精彩论断，站在巨人的肩膀上才得以看得更远，虽然尽量标明出处，难免有疏漏，敬请原谅；同时书中有不尽如人意的地方，也恳请业界人士提出反馈意见，方便后续继续修订。

刘洁

2023 年 9 月于泰国孔敬

目 录

第一章　国际中文教育的发展历程

国际中文教育具有学科研究、专业发展和事业推进三重重要属性。中华人民共和国成立以来，中国的国际中文教育事业经历了从 1.0 到 4.0 的提升与演变：1950—1986 年是 1.0 阶段，这一时期的国际中文教育无论从来华学生数量、外派教学情况、接收留学生高校数量、教师数量、教材、研究情形等各方面来说，都有很大限制，事业处于起始期和积累期；1987—2003 年是 2.0 阶段，这一时期以国家对外汉语教学领导小组的成立为标志，开启了国际中文教育学科和事业发展的系统规划模式；2004—2018 年是 3.0 阶段，这一时期以孔子学院和孔子课堂的全球布局为标志，进入了中国主动助力中文国际化的历程；2019 年进入 4.0 阶段，大变局与大疫情的叠加之年，中国国际中文教育基金会和中国教育部中外语言交流合作中心相继成立，国际中文教育也跨入了 4.0 时代，开始致力于构建更加开放、更加包容、更加规范的现代国际中文教育体系。在这个过程中，事业经历了"对外汉语教学—汉语国际推广—汉语国际教育—国际中文教育"的术语变迁或叠用，国际中文教育作为一个学科也卓然建立了起来[①]。

第一节　国际中文教育的学科发展历程

学科建设需要学科地位的确立、学科研究内容的确定和学科理论的体系化。自 1978 年对外汉语教学作为一个专门的学科确立以来，四十多年来，从对外汉语教学到当今的国际中文教育，其学科的发展逐渐由快速粗犷式向内涵精细化转变，具体表现

---

① 国际中文教育发展阶段的划分见：王春辉. 历史大变局下的国际中文教育——语言与国家治理的视角［J］. 云南师范大学学报（哲学社会科学版），2021（3）：54.

在：学科研究对象逐步扩大，从着重关注国内来华留学生，到关注国内外学习汉语言文化的二语习得者，再到关注海内外用汉语学习工作生活的外籍人士和华人华侨及其后裔等；学科内涵研究逐步深化；学科研究领域进一步拓展，从传统的语言教学、教材、教法逐步拓宽至与教育学、信息技术、心理学、跨文化交际、经济学、传播学等多领域学科交叉融合；学科研究方法也借鉴了其他学科研究的手段，如数据统计、问卷调查、课堂观察、访谈、模型分析、行动研究、课例研究、个案分析等；学科人才本硕博培养体系也基本形成，专硕专博的设立与学硕学博的延续互为补充，这些不同培养路径培养的学科人才为该学科的建设发展提供了重要的研究力量。

作为一门学科，崔永华（1997）认为对外汉语教学[1]学科理论体系概括为学科支撑理论、学科基础理论和学科应用理论。赵金铭（2019）又为其增加了学科发展理论。他认为整个学科建设体系有四个方面，并且涵盖了26个学科研究内容，具体体系图如下：

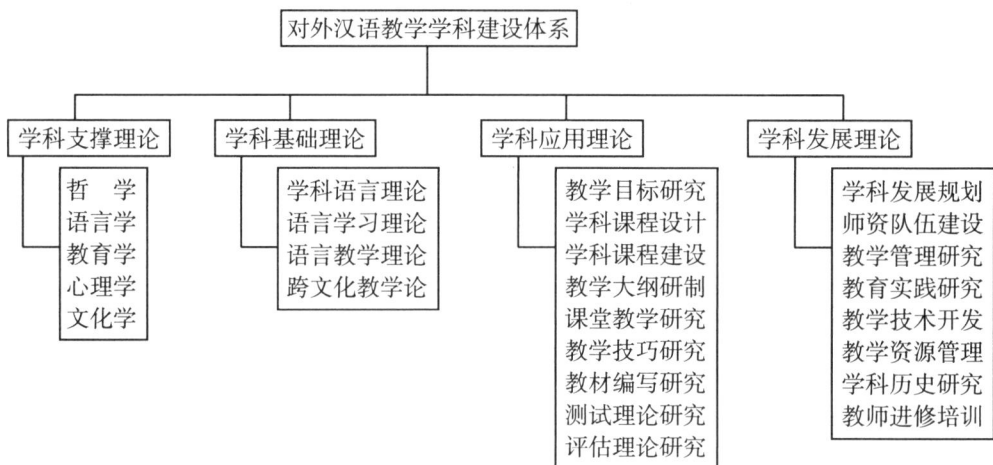

学科建设体系[2]

一、学科名称不断变化调整

从1950年开始到现在，对外汉语教学事业走过了七十多年的发展历程，肩负着学科发展和事业发展双重使命的对外汉语教学，在其不足百年的发展历史中产生了多个学科名称：对外汉语教学、对外汉语教育学、对外汉语学、汉语作为第二语言教学、对外汉语、中文教学、华文教学、国际汉语教学、汉语国际教育、国际中文教育等，

---

[1]　当时的学科名称是"对外汉语教学"。
[2]　赵金铭主编.对外汉语教学概论（修订版）［M］.北京：商务印书馆，2019：67.

这些名称基于不同的学科和事业发展阶段，基于不同的视角和内涵，目前基本趋于统一，即"国际中文教育"。

王力题词

（一）对外汉语教学

这个名称使用最早，也使用最为广泛。1983年，为筹备全国性的针对外国人汉语教学的学术团体，这个名称被第一次提出。1984年，时任中国教育部部长的何东昌先生认为："多年的事实证明，对外汉语教学已经发展成为一门新的学科。"著名的语言学家王力先生1984年在给《语言教学与研究》创刊五周年的题词中写道："对外汉语教学是一门科学。"也肯定了对外汉语教学这个教学活动的科学性和学科性。刘颂浩认为："我们把'对外汉语教学'中的'外'解释为'外国或外族人（非母语者）'。这就是说，我们是从非母语者的角度来理解'外国或外族人'的。这样，'对外汉语教学'即为'对外国或外族人（非母语者）进行的汉语教学'，简单地说，是'对非母语者进行的汉语教学'。这就是说，对外汉语教学对象的本质属性，不是外国国籍（即'外国人'），而是语言方面的'非母语者'。"[①]刘颂浩解释了"对外汉语教学"这个名称中"外"的含义，较好地避开了基于国内视角而产生的片面性，在较大范围内涵盖了国内和国外的汉语为非母语的学习者，界定了该名称的外延，延伸了该名称的生命力。

（二）对外汉语教育学

这个名称因北京语言大学刘珣先生《对外汉语教育学引论》的高频次引用影响颇

---

① 刘颂浩. "对外汉语（教学）"的重新阐释［J］. 国际汉语教学动态与研究，2006（4）：29.

为广泛。从教育学的视角看待对外汉语教学学科，充分关注了该教学活动的教育性质。刘珣认为，该活动从本质上讲是一种教育活动，"汉语作为第二语言教学活动也是本学科研究的主要课题、核心课题，但并非本学科的全部内容，对教学的研究也不能脱离对教育的研究，否则将会失去目标与方向……教师作为教育工作者不仅要教书，还要育人，对中国学生的培养固然如此，对外国学生同样也要进行德智体美全面发展的综合素质教育"①。这本书出版至今已经二十多年，现在看来，刘珣先生很有预见性和洞察力，该名称与当下的名称也有一定的契合度。

（三）对外汉语学

这个名称是潘文国先生提出来的。潘先生基于专业名称的角度，提出学科名称应为"对外汉语学"，他认为"对外"汉语学的研究本体是"对外"的汉语，与"对内"的汉语研究不同，"所谓对外汉语研究，应该是一种以对比为基础、以教学为目的、以外国人为对象的汉语本体研究。这三个特点就使'对外汉语学'这个学科具有了不可替代性，也同周围别的学科划清了界线"②。他认为的该学科研究内容虽然涵盖了本体、教学、跨文化、二语习得、汉外对比五个主要研究方向，但是这些研究方向的内涵都无法在名称当中体现出来。该名称内涵稍显单薄，在业界鲜有使用。

（四）汉语作为第二语言教学

吕必松先生认为该名称较好地体现了学科性质，"作为一种第二语言教学，它跟对第一语言为非汉语的我国少数民族的汉语教学以及在其他国家和地区进行的汉语教学具有同样的性质。因此，从学科的角度说，它的研究对象就不但应当包括对外国人的汉语教学，而且也应当包括对第一语言为非汉语的我国少数民族和海外华人的汉语教学；不但应当包括在中国进行的汉语教学，而且也应当包括在其他地方进行的汉语教学"③。该名称也是延续较久的学科名称，它是基于语言学习的顺序角度而言的，具有一定的普遍性，也可以比较方便地借鉴英语作为第二语言教学的一些基本理论和方法。

（五）对外汉语

这个名称最开始是专业名称，专业名称和学科名称在对外汉语教学发展初期有相当长一段时间存在不统一的情况。该名称是1984年在北京语言学院（今北京语言大学）、华东师范大学、北京外国语学院（今北京外国语大学）和上海外国语学院（今上海外国语大学）四所院校设立本科专业时的专业名称。吕必松认为"对外汉语"的说法"是

---

① 刘珣.对外汉语教育学引论 [M].北京：北京语言大学出版社，2000：8.
② 潘文国.论"对外汉语"的学科性 [J].世界汉语教学，2004（1）：16.
③ 吕必松.对外汉语教学概论（讲义）续十七第八章：对外汉语教学的学科性质和学科建设 [J].世界汉语教学，1997（1）：64.

不科学的，因为汉语本身并没有对内—对外之分，在'对外汉语教学'这个术语中，'对外'是修饰'汉语教学'的，而不是修饰'汉语'的"[1]。

（六）国际汉语教学

该名称是针对对外汉语而言的，如果说对外汉语主要指的是在国内针对来华留学生的汉语教学，那么国际汉语教学是基于对外汉语教学由国内针对来华留学生扩展到海外本土针对海外汉语学者的发展形势而出现的，与对外汉语教学在教学对象、教学语言、教学方法、文化环境、教材等方面都有很大不同，它的教学场域主要在海外，教学对象主要是海外本土的学生。

（七）汉语国际教育

这个名称是从专业名称而来的。其最早是作为专业硕士名称出现的，它是指面向海外母语非汉语者的汉语教学。汉语国际教育硕士专业学位英文名称为"Master of Teaching Chinese to Speakers of Other Languages"，简称 MTCSOL。作为学科名称是应对外汉语教学活动由主要面向来华留学生逐渐转变为也面向海外汉语学习者的新情况而出现的。该名称反映了汉语教学对象由国内开始扩大到海外的新趋势。崔希亮认为："'汉语国际教育'从学科属性上来说不单纯，它是交叉学科。既然是交叉学科，那么把它简单地归到哪里都不合适。它涉及汉语言文字学、语言学、教育学、心理学、信息科学、传播学等多个学科门类。可否说'汉语国际教育'已经是一个独立的学科了？从学理上说恐怕还不能。但是从它的交叉性上看，作为一个独立的学科来看待是比较合理的。"[2]

（八）国际中文教育

该名称是2019年长沙国际中文教育大会之后出现的一个新词、热词，它是对当下"汉语国际教育""汉语国际传播""对外汉语教学""国际汉语教学"等诸多活动的高度概括，亦是对中文教育未来发展趋势的预判。郭熙认为，国际中文教育可以定义为："中文在全球的传播与传承工作，它包括国内的对外汉语教学、海外的国际中文教学和海外华文教育。"[3]王辉等认为，"国际中文教育是一个包容性很强的概念，涉及全球范围的各类汉语教学，既可包括国内面向留学生的'对外汉语教学'，又可包括国外面向当地居民的汉语教学及面向华侨华人的华文教育。既涉及学历教育，又涉及非学历教育。'对外汉语教学''汉语国际教育'及'海外华文教育'三者可放置于'国

① 吕必松. 对外汉语教学概论（讲义）续十七第八章：对外汉语教学的学科性质和学科建设［J］. 世界汉语教学，1997（1）：63.
② 崔希亮. 关于汉语国际教育的学科定位问题［J］. 世界汉语教学，2015（3）：408.
③ 郭熙，林瑀欢. 明确"国际中文教育的内涵和外延"［N］. 中国社会科学报，2021-03-16.

际中文教育'框架下"①。

　　"国际"是对教育范围和教育对象的概括，它涵盖了国内针对外国人的中文教育和海外针对国籍非中国的人的中文教育；"中文"一词，《现代汉语词典（第7版）》解释为："（名）中国的语言文字，特指汉族的语言文字。"这是对"中文"约定俗成的界定。"中文"取代"汉语"，是对除汉语外各种方言、民族语，除语言文字外各种文学艺术文化等的综合指称。"中文"一词适应了当下教学内容更加丰富、学习需求更加多样的新趋势。"教育"与"教学"不同，叶澜认为，教育是有意识的以影响人的身心发展为直接目标的社会活动②。而关于教学，程佑清认为，教学是教师教导学生学习书本知识，以促进学生获得相应发展的活动。可见，教学是教育的具体过程，教学研究的是具体的教育活动和教育途径中的共同的教育过程问题③。从外延来看，教育＞教学，国际中文教育活动不单单指的是以汉语学习为主要内容的课堂教学活动，它还包括了文化体验、才艺训练、"汉语＋"职业、汉学研究、国际中文传播等社会活动。因此综合以上分析，国际中文教育指的是以外国人为教育对象进行的与中国语言文字文学文化等相关的以浸润感化学生使之获得相应认知为教育目标的社会活动。可见，"国际中文教育"这个名称着眼的教学对象从国内中文学习者扩大到海外本土学习者，教学内容从"汉语＋"扩充至"中文＋"，教学目的从第二语言听说读写技能的语言层面上升到文化的引介、浸润，思维的认知、影响和德行的践行、感化等。它是在新时代文化自信的心态下，为助力构筑人类命运共同体，顺应中文教育发展的新潮流，在中文走向国际的新理念、新思路和新格局的新形势下，基于构建自信、开放、包容和科学的国际中文教育新体系、新命题，培养了解中国情况、浸润中国文化、认知中国思维、践行中国德行的知华友华爱华之人的教育活动。

　　实际上，这些概念的使用，既与概念属性和学科性质有关，在很大程度上也与是否使用对比性的观察视角有关，还与上下位概念之间、平行概念之间是"浑言"使用还是"析言"使用有关。若概念之间有观察视角和适用范围的差别，那么是不是增减一个概念就能将相关概念的内涵和外延调整清楚④？

① 王辉，冯伟娟. 何为"国际中文教育"［OL］. 2021-10-15. https://www.gmw.cn/xushu/2021-03/15/content_34688036.htm.
② 叶澜. 教育概论［M］. 北京：人民教育出版社，2006：10.
③ 程佑清. 教学论新编［M］. 北京：人民教育出版社，2011：13.
④ 施春宏. 汉语教学理论探索［M］. 北京：商务印书馆，2021：1.

二、学科地位逐渐提升

1978 年以来，对外汉语教学作为一个学科虽然确立，但是在长达十年的时间里，其学科地位并未得到重视，直到 1988 年才有了自己的学科名称，在北京地区语言学科规划座谈会上，大家明确提出："要把对外国人的汉语教学作为一门专门的学科来研究，应成立专门的研究机构，培养专门的人才。"[1] 为推动学科发展、促进学术交流，中国教育学会对外汉语教学研究会于 1983 年成立，后独立并更名为中国对外汉语教学学会（1988）；召开了第一届国际汉语教学讨论会（1985）；成立了专业出版社——北京语言学院出版社（1985）、华语教学出版社（1986）；成立了专门的学术团体——世界汉语教学学会（1987）；创办了专业刊物——《世界汉语教学》（1987）。这些都为教学理论的研究和交流创造了良好的条件[2]。20 世纪 90 年代初，对外汉语教学作为一个学科，其学术地位基本确立，学科研究的理论体系已经基本形成。

进入 21 世纪，随着国家国力的快速增长，国家对外开放的步伐进一步加大，同时伴随着"一带一路"国家战略的提出，肩负着传播中国语言文化重任的对外汉语教学学科研究得到了充分关注，学科地位进一步在汉语国际推广中得到提升，学科重要性也得到了教育主管部门的重视。

另外，该学科的相关研究也得到了国家研究管理部门的支持，在国家哲学社会科学基金项目、各省哲学社会科学基金项目以及各个高校的各级科研项目中，关于国际中文教育研究的立项项目逐步增多，如近年来汉考国际[3]携手世界汉语教学学会、中文联盟，持续面向全球孔子学院、高校及科研机构开放科研基金项目申请，主要着眼于国际中文教育事业，聚焦中文考试、学习与教学，强调理论研究的开拓性与创新性，应用研究的现实性、针对性及政策参考价值[4]。另外，隶属教育部的中外语言交流合作中心（简称"语合中心"）自成立以来，每年都发布国际中文教育年度课题，支持国内外学术团队及个人开展国际中文教育相关领域的基础理论和应用研究，促进中外语言教育及相关领域的学术交流合作。2021 年，随着《国际中文教育中文水平等级标准》的发布，语合中心还首次发布了《国际中文教育中文水平等级标准》教学资源建设项

---

① 北京地区语言学科规划座谈会简况［J］.中国语文，1978（1）.
② 李泉.对外汉语教学：学科建设四十年——成就与趋势，问题与顶层设计［J］.国际汉语教育，2018（4）：5.
③ 官方网址：http://www.chinesetest.cn/index.do.汉考国际教育科技（北京）有限公司（简称"汉考国际"）是专业化国际中文教育考试服务机构，致力于为世界各国（地区）提供国际中文教育和考试研究设计、技术研发、考试实施、市场推广等方面的专业化服务，最大限度满足全球中文学习者和中文教育机构的需求。汉考国际已在全球155个国家（地区）设立1208个考点，累计服务全球各类中文学习者3000多万人次。
④ 汉语考试服务网：http://www.chinesetest.cn/gonewcontent.do? id=45261125.

目申报通知，支持标准的数字化建设 ①。各类科研奖项也都有对外汉语教学的研究成果参评和获奖。

学科发展和建设有基于国家战略层面的外部推动，更重要的是有学科内部发展的动力，学科自身研究的深入和强大是学科地位得到尊重和凸显的重要推力。2022 年 9 月 13 日，《国务院学位委员会教育部关于印发〈研究生教育学科专业目录（2022 年）〉〈研究生教育学科专业目录管理办法〉的通知》下发。这个通知颁布了 2022 版研究生教育学科专业目录，在该目录中，原来的"汉语国际教育"学科名称更改为"国际中文教育"，成为一级学科，学科门类为教育学。这是一件具有里程碑意义的大事件，更名和一级学科地位的确立标明了新时代国家对国际中文教育、国际中文传播的学科定位，其地位得到了提升，重要性更加凸显 ②。

三、学科研究逐渐深入广泛

四十多年来，对外汉语教学的学科研究领域在不断拓展和延伸，既有对学科基本理论问题的探讨，如语言传播史、语言本体与语言教学的接口研究，语言教育理论、社会语言学、语言心理学等相关基础理论的研究；又有关于语言教学、语言学习、课堂管理等中间层面的研究；还有具有一定实操意义的教学方法等研究。具体而言，有对于该学科研究传统问题的继续深入研究，如学科定位、性质和特点，课程设置，教学方法，教师培养，要素教学研究，教学评估等；又有对于随着国际中文教育的发展而出现的新问题的研究，如国际中文教育的学科属性的重新界定、孔子学院的未来发展、中文教师本土化、中文传播国别化、教材编写本土化、"中文＋""＋中文"、专业人才培养的课程思政、后疫情时代线上教学、中文教师的信息素养、中介语语料库建设、中文标准制定与测试、国际中文推广、国际中文教育的经济价值等。

新时代，面临百年未有之大变局，国际中文教育的学科研究更应该紧贴时代需要，融合其他学科研究，走新文科发展道路。李泉认为，对外汉语教学应走"大学科化"发展建设之路。新形势下对外汉语教学的学科建设应突破传统的单一化、孤立式的发展和研究模式，确立集成、融合与多元的发展理念，抓住对外汉语教学内部各领域，特别是外部相关专业生态环境变化的新机遇，走"大学科化"之路：将对外汉语教学自身各领域的汉语教学、因对外汉语教学而设立的相关专业，一并纳入学科建设的视野；研究和明晰各领域、各专业之间的内在联系，使之融合为以对外汉语教学为核心和基础，

---

① 语合中心网站：http://www.chinese.cn/page/#/pcpage/announcement? id=854&page=1.
② 教育部官网相关信息：http://www.moe.gov.cn/srcsite/A22/moe_833/202209/t20220914_660828.html.

以培养各类汉语人才和汉语教学人才为主要目标，包含不同领域和专业的对外汉语教学"大学科"[①]。吴应辉认为，"学科理论体系是学科存在和发展的基石。国际中文教育事业和学科都进入了转型升级的重要时期，我们需要构建一套崭新的学科理论体系，以支撑学科建设和事业发展"，他认为国际中文教育的学科理论体系可用下表[②]涵盖：

学科基础理论	学科应用理论	区域/国别/语别中文教育特色理论	国际中文教育与其他学科交叉融合理论
国际中文教育理论	第二语言教学法	东南亚华文教育	国际中文教育与国家软实力
国际中文教育史	语言要素教学	中东地区中文教育	国际政治与中文教育
国际中文教育研究方法	师资与教学资源	中亚国家中文教育	国际经济贸易合作与中文教育
中文国际传播概论	中文教学标准	日本中文教育	不同文化背景下的中文教育
国家政策与中文教育	第二语言习得	韩国中文教育	国际中文教育项目管理
国际中文教育评估	中文测试	泰国中文教育	国际中文教育与语言产业
海外汉学概论	中外语言比较	马来西亚华文教育	国际中文教育与技术融合
中华文化国际传播概论	跨文化交际	西班牙语国家中文教育	……
……	……	……	

学科理论体系

四、研究方法逐渐多样丰富

由传统的汉语作为第二语言教学开始的国际中文教育，以语言教育作为主业和基业的学科特点使得其研究方法在开始时主要是围绕语言本体研究和语言教学的相关研究进行，"语言研究有一种其他任何科学学科所不具有的特点，这就是语言学是一门以语言本身为研究对象，又以语言本身为研究工具并以语言本身为表达方式的科学。这就给语言研究带来了极大的主观性和随意性"（宁春岩，1982）。语言教学研究主要是通过对外语教学法的梳理观照汉语教学，在研究方法上沿袭了语言描述、语言分析、教学设计等基本研究思路。

20世纪以来，随着互联网数字技术的发展以及后疫情时代学科研究的新发展，受到其交叉学科相关研究方法的启发，国际中文教育领域拥有了新的研究视野和研究方法：心理学科的实验法，教育学科的课堂观察法、访谈法、行动研究法、质性与量化

[①] 李泉.论新时代对外汉语教学的"大学科化"之路［J］.语言文字应用，2020（2）：82.
[②] 吴应辉.国际中文教育新动态、新领域与新方法［J］.河南大学学报（社会科学版），2022（2）：107.

混合研究法，统计学科的数理统计法等，都被纳入了国际中文教育的相关研究，取得了一些新研究成果，新方法的介入也把国际中文教育研究推向深入。

针对这些用其他学科"嫁接"到国际中文教育学科中来的研究方法取向，吴应辉认为，"在理论与研究对象之间机械关联，从而导致研究者丧失独立思维，得出离开事物本原的牵强附会的研究结论。这样的研究不能客观反映事物的本质，不能揭示事物背后的规律，自然也不能对国际中文教育事业发展提供科学依据，有时可能还会危害这项事业的发展"[①]。基于国际中文教育学科自身的学科特点，他提出了问题本位研究法、全球视野比较法、整体系统分析法和基于大数据的量化研究法等四种研究方法，其中的全球视野比较法凸显了国际中文教育牵涉全球，需有国际视野的特殊性，值得借鉴。

---

① 吴应辉.国际中文教育新动态、新领域与新方法［J］.河南大学学报（社会科学版），2022（2）：108.

第二节　国际中文教育专业的发展历程

学科和专业两者的发展从来都是相辅相成的。专业的发展需要多学科支撑、交叉和融合，学科的发展又必须以专业发展为基础。国际中文教育专业的发展经历了本科设立—名称更迭—专硕单列—学博专博并行这几个发展阶段。

一、本科专业设立

学科的独立始于 1978 年，吕必松在北京地区语言学科规划座谈会上提出应当把对外国人的汉语教学作为一个专门的学科来建设，应该在高校中设立培养这类教师的专业，并成立专门的研究机构。这是业内学者首次明确提出学科建设的问题。1984 年，王力先生为《语言教学与研究》创刊五周年题词，指出"对外汉语教学是一门科学"。同年，在当时的北京语言学院、华东师范大学、北京外国语学院和上海外国语学院四所院校设立对外汉语本科专业，并从第二年（1985）开始招生。直到 1988 年，教育部颁布《普通高等学校本科专业目录》和《普通高等学校本科专业设置规定》，在一级学科中国语言文学类（学科代码 0501）下设置了"对外汉语"二级学科。至此，这一专业才正式确立。

一个学科的存在和发展有赖于学科地位的确立、学科研究领域的划定、学科研究方向的确定、学科研究内容的深入、学科专业刊物的创办和学科研究成果的产出。以汉语作为第二语言教学为核心，重研究成果的应用性，拓展语言教学内容，聚焦教学研究、教师发展、跨文化交际、文化传播、国家政策、语言治理、教材研发、测试评估、孔子学院内涵式发展、职业汉语、语言心理、职业信念、学术汉语等上至国家顶层设计、中至学科研究、下落课堂教学等研究内容，充分体现了新时代国家"新文科"学科交叉融合的学科发展方向，汉语国际教育真正成为融合语言学、教育学、心理学乃至经济学、统计学、传播学、历史学、文学、信息学等多学科的交叉学科。专业学术研究刊物除了传统的《语言教学与研究》《世界汉语教学》《语言文字应用》等，还出现了《华文教学与研究》《国际汉语教学研究》《国际汉语教育》《国际汉语学报》《汉语国际传播研究》《国际汉学》《汉语教学学刊》《海外华文教育》《对外汉语研究》等，近年来，顺应国家国际中文推广的战略需求，一些学报如《云南师范大学》开辟了对外汉语教学研究版，《天津师范大学学报》（哲学社会科学版）、《四川师范大

学学报》（社会科学版）、《首都师范大学学报》（社会科学版）、《河南大学学报》
（社会科学版）等都相继开设了国际中文教育专栏，《民族教育研究》《汉语学习》《对
外汉语研究》等也开辟了国际中文教育栏目，哲学社会科学类的杂志、学报等栏目的
调整和增设体现了国际中文教育学科地位的提升和服务国家战略地位的凸显。但是，
汉语国际教育的学科发展历史短暂，发展很不充分，"汉语国际教育作为一个新兴学科，
也是一个交叉学科，从人才培养和学科发展的角度看，应该建立和完善学科的基本理
论框架。一个学科如果没有基本理论来作为支撑是不可能走得很远的。目前，这个学
科的基础是建立在汉语言文学和教育学的基础之上的，学科疆域不是很清晰，缺乏独
立的理论体系。与此相应的应用研究也有很多处女地需要开发耕耘"①。

在教育部 1998 年颁布的《普通高等学校本科专业目录》中，该专业代码和专业名
称为 "050103* 对外汉语"（* 表示控制设置专业）。至 2005 年，全国有 62 所高等院
校开设有对外汉语教学本科专业，每年招生近 4000 人。截至 2007 年，共审批 87 所院
校开办对外汉语专业。2008 年，教育部高等教育司审批新增对外汉语专业高校 31 所，
其中独立学院 7 所。2009 年，审批新增 15 所，其中独立学院 7 所。至此，开设对外汉
语专业的高校达到 133 所。目前，全国已经有近 400 所高校开设了汉语国际教育本科
专业②。从专业名称来看，最初设立的时候，专业名称为 "对外汉语"，为保持与汉语
国际教育硕士专业名称一致，在教育部颁布的 2012 版《普通高等学校本科专业目录》中，
"对外汉语" 本科专业名称被更改为 "汉语国际教育"，代码为 050103，大的学科门
类隶属于 "文学"。从 2013 年开始，本科专业名正式启用 "汉语国际教育"。

2019 年 6 月 6 日，北京语言大学汉语国际教育研究院正式成立，标志着汉语国际
教育事业发展、学科建设和人才培养在国家 "一带一路" 落地实施中步入了新的阶段。
该研究院 "学术研究与智库研究并重"，培育学科领军人物，集成学科与事业发展信
息资源，培养高质量研究生，集学科、事业和专业三重属性于一身，成为国内汉语国
际教育的重要领航研究机构。该研究院 "总目标是把北语汉语国际教育研究院建设成
为国内外最权威、最具影响力的汉语国际教育研究机构。将在十二个重点领域开展研
究：一是面向汉语国际教育的语言本体研究；二是语言学习与认知研究；三是互动语
言学与汉语教学研究；四是汉语国际教育资源研发；五是汉语国际教育技术应用研究；
六是汉语教学理论与方法相关研究；七是汉语国际教育发展与评价研究；八是孔子学

---

① 吴应辉. 国际中文教育新动态、新领域与新方法［J］. 河南大学学报（社会科学版），2022（2）：108.

② 教育部官网：http://so.moe.gov.cn/s? qt=%E6%B1%89%E8%AF%AD%E5%9B%BD%E9%99%85%E6%95%99
%E8%82%B2%E6%9C%AC%E7%A7%91&siteCode=bm05000001&tab=all&toolsStatus=1.

院及世界主要语言传播机构发展研究；九是汉语国际传播的区域与国别研究；十是汉语国际教育数据库建设与研究；十一是汉语国际教育语料库建设与研究；十二是汉语国际教育信息资源集成与服务"①。

从汉语国际教育专业本科的人才培养体系来看，其目标基本定位于双语和双文化以及双能力的培养，在课程设置上基本以文学文化类课程＋语言类课程（包含汉语和外语）＋教育类课程三大主要板块为主，然后各大培养院校结合本地本校以及本院的学科优势和地方特色，或强调师范技能，或突出文化传播，或彰显地域文化等，在本科人才培养的具体特色上有所不同。

二、硕士学位设立

1986 年，北京大学和北京语言学院等院校开始招生并培养对外汉语教学方向的硕士研究生。

2006 年 10 月和 2007 年 1 月，国务院学位委员会办公室先后在北京和上海召开了两次"汉语国际教育硕士专业学位论证工作会"。2007 年 1 月，在国务院学位委员会第 23 次会议上通过设置汉语国际教育硕士专业学位。2007 年 5 月 31 日，国务院学位委员会办公室下达《关于开展汉语国际教育硕士专业学位教育试点工作和推荐全国汉语国际教育硕士专业学位教育指导委员会委员人选的通知》，批准北京大学、中国人民大学、北京师范大学等 24 所研究生培养单位开展汉语国际教育硕士专业学位教育试点工作。同年，第一届汉语国际教育硕士专业学位教育指导委员会成立。2009 年 9 月，国务院学位办再次下发通知，批准中国传媒大学、中央民族大学等 39 所院校新增为专业学位培养单位。至此，中国汉语国际教育硕士专业学位研究生培养单位增至 63 所，北京地区增至 8 所。该专业学位代码是 0453，大的学科门类隶属于"教育学"。

汉语国际教育专业硕士学位的设立和本科专业从"对外汉语"更名为"汉语国际教育"主要是为使学科名称与其内涵相一致。这在《汉语国际教育硕士专业学位设置方案》说明中得到印证："定名为'汉语国际教育'，既能体现'汉语加快走向世界'的内涵，又有别于国内双语教学中的汉语教育，还可避免'推广'一词可能引发的负面影响。"②

汉语国际教育专业硕士是应国际中文教育培养应用性高端人才需求的背景设立的，

① 参见北京语言大学汉语国际教育研究院简介：http://ric.blcu.edu.cn/jggk/jj.htm.
② 吴应辉. 汉语国际教育面临的若干理论与实践问题［J］. 云南师范大学学报（哲学社会科学版），2016（1）：41.

与学科硕士重理论研究的培养理念不同，汉语国际教育专业硕士重在培养学生在国际中文教学中运用专业理论解决实际问题的能力，为保证该专业硕士人才培养的专业和规范，2007 年，国务院学位委员会和教育部还成立了全国汉语国际教育硕士专业学位教育指导委员会，该委员会旨在探索我国汉语国际教育应用型高层次专门人才的培养模式，指导、协调全国汉语国际教育硕士专业学位教育活动，加强高等学校与实际部门的联系，推动我国汉语国际教育硕士专业学位教育的顺利发展和教育水平的不断提高①。截至 2022 年，全国拥有汉语国际教育专业硕士学位授权的高等学校已经有 198 所。从 2007 年至 2022 年增设情况如下表：

年份（年）	2007	2009	2010—2011	2014	2015	2016	2017	2019	2020	2022
增设院校数（所）	24	39	20	25	1	3（撤2）	38	1	48	1
总院校数（所）	24	63	83	108	109	110	148	149	197	198

汉语国际教育专业硕士历年增设情况

从其指导性方案中可以看出：汉语国际教育硕士专业学位是与国际汉语教师职业相衔接的专业学位。主要培养具有熟练的汉语作为第二语言教学技能和良好的文化传播技能、跨文化交际能力，适应汉语国际推广工作，胜任多种教学任务的高层次、应用型、复合型、国际化专门人才。学制 2—3 年不等，课程类型主要包括核心课程、拓展课程、训练课程三种类型，主要开设汉语作为第二语言教学、第二语言习得、国际汉语课堂教学案例、中华文化与传播等课程。这些专业硕士生目前主要的就业方向是孔子学院志愿者、专职教师、中小学语文教师、国际学校汉语教师等。

三、博士学位设立

1999 年，国家批准在北京语言文化大学（今北京语言大学）设立我国第一个对外汉语教学专业博士点，专业目录为语言学与应用语言学，博士学位类型为学术博士。2018 年起，我国启动了教育博士专业学位汉语国际教育领域研究生的招生工作，旨在培养中外汉语国际教育和中华文化国际传播领域的复合型、职业型高端人才，培养服

---

① 2021年新版全国汉语国际教育专业学位研究生教育指导委员会主任委员是中国教育国际交流协会会长刘利民，副主任委员是教育部中外语言交流合作中心主任马箭飞、北京语言大学校长刘利、天津师范大学校长钟英华，秘书长是教育部中外语言交流合作中心副处长任世芳。

务孔子学院及国内外该领域教学和管理岗位急需的高端应用型人才①。

序号	学校名称	招生名额	录取人数
1	北京大学	5	0
2	华东师范大学	6	6
3	华中师范大学	3	1
4	东北师范大学	4	5
5	南京师范大学	2	2
6	陕西师范大学	2	7
7	天津师范大学	4	4
8	北京师范大学	3	10
9	浙江大学	2	0
10	华中科技大学	3	0
11	华南师范大学	2	2（含 1 外国人）
12	西北师范大学	2	2
13	首都师范大学	3	3
14	辽宁师范大学	2	2
15	浙江师范大学	3	3
16	曲阜师范大学	2	2
17	湖南师范大学	3	3
18	云南师范大学	2	2
19	广州大学	2	2
20	扬州大学	3	1
21	西南大学	2	2
总计	—	60	59

2019年汉语国际教育专业博士计划招生数和实际录取数

首批招收汉语国际教育方向教育博士专业学位研究生的高校主要有北京大学、华

① 李宝贵. 教育博士专业学位研究生招生问题的透视与改进——以汉语国际教育领域为例［J］. 教育科学，2019（10）：82.

东师范大学、陕西师范大学、东北师范大学、华中师范大学、南京师范大学、天津师范大学等 7 所院校，计划招收 20 名博士，于 2018 年 6 月 15 日前按要求完成首批试点招生工作。华东师范大学为支持本校汉语国际教育方向博士专业学位研究生试点招生工作，配套两个教育博士专业学位指标。实际上，2018 年共试点招收 22 名汉语国际教育方向教育博士研究生，汉语国际教育高端师资人才培养迈出了坚实的一大步[①]。2019年，除原有的 7 所院校之外，新增北京师范大学、浙江大学、华中科技大学、华南师范大学、西北师范大学、首都师范大学、辽宁师范大学、浙江师范大学、曲阜师范大学、湖南师范大学、云南师范大学、广州大学、扬州大学和西南大学等 14 所院校，共计招收 60 名汉语国际教育专业博士研究生，实际录取人数为 59 人[②]。计划招生数和实际招生情况见上页表[③]，全国汉语国际教育专业学位研究生教育指导委员会还专门制订了指导性培养方案，该方案规定了培养目标、培养规格、招生对象、学习年限及培养方式、课程设置与教学。该方案规定："根据培养目标要求，教育博士专业学位汉语国际教育领域研究生研修课程总量应不少于 21 学分。培养单位可根据培养重点确定公共课、专业必修课、选修课的课程内容和学分数，注重突出各自特色。所开设课程应包括以下模块：公共课模块；理论模块；研究方法模块；实务与实践研究模块。总学分不少于 24 学分。"[④]

目前该学位挂靠教育学，学位类型是教育博士，在全国招收此类专业博士学位的院校中，有些院校是归属教育学部，有些院校仍归属国际学院或国际教育学院。从修业年限来看，以修业 4 年为主，有些高校设定为 3—6 年或 4—6 年或 5 年；从报考条件来看，一般都要求有 2—5 年该行业领域工作经历；从考核方式看，以申请考核制为主；从考核内容看，涉及汉语语言学、汉语国际教育理论、中国文化、教育学原理、课程与教学论等涵盖文学和教育学两大一级学科的相关内容，有些高校还考核了科研论文写作的相关能力。课程教学采用模块课程和学分制。课程教学重视运用团队学习、专题研讨、实地调研、顶岗实践、现场研究、案例分析及教育调查等方法，重视跨学科交叉融合创新实践和能力养成，加强课前自学、作业、辅导和文献检索等环节，注

① 中华人民共和国教育部政府门户网站. 教育部对十三届全国人大一次会议第1825号建议的答复［EB/OL］.（2018-09-18）［2019-06-20］. http://www.moe.gov.cn/jyb_xxgk/xxgk_jyta/jyta_xwb/201812/t20181221_364339.html.
② 数据统计见搜狐网站：https：//www.sohu.com/a/316365834_100119508（2021-06-16）.
③ 李宝贵. 教育博士专业学位研究生招生问题的透视与改进——以汉语国际教育领域为例［J］. 教育科学，2019（10）：83.
④ 详细内容可参考全国汉语国际教育专业教育指导委员会于2018年11月26日发布的相关指导性方案.

重课程教学质量，提高学生实际运用所学驾驭国际岗位工作的能力[1]。

与专业硕士培养目标不同，钟英华（2022）[2]认为国际中文教育专业博士学位是要培养具有高水平的国际中文教育专业基础、跨文化沟通和全球话语能力，会语言、通国家、会传播、精教研，胜任孔子学院、各国大中小学中文教育和管理等岗位，拥有学术引领、战略规划、教研话语阐释能力，从事国际中文教育前沿理论和实践问题研究的复合性、国际性、专业化中外高级应用人才。

作为挂靠教育学门类下的一个专业博士类型，目前的发展由于"借船出海"，导致学科发展受教育学常态培养模式掣肘，无法真正彰显汉语国际教育的特殊性，在人才培养上也往往是简单的汉语国际教育＋教育学，语言教育、外语教育、二语教育、汉语教育、中文国际推广等专业亟待解决的学科问题未得到彻底解决，人才培养的科学模式也在不断探索中。作为一个新生事物，截至2022年，全国已有3位专业博士生顺利毕业。

至此，汉语国际教育专业从本科到专业硕士到专业博士，完成了专业名称的一致，完成了方向—领域—独立设置的跨越式发展，实现了人才培养的一惯性和体系性。2022年9月13日，国务院学位委员会和教育部发布了《研究生教育学科专业目录（2022年）》[3]，在最新的2022版目录中，硕士研究生和博士研究生的专业名称统一更改为"国际中文教育"，一级学科，属教育学门类，研究生阶段的专业名称实现了新的更替，未来，本科的专业名称也有望更名为"国际中文教育"，从而实现本、硕、博三层次专业名称的统一。

---

[1] 参见全国汉语国际教育专业学位研究生教育指导委员会2019年3月10日印发的《关于做好2019年汉语国际教育领域教育博士专业学位研究生招生工作的通知》中附件2的相关内容。
[2] 该观点见钟英华在2022年12月13日首届国际中文教育专业博士生论坛上的讲话，该讲话题目为《国际中文教育专业学位的特质与发展》。
[3] 参见教育部官网：http://www.moe.gov.cn/srcsite/A22/moe_833/202209/t20220914_660828.html.

第三节　国际中文教育事业的推进历程

国际中文教育的特殊属性还表现在它是一项国家事业。作为事业，其推广需要国家政策的顶层设计，需要制定相关的语言政策、教育政策、推广政策等；需要政府拨付专门款项培养专业师资，组织编写教材并资助相关学科研究；需要在国内外设立官方或民间的专门机构招收留学生；需要国家在外交事务中推广汉语文化，扩大汉语的传播力和影响力。1988年9月，第一次全国对外汉语教学工作会议上，第一次提出了"对外汉语教学是一项国家和民族的事业"的说法，而以官方正式文件的形式出现，则是在1999年12月召开的第二次全国对外汉语教学工作会议上。"第二次会议结束之后，《教育部关于印发〈第二次全国对外汉语教学工作会议纪要〉的通知》……《会议纪要》指出，今后一个时期中国对外汉语教学工作的指导思想是：要把对外汉语教学作为国家和民族的事业，以邓小平理论和党的'十五大'精神为指导，根据国家改革开放和外交工作的总方针，大力向世界传播汉语和中华文化，努力增强汉语在国际社会中的作用和影响"①。

一、1.0阶段：起始积累时期（1950—1986）

对外汉语教学作为一项专门的事业，始于1950年。应东欧一些社会主义国家交换留学生的要求，在周恩来总理的指示下，1950年7月，清华大学成立了东欧交换生中国语文专修班。1952年夏，全国高等学校院系调整，该班调到北京大学，并更名为北京大学外国留学生中国语文专修班。初创时期的主要大事件如下：

东欧交换生中国语文专修班合影

① 宁继鸣.汉语国际教育："事业"与"学科"双重属性的反思［J］.语言战略研究，2018（6）：9.

（一）1952 年，根据中国与保加利亚的文化交流协定，北京大学派遣朱德熙教授赴索菲亚大学从事对外汉语教学工作，这是中华人民共和国成立后的派出的第一位对外汉语教师。后期陆陆续续向当时的苏联、德意志民主共和国、蒙古、捷克斯洛伐克、匈牙利、埃及、越南、罗马尼亚、伊拉克、尼泊尔、柬埔寨、古巴、法国、老挝、阿尔巴尼亚、巴基斯坦、马里、刚果、意大利、斯里兰卡、芬兰、阿尔及利亚等国派遣汉语教师，这项工作一直没有中断。从 1952 年到 1965 年，中国共向 7 个国家派出汉语教师 120 名；从 1966 年到 1979 年，中国向 37 个国家派出汉语教师 187 名[①]。

（二）1953 年 9 月 13 日，中共中央联络部、中央人民政府高等教育部、中共广西省委宣传部、广西省教育厅派人到桂林筹建中国语文专修学校。开办时借桂林王城廿四步兵学校（即西南军区特科学校）为校址。同年 9 月 21 日，越南留学生到桂。10 月 5 日开学，8 日正式上课。1954 年 9 月 15 日，迁叠彩路新址，直至 1957 年 9 月 30 日结束。建校初期，校名叫"越南留学生中国语文专修班"。1954 年 1 月，改名"中国语文专修学校"，任命陈亮为副校长。学校经费由中国高等教育部拨给。该校主要是接收越南留学生，也接收少数其他国籍的留学生。历时 4 年中，先后共接收越南等国留学生 594 人。其中，1955 年由北大语文班转入该校学习的 30 人中，朝鲜 15 人、匈牙利 3 人、芬兰 2 人。1957 年 9 月，遵照中国高等教育部指示，撤销该校建制，9 月 30 日起停用校印。根据中越双方协议，学校的教学任务是：帮助越南留学生在一学年内，掌握中国语文的基础知识，提高阅读中文和会话的能力，以便其进入中国高等学校或中等专业学校学习。教材以北京大学外国留学生中国语文专修班教材为蓝本，参照中央团校少数民族汉语专修班课本，自行编写[②]。

（三）1954 年，保加利亚出版朱德熙先生编写的《汉语教科书》，是对外汉语教材的奠基之作，也可看作国别化教材的先驱。"《汉语教科书》涵盖了汉语的基本内容。全书共 42 课，开篇用保加利亚文简要介绍了汉语的概貌，包括汉语的发音、汉字的结构、汉字的书写、文言与白话等内容。前 5 课是语音部分……从第 6 课开始进入汉字课文及语法学习……从第 11 课开始出现简单的对话和小短文，23 课以后出现短故事、小说和较长的对话。32 课以后课文都相对较长，而且难度较大，有诗歌、戏剧、小说、新闻、报告文学、政论文等。全书共有 113 个语法知识点，基本涵盖了汉语基础阶段的语法知识。每课词语表中出现的生词语及结构一共有 2393 个，其中关联结构 17 个。"[③]1958 年，

①　程裕祯. 对外汉语教学发展史（3）［J］. 国际汉语教学动态与研究，2006（1）：85.
②　参见广西地情资料之教育志：http://lib.gxdfz.org.cn/view-a65-261.html.
③　沈庶英. 从朱德熙的《汉语教科书》看国别化汉语教材编写［J］. 徐州师范大学学报（哲学社会科学版），2012（2）：55.

另一版《汉语教科书》出版,该书由北京大学外国留学生中国语文专修班编写,邓懿主编,该书"以语法为纲,课文和练习为语法点服务;重视语言知识的教学,对涉及的语音、语法现象进行简明扼要的解释;语法分析重视结构形式,同时专门介绍某些特殊的表达方式;注重语法点的分割和排列,严格控制每课的语法点和生词量","吸收了20世纪50年代语法研究的主要成果,体现了新中国语言学研究的一般倾向和对外汉语教学初期的特点。虽然语言知识的讲解过于琐细,课文所涉及的生活面过窄,有些句子只求展示语法而不够自然真实、不太符合生活需要等缺点,但是不影响其作为新中国第一部汉语教材的巨大价值"。

(四)1953年2月10日,周祖谟发表《教非汉族学生学习汉语的一些问题》一文,此文的研究对象虽然针对的是民族学生的汉语教学,但是该方法在外国留学生中国语文专修班朝鲜同学组的汉语教学中试用过,因此被认为是我国第一篇针对留学生汉语教学的研究论文。该论文主要针对教学的原则、内容、方法、教材的配置、进行的程序等方面进行阐述。论文中的一些观点如"教学的目标要随同学的要求来定""要重视口语的训练""词汇教学和语法教学应当是教学的中心""分散难点,逐步占有""语法教学的目的在于使同学掌握基本的语法知识,以便发展说话和听话的能力,并且为培养阅读的能力打下基础"及要同侪互助等,直至今日仍然具有先进意义[①]。后期还有王学作、柯柄生于1957年联名发表的《试论对留学生讲授汉语的几个基本问题》,邓懿于1957年发表的《用拼音字母对外国留学生进行汉语教学》和杜荣等于1960年发表的《用汉语拼音教外国人学习汉语的一些体会》等。1979年,《语言教学与研究》杂志创刊,该刊也刊登了很多探讨对外汉语教学的相关研究论文。

(五)1961年7月25日,高教部做出决定,将"北京大学外国留学生中国语文专修班"与北京外国语学院"非洲留学生办公室"合并,成立北京外国语学院"外国留学生办公室"。1962年6月26日,高教部决定将"外国留学生办公室"与"出国留学生部"从北京外国语学院分离出来,在其基础上单独成立一所专门培训留学生汉语的学校,名称为"外国留学生高等预备学校",该机构成为当时对外汉语教学的第一个稳定基地,该学校的成立是高教部在总结新中国成立十多年来对外汉语教学和留学生管理工作经验基础上做出的重要决策。从此,中国的对外汉语教学结束了教学机构和人员迁移不定的状态,有了一个比较稳定的基地和独立发展的基础,标志着新中国的对外汉语教学事业进入了一个新的发展阶段[②]。

① 周祖谟.周祖谟语言学论文集[M].北京:商务印书馆,2001:41—51.
② 程裕祯.对外汉语教学发展史(3)[J].国际汉语教学动态与研究,2006(1):80.

（六）1965 年 1 月 9 日，"外国留学生高等预备学校"更名为"北京语言学院"。北京语言学院一直是中国唯一的以对外汉语教学为主要任务的大学，在这一领域的教学、科研、师资培养以及国内外交流等方面，它发挥着基地、骨干和"龙头"作用[1]。

（七）1971 年 10 月，北京语言学院被撤销，教职工全部并入北京第二外国语学院。1972 年 11 月 2 日，北京语言学院恢复，其主要任务是负责来华留学生的汉语预备教育、出国师资的培训、出国留学生的短期外语教育等。"文化大革命"之后招收留学生的工作也在逐步恢复中。1973—1979 年计划内接收外国学生人数总计为 2938 人[2]。

洲别	国家数	1973	1974	1975	1976	1977	1978	1979
亚洲	32	170	199	173	191	130	127	114
非洲	47	37	61	113	141	142	121	30
欧洲	33	144	95	120	97	101	124	179
美洲	20	31	10	17	20	23	40	84
大洋洲	8	1	13	9	16	12	20	33
合计	140	383	378	432	465	408	432	440
学生合计	2938							

1973—1979年计划内接收外国留学生人数统计表

二、2.0 阶段：发展时期（1987—2003）

1987 年 7 月，"对外汉语教学领导小组"成立，小组下设办公室，这就是后来中外都熟悉的"汉办"[3]，当时的网址是 www.hanban.edu.cn，作为正司局级直属事业单位挂靠于中华人民共和国教育部。国家汉语国际推广领导小组办公室与孔子学院总部合署办公。组长为当时任国际教育委员会副主任的何东昌，常务副组长是黄辛白（时任国家教委专职委员），副组长是李星浩（时任国务院侨务办公室副主任），小组的具体成员有齐怀远（时任外交部副部长）、刘德有（时任文化部副部长）、马庆雄（时任广播电影电视部副部长）、刘杲（时任新闻出版署副署长）、吕必松（时任北京语言学院院长、中国对外汉语教学研究会理事长）。国家汉办致力于为世界各国提供汉语言文化的教学资源和服务，最大限度地满足海外学习者的需求，为携手发展多元文化、

[1]　程裕祯.对外汉语教学发展史（3）[J].国际汉语教学动态与研究，2006（1）：81.
[2]　程裕祯.对外汉语教学发展史（4）[J].国际汉语教学动态与研究，2006（1）：90.
[3]　2006年，该机构改名为"汉语国际推广领导小组办公室"。

共同建设和谐世界做贡献。

汉办的主要职能有这几个方面：支持各国各级各类教育机构开展汉语教学和中华文化传播；制定、完善和推广国际汉语教师标准、国际汉语能力标准、国际汉语教学通用课程大纲；选派和培训出国汉语教师和志愿者；开发和实施汉语水平考试；实施"孔子新汉学计划"，支持开展中国研究；组织管理孔子学院奖学金；开展"汉语桥"系列比赛等重要活动；建设国际汉语教学网络、电视、广播立体化平台并提供数字化资源。

1988 年 8 月，时任国家教育委员会副主任、国家对外汉语教学领导小组常务副组长的滕藤在全国对外汉语教学工作会议上的报告中指出：当前发展对外汉语教学事业，对于向世界传播五千年来光辉灿烂的中华文化，增进我国与各国人民之间的相互了解和友谊，不断发展对外文化交流、经济技术合作与贸易往来，有着积极的现实意义。对于在世界范围内加快汉语汉字的计算机应用，促进当代信息技术的发展，也有一定的意义。目前，世界上许多发达国家都把向世界推广本族语作为基本国策，将其作为国家外交政策的重要组成部分，使之为国家和民族的长远战略目标服务。我们同样应该重视汉语在我国对外开放中所起的媒介作用，把向世界推广汉语作为一项国家和民族的事业①。

事业的发展需要学科专业的科学化发展，为促进相关理论研究，1979 年 9 月，该领域还创刊了第一个对外汉语教学的专业刊物——《语言教学与研究》，创刊时主要栏目有对外汉语教学、汉语研究、语言与文化研究、语言对比、语言习得和语言测试研究等②。该杂志目前仍然是国际中文教育领域重要的核心期刊，在学术研究上具有重要的引领作用。这一时期还出版了一些学科概论类的基础性著作，如盛炎的《语言教学原理》（1990），该书比较系统地论述了第二语言教学，特别是对外汉语教学的基本理论、主要概念、总体设计中的主要环节和教学过程中的重要问题，探索了第二语言教学发展的方向。又如《对外汉语教学概论（讲义）》，该书是吕必松 1991 年在北京语言学院讲课时的讲义，从语言开始到语言教学、语言要素教学、言语技能教学、语用规则教学、对外汉语教学的学科建设等共 8 章，1996 年在《世界汉语教学》刊载完毕，这是我国第一部系统阐述对外汉语教学学科理论的著作，对把汉语作为第二语言和外语进行教学的教师、教学管理人员和有关专业的大学生、研究生有重要的参考价值。再如刘珣的《对外汉语教育学引论》（2000），把对外汉语教学学科定位于语

① 吕必松.我国对外汉语教学事业的发展［J］.语言教学与研究，1989（4）：7.
② 该杂志简介详见：http://yyjx.cbpt.cnki.net/WKB3/WebPublication/wkTextContent.aspx? navigation ContentID=7255b2bc-a7c7-42f9-9147-289827101d69&mid=yyjx.

言教育学科下的一个分支，以绪论篇、基础篇、习得篇、教学篇和结语篇共计五篇十章的规模框架从理论到实践探讨了该学科的相关问题，其教育学科的学科定位，其对相关理论研究和实践的探讨，时至今日仍然是本学科专业的重要经典参考书。

学科地位确立，学科概论的相关著作相继问世，学科的相关标准、大纲也开始相继进行研制并发布。1987年6月，中国对外汉语教学学会成立汉语水平等级标准研究小组；1988年，发布《汉语水平等级标准和等级大纲》；1992年，发布《汉语水平词汇与汉字等级大纲》；1996年，发布《汉语水平等级标准与语法等级大纲》。另外，2001年出版的《高等学校外国留学生汉语教学大纲》和《高等学校外国留学生汉语言专业教学大纲》等为来华高校留学生的对外汉语教学的原则、课程设置等方面进行了明确的规定，规范了对外汉语教学。

汉语作为第二语言教学的效果如何？学生的汉语水平如何衡量？这一时期还开始着手研制汉语水平考试，这个考试是为测量母语非汉语者的汉语水平而设立的国家级标准化考试。最先研发出的汉语水平考试就是我们所说的老HSK（即"Hanyu Shuiping Kaoshi"的首字母缩写），等级分为基础、初中等和高等，考试内容分听力理解、语法结构、阅读理解、综合填空四部分。主要形式是多选题，设计依据是《汉语水平等级标准与语法等级大纲》。HSK考试一经推出就成为全球影响最大、最具权威的汉语考试。

这一时期还开始了对外汉语教师资格的相关认定工作。1990年6月23日，国家教育委员会发布了《对外汉语教师资格审定办法》，该办法规定了出国从事对外汉语教学工作的教师必须具有坚定的政治立场，具有大学本科以上学历或同等学力，有320小时的对外汉语教学经历，具备规定的知识结构和能力结构才能申请《对外汉语教师资格证书》，并且规定了必须持证上岗。1996年9月3日，国家教育委员会颁布了《对外汉语教师资格审定办法》实施细则，该细则对于对外汉语教师资格审定的工作原则、申请人群、证明材料、程序、考试科目等问题进行了详细规定，细化了在这项工作中的具体操作规范。至2004年，对外汉语教师资格审定共12批，有5361人获得该证书[①]。

三、3.0阶段：快速发展时期（2004—2018）

这一时期是国际中文教育事业快速发展时期，国家层面出台了很多规划、工程、项目，使得该事业成为一项有计划、有规划、有组织的事业。

（一）2004年，国务院批准并颁布了"汉语桥工程"，该工程旨在向世界推广汉语，

---

① 周小兵主编.对外汉语教学入门（第二版）[M].广州：中山大学出版社，2009：214.

弘扬中华文化，增进世界各国对中国的了解和友谊，促进世界和平与发展。该工程规划了包括孔子学院、中美网络语言教学、教材和音像多媒体制作、国内外汉语教师队伍建设、对外汉语教学基地建设、汉语水平考试、世界汉语大会和"汉语桥"比赛、"汉语桥"基金、援助国外中文图书馆以及基本建设等9个重大国家项目，并且对于每个项目的目的和具体内容都做了详细说明，可以看作是国际中文教育的一个总体规划。目前来看，其中的很多规划都具有高瞻远瞩的意义，如建设网络语言教学、培养国内和国外本土汉语教师等，直至今日仍然具有重要的指导意义①。

（二）"孔子学院是由中国政府支持，中国大学主导、国外大学合作的文化外交项目，对外开展汉语教育及文化传播等活动，属于非营利性的教育机构"②。2004年11月21日，在"汉语桥工程"的规划下，世界首个孔子学院在韩国首尔成立，当时的教育部部长周济亲自挂牌。2004年11月，美国第一所孔子学院——马里兰大学孔子学院成立。2005年2月，欧洲第一所孔子学院在瑞典斯德哥尔摩大学成立。2006年7月6日，由汉办和教育部主办的首届孔子学院大会在北京召开。

（三）2005年7月20日，首届"世界汉语大会"在北京召开。这次大会的主题是：世界多元文化架构下的汉语发展。它的宗旨是凝聚各方力量，共同加强汉语推广工作，为汉语随同开放的中国走向世界合作搭建了一个有效的工作平台，标志着中国对外汉语教学向汉语国际推广的转变。在这样的大背景下，中国汉语国际推广事业迎来了新的春天。

（四）在行业师资标准方面，国际汉办出台了一系列政策制度，如2007年国家汉办发布的《国际汉语教师标准》，主要包括语言知识与技能、文化与交际、第二语言习得理论与学习策略、教学方法、综合素质等五个模块，改变了过去对对汉语教师在汉语知识上的过多要求，增加了能力导向的评判标准。经过修订，2012年又颁布了新的《国际汉语教师标准》，主要由汉语教学基础、汉语教学方法、教学组织与课堂管理、中华文化与跨文化交际、职业道德与专业发展等五部分组成，增强了实用性、操作性和有效性，突出了汉语教学、中华文化传播和跨文化交流三项基本技能，更加注重学科基础、专业意识和职业修养，构建了国际汉语教师的知识、能力和素质的基本框架，形成了较为完整、科学的教师标准体系，成为孔子学院中外汉语教师选拔和培训、国际汉语教师资格认证、汉语国际教育专业学位研究生培养等工作的依据。

（五）在国际汉语教师资格认定方面，先后颁发了"对外汉语教师资格证"（1991

---

① 参见教育部官网：http://www.moe.gov.cn/jyb_xwfb/xw_zt/moe_357/s3579/moe_1017/tnull_10586.html.
② 王端.文化外交视阈下的孔子学院研究［D］.吉林大学博士学位论文，2019：58.

年开始）、"汉语作为外语教学能力证书"（2004—2005）、"国际汉语教师证书"（2006—2020）、"国际中文教师证书"（2021 年至今）等资格认定证书。资格认定的方式从纯笔试到笔试＋面试，也就是说在这一阶段，教师资格成为行业发展的重要要求，对外汉语教学事业的从业人员需要具备基本的专业素养，国家从行业规范角度提出了新的要求，改变了过去该行业从业人员背景庞杂、良莠不齐的状况，对于规范行业发展、提升教师从业质量起到了重要的作用。

（六）在标准建设方面，2007 年底，国家汉办参考《欧洲语言共同框架》，组织国内相关专家学者，研究制定了《国际汉语能力标准》和《国际汉语教学通用课程大纲》等文件，为规范汉语教学提供了重要参照标准。

新 HSK	词汇量	国际汉语能力标准	欧洲语言框架（CEF）
HSK（六级）	5000 及以上	五级	C2
HSK（五级）	2500		C1
HSK（四级）	1200	四级	B2
HSK（三级）	600	三级	B1
HSK（二级）	300	二级	A2
HSK（一级）	150	一级	A1

《国际汉语能力标准》

国际汉语教学课程目标结构关系图

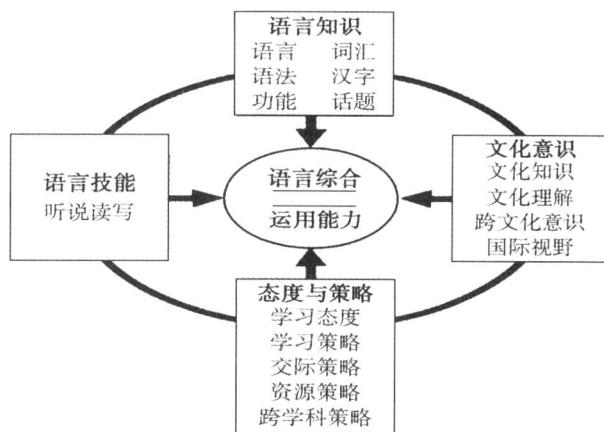

《国际汉语教学通用课程大纲》

《新汉语水平考试大纲》（2009—2010）、《汉语国际教育用音节汉字词汇等级划分》（2010）等针对汉语学习者考试的大纲的颁布也为对外汉语有针对性地进行教学提供了重要参考。

目前，已在全球156个国家和地区设立了1201个考点，包括1150个汉语考试考点和51个国际中文教师考试考点。其中，汉语考试网考考点493个，网考覆盖率达到了43%[①]，即便是在受疫情影响的2020年，也有300万人次参加了汉语考试、测试和模拟诊断，其中有38万人参加了HSK、HSKK（汉语水平口语考试）、YCT（少儿汉语考试）、BCT（商务汉语考试）等考试[②]，充分彰显了新HSK考试的影响力。

（七）针对不同类型学习者的考试也相继开始。2006年，商务汉语考试和少儿汉语考试在新加坡开考，并迅速扩散到全球许多国家。同年，国家汉办还促成了美国400名申请开设AP（Advanced Placement，即预科选修课）中文课程的中小学校长的访华活动，这些活动对于促进美国中小学开展汉语教学起到了很好的作用。

四、4.0阶段：提质转型时期（2019年至今）

（一）国际中文教育大会召开

4.0阶段的开启标志是2019年12月9—10日由中华人民共和国教育部和湖南省人民政府主办的国际中文教育大会在长沙举行。此次大会的召开具有划时代的里程碑意义，标志着国际中文教育事业的发展进入了全新的转型发展时期。此次大会的主题是"新时代国际中文教育的创新与发展"。大会聚焦国际中文教育政策、孔子学院创新发展、中文教育师资建设、中文教育资源建设、国际中文教育服务社会需求、中文教学标准与考试、中文教育品牌建设、中文教育组织的发展与合作等话题[③]，参会嘉宾进行了广泛和深入的探讨。当时的国务院副总理孙春兰指出："中国政府把推动国际中文教育作为义不容辞的责任，积极发挥汉语母语国的优势，在师资、教材、课程等方面创造条件，为各国民众学习中文提供支持。我们将遵循语言传播的国际惯例，按照相互尊重、友好协商、平等互利的原则，坚持市场化运作，支持中外高校、企业、社会组织开展国际中文教育项目和交流合作，聚焦语言主业，适应本土需求，帮助当地培养中文教育人才，完善国际中文教育标准，发挥汉语水平考试的评价导向作用，构建更加开放、

---

① 马箭飞. 强化标准建设，提高教育质量——国际中文教育标准与考试研讨会大会致辞［J］. 国际汉语教学研究，2021（1）：5.
② 马箭飞. 强化标准建设，提高教育质量——国际中文教育标准与考试研讨会大会致辞［J］. 国际汉语教学研究，2021（1）：5.
③ 大会官网：http://conference2019.hanban.org/page/#/pcpage/mainpage/timeline.

包容、规范的现代国际中文教育体系。"①有 160 多个国家和地区的 1000 多名孔子学院和中文教育机构代表参加了大会。

此次大会之后,"国际中文教育"成为涵盖该领域的学科、事业和专业的新名词,它内涵丰富、意义深刻,在学科研究拓展、事业推广思路和专业发展向度上都开启了新方向。

(二)"一心一会"成立

应时而动,国际中文教育进入了全面转型时期,在中文的国际推广模式上由原来的官方转型为半官半民的模式,主要表现在原来的国家汉办和孔子学院总部取消,2020 年 7 月 5 日,"中外语言交流合作中心"成立,英文名称为 Center for Language Education and Cooperation(简称"CLEC"),隶属于中国教育部,是发展国际中文教育事业的专业公益教育机构,致力于为世界各国民众学习中文、了解中国提供优质的服务,为中外语言交流合作、世界多元文化互学互鉴搭建友好协作的平台。语合中心的主要职能是:为发展国际中文教育与促进中外语言交流合作提供服务,统筹建设国际中文教育资源体系,参与制定国际中文教育相关标准并组织实施;支持国际中文教师、教材、学科等建设和学术研究;组织实施国际中文教师考试、外国人中文水平系列考试,开展相关评估认定;运行"汉语桥"、新汉学计划、奖学金等国际中文教育相关品牌项目;组织开展中外语言交流合作等②。

另外,参考世界上其他国际外语机构的推广思路,成立"中国国际中文教育基金会"。该基金会在民政部注册成立,是一个民间机构,全面负责孔子学院品牌的运营。将孔子学院转制到国际化、民间化、专业化基金会运行是顺应新时代需求的变革,将为孔子学院提供新的组织结构和模式,保障孔子学院继续拥有充足的资源,更有利于国际中文教育未来在全球的发展。该基金会是由多家高校、企业等发起成立的民间公益组织,旨在通过支持世界范围内的中文教育项目,促进人文交流,增进国际理解,为推动世界多元文明交流互鉴、共同构建人类命运共同体贡献力量。孔子学院品牌由基金会全面负责运行后,除支持和服务的机构改变外,还有两方面的变化:一是性质的变化,基金会在民政部注册,属民间公益教育机构;二是模式的变化,基金会将从社会上筹集资金,也将依靠孔子学院的中外方教育机构发挥办学主体的作用。

"一心一会"的成立标志着国际中文教育事业推广发展的思路、模式都发生了较大变化,是顺应时代发展和市场运行规律的重大转型,是政府退居政策引导、方向管理,

---

① 参见:http://conference2019.hanban.org/page/#/pcpage/detailpage/newsdetail? id=39.
② 中外语言交流合作中心简介参见:http://www.chinese.cn/page/#/pcpage/publicinfodetail? id=140.

把具体运营权、决策权交给执行部门、交给市场的重大调整，是更好地适应国际中文教育朝着健康、有序发展的重要举措。

（三）新标准制定

《国际中文教育中文水平等级标准》经过历时 3 年多的研发和 50 多次的集中讨论、修改与反复论证，以 6 个地区 23 个国家近 4 万份问卷的调查数据为依据，再征求来自中国、美国、英国、法国、德国、日本、韩国等国家 30 多所院校的 80 多位中外专家学者的意见之后，经过修改打磨，最终于 2020 年 11 月完成了研制工作[1]，并于 2021 年 7 月 1 日起开始实施，由此，HSK 完成了从 1984 年的 HSK1.0 到 2009 年的 HSK2.0 再到 2022 年的国家级 HSK3.0 的历史性进步。

新的中文水平等级标准最大的特点是突出中文特色和中文教育应用的特色，通过以音节、汉字、词汇、语法"四维基准"构成的语言量化指标、言语交际能力、话题任务内容三个维度以及中文听、说、读、写、译五项语言技能，准确标定"三等九级"，即初、中、高三等和 1—9 九个级别。新标准开创了"三等九级"的新范式，形成了三个语言维度和五项语言技能的"3＋5"规范化新路径。新标准发布后将全面指导国际中文教育的学习、教学、测试与评估工作，并且为世界各国、各地、各学校开展中文教学提供更好的服务[2]。

2022 年 8 月 26 日，世界汉语教学学会颁布《国际中文教师专业能力标准》（T／ISCLT001—2022）（以下简称《标准》），该标准由教育部中外语言交流合作中心提出，归口世界汉语教学学会。该标准是基于国际中文教育的发展变化和国际需求，根据《中华人民共和国教育法》和《中华人民共和国教师法》，在借鉴国内外国际中文教育标准、大纲和教师标准的基础上，结合国际中文教育特点，教育部中外语言交流合作中心与 13 个国家的 27 所高校、社会团体和企事业单位联合制定，旨在为国际中文教师的培养、培训、能力评价和认定、专业发展提供依据。国际中文教师是全球范围内从事中文作为第二语言教学的专业人员，需要经过系统的培养与培训，使之具有良好的职业道德和专业素养，实现自身专业的持续发展。《标准》是对国际中文教师的基本专业要求，是国际中文教师实施教学的基本行为规范，是引领国际中文教师专业发展的基本准则，是基于教师资格标准、高于教师资格标准的倡议性标准[3]。在该《标准》里，规定了国

---

[1] 马箭飞. 强化标准建设，提高教育质量——国际中文教育标准与考试研讨会大会致辞［J］. 国际汉语教学研究，2021（1）：5.

[2] 马箭飞. 强化标准建设，提高教育质量——国际中文教育标准与考试研讨会大会致辞［J］. 国际汉语教学研究，2021（1）：5.

[3] 参考《国际中文教师专业能力标准》的引言部分。

际中文教师专业能力的内容，如下图所示：

国际中文教师专业能力结构图

《标准》还对国际中文教师的专业能力一级指标、二级指标进行了详细描述，对能力分级的认定进行了规范。

（四）一级学科地位确立

从 1983 年对外汉语教学作为一个学科地位确立以来，有相当长一段时间，对外汉语教学都是作为语言学及应用语言学一级学科之下的二级学科，因为它从语言本体研究脱胎而来，带有鲜明的语言学色彩，这种语言教学的主业地位一直保持到现在，这种特色使得对外汉语教学早期的师资专业背景、教学内容也带有语言学倾向。2007 年汉语国际教育专业硕士设立以来，归口教育学学科门类，一定程度上体现了该学科与教育学、心理学等密切相关学科的交叉融合的趋势，教育学、传播学、心理学等课程的纳入使得该学科的内涵更加丰富。随着 2018 年汉语国际教育专业博士的设立，该学科实践性、交叉性、融合性的学科特征更加凸显，随着学科研究的深入和学科实践的拓展以及国家事业的纵深发展，2022 年，"国际中文教育"学科名称全面更换，在沿袭了教育学门类的基础上，该学科晋升为一级学科，学科地位有所提升。这是在世界各国的中文教育进入升级转型的关键时期，顺应国际中文教育提质增效实现高质量创新发展亟须大批具有高学历高水平中外领军人才的实际设立的，也是适应在百年未有之大变局的新时代学科建设和事业发展需要，回应国内外学界、业界的呼声而设立的。学科地位的提升对于该学科领域实现本、硕、博贯通培养，助推构建开放、先进、包容和规范的国际中文教育体系具有重要作用。

五、国际中文教育未来的发展路径

截至目前，已通过中外合作方式在 159 个国家设立了 1500 多所孔子学院和孔子课堂，累计培养各类学员 1300 多万人。180 多个国家开展了中文教育项目，75 个国家通过颁布法令政令等方式将中文列入国民教育体系，4000 多所大学设立了中文院系、专业、课程，7.5 万多所主流中小学校、华文学校、培训机构开设中文课程。据不完全统计，目前全球正在学习中文的人数超过 2500 万，累计学习使用人数接近 2 亿人。2021年起，中文正式成为联合国世界旅游组织官方语言，中文在国际交往中的作用日益凸显，中文的国际影响力不断攀升。

但是，随着新冠疫情的突然暴发和长时间抗疫之后进入后疫情时代，国际中文教育的发展面临着前所未有的困境。2021 年 10 月 23 日，在华东师范大学举行的"新时期国际中文教育的机遇与挑战"高端论坛上，吴勇毅教授认为，目前国际中文教育面临着事业困境、学科困境和学院困境。由于疫情的突然暴发，来华留学生人数呈断崖式下跌，一些孔子学院被关闭，线上教育因为网络、教师的智能教学技术不娴熟、线上教育质量不高，遭到了来自教师和学生的"不满"和担忧，后疫情时代，这些线上的学生还能不能回归中国课堂也未可知，华文学校办学条件设施不足，生源缩水，部分华校也面临关闭的命运。在学科发展上，国际中文教育学科由于多学科交叉融合的天然特点导致目前学科名称尚不统一："对外汉语""汉语国际教育""对外汉语教学""汉语作为第二语言教学""国际汉语教学""华文教学"等使用还显得比较混乱；在学科的归属上，目前本科归属"文学"一级学科，硕士和博士却归属"教育学"一级学科，"在我国现有的学科布局中，国际中文教育学科在中国语言文学一级学科下处于什么地位，以及在教育学等领域又处于什么位置的困境长期以来一直存在，困扰着现有国际中文教育各学科点所在院校"①。在学科基础上，参会的武汉大学的于亭认为，现在的社会分工和学术分工是以二级学科为基础展开的。国际中文教育学科建设的基础应该和其

---

① 丁涵，丁安琪.抓住机遇、迎接挑战、展望未来——"新时期国际中文教育的机遇与挑战"高端论坛综述 [J].国际中文教育（中英文），2022（02）：104.

他学科不同，它是泛学科、多学科互动的，纯粹依靠中文研究和外语研究不足以支撑国际中文教育学科的全部内涵，还要纳入历史、文化等多方面内容，如何通过协作方式形成新学科，既是困境，又是契机。另外，在学科地位上，目前的国际中文教育学科还处在边缘化的地位，一些院校甚至因为疫情留学生数量急剧下降而关闭了相关学院，停止了相关专业的招生。

新时代是百年未有之大变局的时代，是中国教育现代化的关键时代。新时代的国际中文教育正从快速规模式发展向缓速内涵式提质变化，时代变化为国际中文教育提出了新要求、新挑战；但同时也为国际中文课堂教学带来了新思路、新路向。从汉语国际教育学科发展看，该学科正面临着本硕博学科归属需统一明晰的关键期，多学科交叉的新文科建设相关转型研究也亟待加强。从国际中文教育事业的推广看，其发展模式正经历着由官办到半官半民模式的转型，新华人社区的华文教育正在成为国际中文教育主要的辐射源。从学习者看，年龄向小、向幼趋势明显，"用中文学"取代了之前的"学中文"①，学习目的更加实际、具体。从教学内容看，单纯的"汉语"知识已经被内涵丰富的"中文"教育取代，被多重"赋值"的"中文＋X"业已形成了一个开放的中文学习内容体系，该体系的内容不但有中国思想精神、中国方案故事，更重要的是它涵盖了人类共通的文化因子。从教师来看，人—机—人的教学模式对教师的教学理念、教学知识、教学管理、教学语言和教学评价等诸多教师素养提出了新的要求。从教学模式看，后疫情时代的线上教学、本土化教学成为常态，有形的教学课堂变为虚拟的网络平台，技术赋能的多模态教学、多样态的教育生态给课堂教学展示、教学互动、教学评价尤其是教学管理提出了新的挑战。这些新的发展向度和新的发展趋势主要表现为以下几个方面：

面向未来，世界多极化、经济全球化、社会信息化、文化多样化继续深入发展，人类同住一个地球村，语言教育在促进人文交流和深化国际理解方面的地位更加突出，各国中文教学的需求更加旺盛，为孔子学院建设和国际中文教育事业发展创造了更多的机遇、提供了更大的舞台。下一步，将立足新发展阶段，坚持新发展理念，以坚持稳中求进、完善体制机制、强化改革创新、推动可持续高质量发展为主题，以完善标准体系、办学体系、传播体系为主线，以培育新模式新业态、提升国际传播能力为突破口，努力开创国际中文教育新发展格局。李宝贵、刘佳宁认为未来国际中文教育面对错综复杂、风云变幻的国际形势，国际中文教育应着眼长远和全局，在使命担当、

---

① 李宇明.改善中文的世界供给［J］.世界汉语教学，2020（4）：437.

发展方式、工作重心、人才培养等方面进行相应的调整与转变^①。未来，语言经济学、国际中文教育工程化、本土化、提质增效、数字创新、高水平人才培养、标准资源建设、理论创新、交叉融合等都是当下国际中文教育提出的新思路、新理念、新课题。其具体发展路径可以是：

（一）健全标准体系

标准是衡量行业发展的重要尺度。作为一项事业，其发展需要参考世界其他国家和地区同类事业发展的相关经验、相关框架、体系和标准，也需要研究中国国情，需要研发具有中国特色的相关行业标准，动态修订教师、教材、教学、考试、评估等系列标准，大力提升标准的时代性、适用性，建立健全科学规范、系统完备的国际中文教育标准体系，加强《国际中文教育中文水平等级标准》等系列标准的应用推广。

（二）加强资源建设

特别是后疫情时代相关语料库、资源库的建设，尤其要加强教师、教材、教学、考试等国际中文教育资源建设，巩固拓展国际中文水平考试、"汉语桥"系列大赛、国际中文教师奖学金、新汉学计划、国际中文教育实践与研究基地、国际中文日等品牌建设，发挥示范引领作用。

（三）优化完善办学体系

目前，我们已经与159个国家和地区合作成立了孔子学院（孔子课堂），与58个国家和地区签署了学历学位互认协议，未来需要在继续办好孔子学院，推动其朝民间化、专业化、本土化方向发展的同时，积极配合各国中小学开展中文教学，创新支持中外高校合作设立中文专业，合理布局中文学习测试中心、网络中文课堂，积极将华文教育、国际学校等纳入支持框架，构建开放包容和多主体、多模式、多层次的现代国际中文教育体系。教育部国际合作与交流司司长刘锦认为：要不断优化教育的"朋友圈"，"落实习近平主席重要倡议，成立'中国—东盟职业教育联合会'，……启动'未来非洲—中非职业教育合作计划'，深化中国—中东欧教育交流合作，促进点面结合的区域教育机制不断完善"^②。

（四）开展在线教育

作为后疫情时代国际中文教育的新业态，在线教育未来会成为国际中文教育的重要模式，需继续打造"中文联盟"数字化云服务平台，推动"全球中文学习平台"建设，加强在线教育的相关研究，为在线教育的提质增效提供理论支持。

---

① 李宝贵，刘佳宁.新时代国际中文教育的转型向度、现实挑战及因应对策［J］.世界汉语教学，2021（1）：3.
② 参见：https://mp.weixin.qq.com/s/Wr8C5hIrWw9BN9-dw2Zrcg.

（五）发展"中文＋职业技能"教育

特别是"一带一路"沿线国家，原来"学中文"的思路已经逐渐转向为"用中文学"，"中文＋"成为目前很多国家学习汉语的目的需求，职业中文的特殊用途是当下中文教育的重要类型，需鼓励国内职业教育机构、中资企业参与国际中文教育，促进职业技能与国际中文教育"走出去"融合发展，推动各国经济发展和民心相通。

（六）推动中文教学本土化发展

本土化是新时代国际中文教育发展的新趋势。编写本土教材，培养指导本土教师成为节约人力、物力、财力，快速拓展中文教育传播面，提升国际中文教育发展速度的重要发展方向。中国作为中文的母语国，其角色是作为中文教育的指导者、标准制定者和配合支持各国开展中文教育。

（七）拓展中外语言交流合作

中外语言交流合作中心的成立标志着国际中文推广思路的转型，未来，它能提高中文服务能力，为来华旅游、留学、工作、居住的人提供语言支持，进一步推动中文成为更多国际组织、国际会议官方语言或工作语言，促进世界多元文明互学互鉴[1]。

2022年10月16日的党的二十大报告提出：增强中华文明传播力影响力。坚守中华文化立场，提炼展示中华文明的精神标识和文化精髓，加快构建中国话语和中国叙事体系，讲好中国故事、传播好中国声音，展现可信、可爱、可敬的中国形象。加强国际传播能力建设，全面提升国际传播效能，形成同我国综合国力和国际地位相匹配的国际话语权。深化文明交流互鉴，推动中华文化更好地走向世界。北京语言大学汉语国际教育研究院院长吴应辉（2022）认为：新时代国际中文教育具有新的使命担当，即要服务于社会主义现代化强国建设，服务于中华民族伟大复兴。具体来说就是要服务于促进文明交流互鉴，服务人类命运共同体构建；促进国际经济合作，服务经济强国建设；服务国际传播能力建设；改善中国形象海外认知，服务国家文化软实力提升[2]。

六、学科、专业和事业之辩

（一）学科

对外汉语自从1978年独立为一个专门学科以来，仅有不到五十年的发展历史。一个学科，尤其是拥有独立的学科理论体系、学科应用体系、学科评价体系的学科，会遵循学问自身的性质，遵循学科内部自身的知识逻辑，依据学问性质，划分为不同的

---

① 参见：http://www.moe.gov.cn/jyb_xxgk/xxgk_jyta/yuhe/202111/t20211104_577702.html.
② 该观点是吴应辉在2022年11月20日的第三届国际中文教育发展智库论坛上的发言的部分内容。

学科门类，细分为一级学科、二级学科、学科方向等。学科建设需要关注学科定位、学科内涵、理论基础、学科体系以及学科发展等。汲传波（2018）认为"汉语国际教育至少涉及三个学科门类——语言学、教育学、心理学，即汉语国际教育学科是由语言学、教育学、心理学等不同学科交叉而成的一门新的学科"[①]，他认为这一学科应该作为一门独立的交叉学科进行建设。在新时期双一流建设中，这个学科交叉融合的天然特点刚好契合了当下学科发展的理念，它符合社会需求原则、跨学科原则，因此应该在高等学校的发展中优先发展。学科研究起步晚、学科理论对世界二语教学研究贡献度小、优质学科研究成果少、重教学轻科研的学术习惯阻碍、一流学者队伍人数少等问题都是目前国际中文教育学科研究发展的现状，也是阻碍该学科成为具有卓越学术品质的主要障碍。目前本科层次的学科门类归属文学，硕博层次的学科门类归属教育学。这既有历史的原因，也有学科发展、对接国际的调整。在美国、英国和加拿大，母语作为第二语言教学的学科都归属在教育学学科门类之下。随着学科的发展和事业的推进，国际中文教育在2022年独立为一级学科，其学科内涵已经远远超越了语言教育，在聚焦语言主业的同时也衍生出了诸多其他内涵，王治敏等（2022）认为其内涵如下表所示[②]：

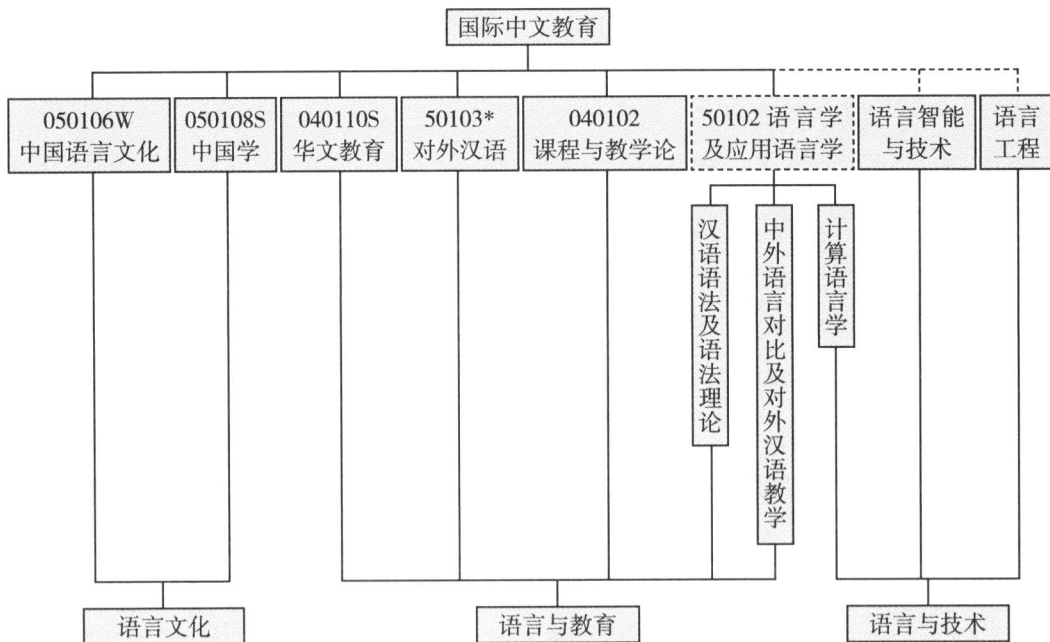

国际中文教育内涵结构

① 汲传波."双一流"视阈下的汉语国际教育学科建设［J］.国际汉语教学，2018（4）：68.
② 王治敏，胡水.交叉学科背景下国际中文教育学科发展的困境与出路［J］.华文教学与研究，2022（1）：93.

崔希亮（2022）认为国际中文教育的学科包含基础研究和应用研究两大类，具体来说涵盖了汉语本体研究、第二语言习得研究、语言教学法研究、中国文化与社会研究、语言教学资源研究、语言测试研究、现代教育技术应用研究等方面。

（二）专业

专业与学科不同，它是按照社会对不同领域和岗位的专门人才的需要来设置的。从目前的专业设置格局来看，已经初步形成了"本—科硕—科博"和"本—专硕—专博"两套人才培养体系，前一套培养体系着眼专业人才的理论素养和科学研究能力的培养，后一套人才培养体系则重在行业教学能力和解决实际问题能力的培养。因此专业关心的是专业定位、理念，人才培养的模式、规格，培养什么样的人、能胜任什么样的工作，具体到国际中文教育专业，还要考虑语言教学与文化传播的关系问题等等。陆俭明（2014）在谈到汉语国际教育的专业定位时认为，国际汉语教学的"核心任务与内容是汉语言文字教学，其出发点和终极目标是让愿意学习汉语的外国学生学习、掌握好汉语汉字，培养他们综合运用汉语的能力"[①]，也就是说，国际中文教育的内涵无论多么丰富，还是要聚焦语言教学的主业。在人才培养的规格上，汉语言文字学的知识素养、汉语和外语表达的能力结构以及坚定的国家立场和强大的心理素质都是国际中文教师的培养要求。作为教师职业的一种，它还受到国际局势的变化、全球范围内的突发事件、国际争端、局部战争等外部因素的影响，因此它是一种带有风险性的跨文化交际职业。当前，国际中文教育专业正面临专业归属需统一、培养理念需调整、课程设置需优化、就业对口需加强等问题。

宁继鸣（2022）在第三届国际中文教育发展智库论坛中认为学科专业不仅是一个知识门类，还是一种制度框架，每个学科专业都有自己的学科范式和学科文化，他认为一个学科专业的知识体系是以学术知识为基础，由制度框架和学科文化依据某种规则组合建立而成的一个内部相互联系的有机整体。他认为国际中文教育之所以在身份认定上"摇摆不定"，主要原因就在于学科知识体系"力量薄弱"。

（三）事业

国际中文教育作为一项事业，它体现的是社会价值属性，它体现了中国与世界其他国家在除政治、经济、军事、外交、科学等领域的沟通协作之外的有关教育、文化等的往来、交流、沟通和合作。它是当前国家和全民族伟大复兴战略的重要组成部分，是当下百年未有之大变局的新形势下，国家为提升民族语言和文化国际影响力的重要

[①] 陆俭明.汉语国际教育专业的定位问题［J］.语言教学与研究，2014（2）：11.

规划和举措。李泉（2013）认为：国际汉语教学[①]作为一项事业，是以政府及其有关部门为事业实施的主管和主体单位，以海内外的汉语教学机构为依托，组织和协调相关的行业、部门与资源，在世界范围内开展汉语及相关的中国文化教学活动。国际汉语教学事业的发展理念应该是：服务世界各国人民汉语学习需求、满足各国人民了解中国文化的愿望、增进中外彼此间的了解和理解、促进世界多元文化的和谐发展[②]。当下国际中文教育作为一项事业，其布局谋划的基本目的是要让世界更多的人通过汉语这个语言工具了解中国、认识中国、走进中国、理解中国从而在文化互通和文明互鉴的基础上构筑人类命运共同体，是国家对外发展格局的重要组成部分，是国家文化传播事业的重要内容。作为一项事业，国际中文教育需要考虑人、财、物的投入，"还要考虑汉语传播的合理布局和重点区域建设，以服务于国家对外交流和发展的大局。要研究和考虑的主要是汉语传播的机制、体制、途径、政策和措施，以及人力、物力和财力的争取与调配等。事业发展的主要标志是：世界范围内汉语教学机构和教学规模的扩大、学汉语和用汉语人数的增加、汉语及中华文化影响力的增强，以及通过汉语及中华文化的传播能够让各国人民更好地了解和理解中国，增进中外人民的文化交流和友好感情"[③]。

学科、专业、事业作为国际中文教育这个新时代新生事物的三重重要属性，相伴谐行，互相促进，事业的发展离不开学科研究的深入和专业人才的具体落实，同时事业的擘画和推进也为学科研究提供了政策支持和专业发展的空间；学科体系的构建、学科理论的深入、学科之间的交叉融合要由专业的人才来完成，需要专业人才的参与和投入；专业规模的扩大和专业的内涵式发展需要国家政策层面的指向和支撑，学科研究应顺应形势，对接国际一流学科水平，专业人才培养需服务国家战略，对接社会需求。作为一项教育事业，国际中文教育的学科建设、专业建设和事业发展都在协同发展中前行。宁继鸣（2018）认为该学科几个重要属性的运行方式如下页图：

---

① 2013年还未出现"国际中文教育"的说法，故李泉这里用了"国际汉语教学"的说法。
② 李泉. 国际汉语教学事业与学科［J］. 语言教育，2013（5）：87.
③ 李泉. 国际汉语教学事业与学科［J］. 语言教育，2013（5）：88.

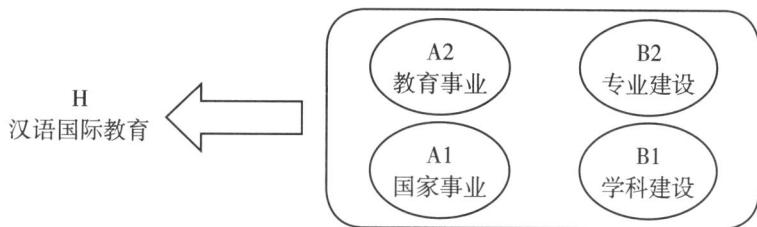

学科属性运行图①

此外，崔希亮（2022）认为国际中文教育作为一个系统工程，在进行语言文化服务时应具备工程思维、产品思维以体现其商品价值，如要考虑产品质量、成本、技术含量、更新迭代、包装和市场推广、售后及个性化服务等。目前国际中文教育的层级愈发丰富多元，其学术价值、社会价值、群体价值、个体价值以及商品价值等愈发凸显。

■本章思考题：

1. 国际中文教育的内涵应怎么理解？

2. 新时期国际中文教育的发展出现了哪些新的转型向度？

3. "中文＋"怎么理解？

4. 国际中文教育的学科、专业、事业三大属性如何理解？关系如何？

① 宁继鸣.汉语国际教育："事业"与"学科"双重属性的反思［J］.语言战略研究，2018（6）：12.

第二章　国际中文教育与汉语本体研究

　　国际中文教育是针对汉语非母语的学习者进行的中文教育。与所有教育一样，它也涉及"教什么、怎么教、怎么学"的问题，也就是教学内容、教学方法和学习方法的问题。这三者虽然各不相同，但也存在着内在的逻辑关系。过去往往认为，"怎么教"是国际中文教育的重点和基础所在，但现在越来越多的学者认为，"教什么"才是中文教育的基础。需要指出的是，这里的"教什么"，既指教学内容，也指教师对教学内容的研究与掌握程度。换言之，即教师对自己要教授的语言点的特点、功能等是否有充分的了解。只有在确立教学内容并对要教授的内容有深入研究的基础上，教师才可能选择或者创造出适当的教学方法并进一步对学生的学习方法做出指导。陆俭明指出："（对外汉语教学的）研究工作应紧紧围绕'怎样在尽可能短的时间里让学生尽快学好汉语'这么一个问题。首先需做基础研究，其次需加强汉外对比研究和外国学生偏误分析研究，以便尽可能有针对性地进行对外汉语教学。再其次，在上述研究的基础上编出各种门类的高质量教材。最后要进一步研究、改进教学法。"

　　陆俭明认为，要实现"怎样在尽可能短的时间里让学生尽快学好汉语"这个目标，首先需要完成的工作就是"基础研究"，这里的"基础研究"，就是指对汉语本体的研究，尤其是基于国际中文教育视角的汉语本体研究，这个研究是国际中文教育的立足之本，是国际中文教育可以顺利实施的基础。

　　本章强调两个观点：第一，对汉语的本体研究是中文国际教育的基础。过去很多汉语教师比较重视教学方法，希望通过掌握正确的教学方法来实现教学的成功。但是如陆先生所说，教学方法的改进，必须建立在本体研究的基础之上。如果教师对所教语言点的要点、难点等缺乏基本的了解，不能准确掌握和解释汉语本体中的各种现象和问题，那么所谓的"教学方法"就成了无本之木，难以在中文教学中发挥太大的作用。比如，在教授汉语中重要的助词"了"时，如果汉语老师对"了"的分类、表达的意义、可使用或不可使用的条件、"了"作为语气助词与动态助词的区别、在句中不同位置出现时表达的不同意义等问题缺乏了解和研究，我们就很难想象可以仅仅通过教学方法的实施顺利完成教学，当然也无法对学生的学习方法做出更恰当的指导。

第二，基于国际中文教育视角的汉语本体研究与基于汉语作为第一语言教学视角的本体研究有相当大的差别。后者的教学对象是已经具备流利的听说能力和一定的读写能力的中国人，因此针对这类教学的本体研究主要集中在对语言的结构分析、成分分析、层次分析等方面，也包括了对篇章段落的语义总结、情感分析、层次归纳、中心思想乃至文学赏析等的研究；而基于中文国际教育视角的汉语本体研究则更偏向于对汉语中语言现象的使用条件、使用规律进行总结，更偏向于研究如何对语言点做出简明易懂的解释等问题。或者说，汉语作为第一语言教学的目的是帮助学习者进一步提高汉语素养，而汉语作为第二语言教学的主要目的是帮助学习者掌握基本的运用语言进行交际的能力，教学目的、教学对象的不同，也就决定了视角不同的汉语本体研究中重点、难点的不同。

本章将从基于国际中文教育视角的汉语语法研究和词汇研究两个方面来说明汉语本体研究与教学的关系，提醒未来的汉语教师们要加强对汉语本体研究的重视。

第一节　基于国际中文教育视角的汉语语法本体研究

崔希亮（2023）在《国际中文教育的十二个重点研究领域》一文中指出："第二语言教学每天在课堂上碰到的最主要的问题就是语言本身的问题。汉语作为第二语言教学的历史并不长，汉语的语音、语法、语义、语用、篇章研究还很不充分，因此一线教师在碰到一些具体的语言问题时会有无力感。"[①] 他的观点真实地反映了现阶段国际中文教师面临的困境：由于对汉语本体研究还不够充分，尤其是基于国际中文教育视角的汉语本体研究尚不充分，因此在很大程度上对教学效果造成了影响。他进一步举例说：例如"这件事情不要问我，我又不是专家"，这里边的虚词"又"应该怎么解释？"这个傻小子，穿皮鞋送快递，也不怕累"，这里边的虚词"也"又该怎么解释？还有一些特殊的句式，比如"他在家里活活不干，孩子孩子不管""你看你哈，话话

---

① 崔希亮.国际中文教育的十二个重点研究领域［J］.国际中文教育（中英文），2023（1）：3—12.

说不清，字字写不好"，应该怎么给学习者讲清楚这个结构？"还不是老样子！"与"还是老样子！"意思一样吗？如果一样，为什么肯定形式和否定形式可以表达同样的意思？

语言本身的问题有很多说不太清楚的地方，主要原因是我们研究得还不够深、不够透。比方说量词使用的问题，同样是时间词，为什么可以说"一年"却不可以说"一个年"；可以说"一个月"，又不可以说"一月"；可以说"一个星期""一个小时"，也可以说"一星期""一小时"；可以说"一天""一分钟"，却不可以说"一个天""一个分钟"，为什么？量词的使用有什么规律？"一张纸""一张桌子""一张脸""一张饼""一张照片"我们都用"张",使用同一个量词的名词,有哪些共同的物性结构(Qualia Structure)？为什么"一张嘴"也用"张"？能否从认知上给一个解释？

崔先生所举的例子有比较强的代表性。可以想象，如果教师对以上所举汉语中表示时间的方式不能给出圆满的解答，那么就很难向学习者解释清楚汉语中时间短语的规律，在进行"时量补语"这一语法点教学时，也就无法取得好的效果。

崔先生特别强调了基于国际中文教育视角的汉语语法本体研究问题。他说："所以语言本体的问题是国际中文教育事业和学科发展中的一个永恒的主题。语言本体的问题不解决，对中文教师来说就是要做无米之炊。我们都知道汉语语法在很多个范畴里没有形式标记，因此虚词和语序就特别重要。而汉语的虚词和语序问题，到现在还有很多说不太清楚的地方，包括权威词典里的解释也不尽完美。尽管语言本体方面的研究已经做了很多，但这是一个聚沙成塔、集腋成裘的过程。我们认为这是一个不证自明的常识问题，为什么要把它提出来？因为在学界的确有人不重视语言本体的问题。语言本体的问题搞不清楚,语言教学就会变成无源之水。我们必须把教学内容研究透彻，这样才不至于'以其昏昏，使人昭昭'。"

所谓"基于国际中文教育视角的汉语语法本体研究"，至少可以从以下几个方面进行：（一）该语法点的使用条件，即在什么条件下可以使用，什么条件下不可以使用；（二）该语法点在汉语中所起的作用，即使用这个语法点后，语言被赋予了什么样的意义和色彩；（三）如何根据该语法点的特点，设计出相应的最能展示这个语法点功能的教学方式。下面分别举例说明。

一、对语法点使用条件的研究

由于中国人一般是在母语环境中自然习得汉语的，因此往往很少关注到汉语语法点使用条件的问题。汉语语法点使用条件是指该语法点在什么条件下可以或必须被使用，在什么条件下不能使用。厘清这个问题，对我们明确语法点的用法有至关重要的作用。

例如，"把字句"是汉语中非常重要而又学习难度很大的语法点，原因在于"把字句"是汉语中独特的语法和句型，其他任何语言中找不到可以与"把字句"相对应的语法和句型，因此外国学习者学习起来感到非常困难。

"把字句"的结构为：主语＋把＋宾语＋动词＋其他成分。在教学中，教师至少要明确以下几点：

（一）"把字句"的作用是强调动词对宾语的影响的，因此，在强调动作对宾语给予积极的影响，使它产生某种结果、发生某种变化或处于某种状态时，就要用"把字句"，反之，则不使用"把字句"。这是使用"把字句"的基本条件。初级班的学生在没有学"把字句"之前，常常容易犯一些错误，例如：

You can throw the stones into the sea.
你可以扔石头到海里去。

Please take this dictionary to Xiao Li.
请你带这本词典给小李。

He put a letter on the desk.
他放一封信在桌子上。

The teacher asked us to translate this article into Chinese.
老师让我们翻译这篇文章成中文。

这些错误的出现，就是由于学生还不知道当动词对宾语产生影响时，汉语一般要用"把字句"的形式。因此他们在表达这些句子的时候，采用的方法几乎完全是对母语句子的对译，忽略了汉语在这种条件下必须使用"把字句"。

而同样的，在动词不能对宾语产生积极的影响时，就不能使用"把字句"。很多学生在学过"把字句"后，犯的常见错误变成：

我把他认识了。

我把中国来过了。

大家把那些话听见了。

我把中文学得很努力。

我看见她把教室进去了。

学生之所以会犯这样的错误，根本原因在于他们未能理解"把字句"在什么条件下不能使用。由于"把字句"的主要作用是强调动词对宾语的影响，因此当动词没有对宾语造成任何影响时，汉语中就不能使用"把字句"。例如上例中的"认识"这个动词，并没有对"他"造成影响，因此就不应该使用"把字句"；而"听见"这个动作也无法对"话"造成任何影响，因此"大家把那些话听见了"也是不成立的。相反，如果这些句子变成"我把他打了""大家把那些话修改了一下"，"打"和"修改"是会对宾语造成影响的，此时就可以使用"把字句"。

实际上，在汉语中，以下几类动词不能用于"把字句"：

1. 表示感觉或认知的动词——看见、听见、闻见、感到、感觉、觉得、以为、认为、知道、懂；等（如：我把花香闻到了）。

2. 表示存在、等同义的动词——有、在、是；不如、等于、像；等（如：我把这本书有了）。

3. 表示心理状态的动词——同意、讨厌、生气、关心、怕、愿意；等（如：大家把这个计划同意了）。

4. 表示身体状态的动词——站、坐、躺、蹲、趴、跪；等（如不能说"我把沙发坐了一会儿"，可以说"我把沙发搬走了"）。

5. 表示趋向的动词——来、去、上、下、起来、过去；等（如：我把成都去了一次）。

（二）"把"的宾语要有确指性，也就是说，"把字句"的宾语必须是说话的和听话的人都知道是什么的东西，这也是可以使用"把字句"的重要条件。例如下面这句话是错的：

请你把一本书给我。

这样的句子，听话的人并不清楚说话人所说的"一本书"是指什么书，因此会造成交流的障碍。这句话应该改为：

请你把那本书给我。

（三）"把字句"中动词后面一定要有其他成分，不能以动词结束，如：

你把这盒磁带听。

很多汉语学习者会犯这样的错误，因为他们觉得在"你把这盒磁带听"这样的句子中，他们已经把想要表达的意思都表达完整了。但是，他们忽略了"把字句"中动词后面的"其他成分"是"把字句"成立的必备条件，不符合这个条件的"把字句"是不能成立的。

"把字句"中动词后的其他成分可以包括：

1. 动词重叠式，如"咱们把屋子打扫打扫"。

2. 动态助词"了"，如"他把衣服脱了"。

3. 补语，如"把屋子打扫干净"。

4. 宾语，如"把这件事告诉她吧"。

（四）"把字句"的动词含有"分离开"的意义时，动词后可以只接"了"，这类动词如：脱、拆、倒、扔、寄、发等。这也是"把字句"的使用条件之一。例如在汉语中"他把毛衣脱了"是成立的，而"他把毛衣穿了"却是不成立的，这常常造成汉语学习者的困惑：两个句子结构完全一样，唯一的区别是动词不同，而动词一个是"脱"，一个是"穿"，二者在意义上有比较紧密的关系，为什么却会出现差异呢？重要的原因就在于动词是否含有"分离开"的意义。

以上对"把字句"本体研究的成果，当然对"把字句"的教学有着非常重要的影响。如果教师对这些本体研究成果不清楚，就不可能设计出正确的教学流程和教学方法，也不可能达到好的教学效果。

再如，动态助词"了"是汉语中非常重要的语法点。对这个语法点的教学，也必须借助对其本体研究的成果，教师必须在基本了解动态助词"了"的使用条件的基础上，才能顺利地完成教学。

从教学实践来看，学生在不同的学习阶段对动态助词"了"的误用情况是不同的。初级阶段的学生，常常出现的问题是该用"了"的地方不用，这主要是由于学生刚刚接触这个语法点，对其用法还不熟悉。中高级学生常犯的错误却是不该用"了"的地方用"了"，这主要有两个方面的原因，一是学生在刚开始学习这个语法点时掌握得不好，造成了一些错误的观念；二是"了"的用法本来很复杂，有一些条件学生还没有学到或掌握。相比于学生不用"了"的问题，学生误用"了"的情况要严重得多，因此对动态助词"了"在什么条件下不可使用的研究就显得非常必要。

现有的本体研究成果表明，在以下情况下不能使用动态助词"了"：

（一）"了"不能与表示频率与持续意义的词语同现，因为动态助词"了"的基本功能是表达动词的"完成"。而这些表示频率和持续意义的词与"完成"义相矛盾，因此不能与"了"同现。这类词包括：每、常常、经常、总是、一再、多次、一次次、有时候；等。错例如下：

> 从 1985 年起，我一直在这家公司工作了。
> 他过去总是买了好吃的东西。
> 刚来中国的时候，我常常去了长城。

（二）"了"不能与表示心理状态的动词和能愿动词同现，因为这些句子表述的是某一段时间里的一种恒定的状态，同样不表示"完成"。错例如下：

> 只有古波爱了布兰卡，布兰卡不爱了古波。
> 我以前关心了他，现在不关心。
> 国王愿意了用 500 两黄金买这件衣服。

（三）"了"不能与谓词性成分或句子充任的宾语同现，简单说，动词后的宾语如果是一个完整的句子，动词后不能用"了"。错例如下：

> 我发现了我的旅行并不重要，重要的是我终于回来了。
> 他说了："把车钥匙给我。"
> 第二个客人想了："他不希望我来。"

（四）形容词谓语句不能用"了"。错例如下：

> 昨天收到妈妈的信，我很高兴了。
> 上个星期真的非常热了。

（五）"了"一般不能与"没有"同现。由于动态助词"了"表达"完成"义，与"没有"矛盾，因此二者一般不同现。错例如下：

你没写清楚了那个汉字，我看不懂。

我昨天没有告诉了他这件事。

（六）当所表述的内容在整个事件的发展中并不处于"完成"的状态时，不能用"了"。错例如下：

去年我的女友来中国看了我，因为她没有来过中国。

那天我去看了朋友，在路上摔了一跤。

昨天我去商店买了衣服，可是走了好几家也没有买到。

上面三例中加点部分的句子单独看都是正确的，但是放在整句中却出了问题，这就是因为它们所表述的内容在整个事件的发展中并不处于"完成"状态。

以上对"把字句"和动态助词"了"的使用条件进行了说明，这些说明总结了学术界对这两个语法点使用条件的本体研究成果，对教师预判学生的习得偏误以及进一步促进教学的成功有重要影响。

需要进一步强调的是，目前学界对"把字句"和动态助词"了"的研究还不够深入，虽然已有很多成果，但是存在很多需要进一步解决的问题。例如前文指出，"把"的宾语要有确指性，也就是说，"把字句"的宾语必须是说话的人和听话的人都知道是什么的东西，因此"请把一本书给我"这样的句子由于宾语无定，是不能成立的。可是，下面这句话的宾语同样是无定的，为什么又可以说：

他把一个孩子撞倒了。

再如，我们说动态助词的基本意义在于表示完成，当我们说"我打了他"时，"打"这个动作已经完成了，因此可以在其后加上助词"了"。可是，"我杀了他"这句话却有歧义，一种情况是已经杀了他，另一种情况是准备杀他、想要杀他，这句话进一步还可以说成"我要杀了他"。这时"杀"这个动作明显还未完成，为什么又可以使用动态助词"了"？再进一步，"我要杀了你！"这个句子歧义消失，只有"还没杀但想杀、要杀"的意思，为什么又可以使用动态助词"了"？

我们希望通过以上例子说明，好的语法教学必须建立在对语法本体的深入研究上，对语法本体的研究越深入，我们才能越了解自己所要教授的语法内容，才能对学生的偏误做出正确的解释，才能对学生的习得过程做出有效的指导。

二、对语法点所起作用的研究

对汉语语法的本体研究，除了上文所述的针对使用条件的研究，还包括对语法点所起作用的研究。这具体是指该语法点的运用在语言中起到了什么作用。例如"关门"这一动作，既可以说"我关上了门"，也可以说"我把门关上了"。用"把字句"或不用"把字句"，对句子所表达的意思有何影响？这就是这个语法点的作用。了解语法点的作用，对我们设计准确高效的教学活动至关重要。

例如，存现句是汉语中常见的语法结构。一般对存现句的定义是"表示事物存在、出现或消失"的句型，其结构为：处所词＋动词＋助词／补语＋名词。可是，仅仅了解存现句的结构是不够的，我们需要思考存现句在汉语中有何作用、中国人在什么候常常使用存现句。

经过研究可知，存现句在汉语中常常用于表现说话人所见的事物。换言之，当我们想要描述所见的情况，常常会使用存现句。例如如果我们走进一间房间，需要描述这个房间的样子，常常会说"屋子正中有一张桌子""桌子旁边摆着一架钢琴"等句子，这就是存现句在语言中的重要作用之一。

了解这一点对存现句的教学是有指导作用的。因为存现句常用于说明说话人所见的事物，因此教师在对存现句的练习中就应该着重设计"让学习者说明所见情况"的环节。例如可以让学习者介绍自己房间的样子，或者让学习者看图片并说出图片内容等。这些练习可以很好地帮助学习者练习存现句，而这种练习设计的基础来源于对存现句作用的本体研究。

三、根据语法点特点设计教学方式的研究

汉语中的语法点都有自己的特点，这些特点既包括前文所说的"使用条件""所起作用"等，也包括各语法点在结构、表达意义等方面的特点。对这些特点的研究和了解，有助于我们设计恰当的教学方式对其进行更有针对性的教学。

例如，补语是汉语中重要的语法点，包括结果补语、可能补语、状态补语、时量补语、

动量补语、趋向补语等众多类型，但是无论哪种补语，都有一个基本的结构和意义特征：主要用于动词之后，对动作进行补充说明。对动作的结果进行补充说明的，是结果补语；对动作的时长进行补充说明的，是时量补语；对动作的可能性进行补充说明的，是可能补语；对动作的趋势方向进行补充说明的，是趋向补语等。了解了补语的这个特征之后，我们就可以针对这些特征对教学活动进行设计。例如对"结果补语"的教学，我们知道结果补语是用于动词之后对动作结果进行补充说明的，这就促使我们思考，应该如何通过课堂教学呈现结果补语的这个特征。以下是设计思路：

老师开始在黑板上写字，并提问：老师在做什么？

学生答：老师在写字。

老师重复：对，老师在写字。

老师在黑板上写完一个"大"字，提问：老师想写一个"太"字，现在这个字是对的还是错的？

学生答：错了。

老师教学生把这句话连起来说：这个字写错了。

以上是对结果补语"写错"的教学，老师并没有对这个结构的意义做出解释，但却因为深入了解了其用于动词之后对动作结果进行补充说明的特征，采用"三段式"教学法，首先通过提问引导学生说出动词"写"，再通过提问引导学生说出"写"的"结果"是"错"，然后引导学生很自然地说出"写错了"这个结构，达到了很好的教学效果。

事实上，汉语中的补语教学都可以采用上述这种"三段式"的教学方式，即先引导学生说出动词，再引导学生说出补语，最后指导学生将二者连接起来，形成补语结构。这种教学方式往往避免了对学生进行语法点的"解释"，着眼于对语法点的"展示"，所以教学效果很好。而这一教学方法，正是基于对补语结构、意义特点深入了解后产生的。

同样，对于汉语中的其他语法点，我们也应该对其特点进行研究，然后才有可能在研究结果的基础上设计出更具针对性的教学方法。

第二节　基于国际中文教育视角的汉语词汇本体研究

基于国际中文教育视角的汉语词汇本体研究主要包括汉语词汇释义研究、汉语近义词辨析研究、汉语词汇用法研究等。

一、汉语词汇释义研究

汉语词汇释义研究的主要目的是如何以最通俗易懂同时也最简明准确的方式对汉语词汇的意义做出解释，方便汉语学习者能够（在不使用媒介语言的条件下）尽可能快捷正确地理解词语的意义。以汉语为母语的中国人在学习汉语的过程中由于对很多词语的意义可以自然习得，并且已经基本具备良好的语感和词义分析能力，因此对词义解释的需求并不特别突出。但是，对于母语非汉语的学习者来说，教师或教材能够精准解释词义则显得十分必要。因为一般来说，这些学习者并不具备自然习得汉语词语的能力，他们必须借助辞书或者教师的帮助，才能了解词语的意义。

但是，由于受到传统辞书编纂方式的影响，现代汉语辞书和汉语教师在解释词语时习惯使用近义词释义的方式，往往忽略了词语本身的产生源头、发展过程、构词理据、使用条件等层面对词语的考察，造成词语意义的解释往往难以对教学形成良好的指导。

例如《现代汉语词典（第 7 版）》对"精美"一词的解释是"（形）精致美好"；而追究其中的"精致"一词，其解释是"（形）精巧细致"；对"精巧"一词的解释是"（形）精细巧妙"；对"精细"一词的解释是"（形）精密细致"；对"精密"一词的解释是"（形）精确细密"，等等。对外汉语词典中，《商务馆学汉语词典》对"精美"的释义是"（形）（制作得）又精细又美观"，相当于还是用"精细美观"来解释了"精美"一词。对外汉语教材中，《博雅汉语·高级飞翔篇Ⅰ》中对"精密"一词的解释直接来源于《现代汉语词典（第 7 版）》，释为"（形）精确细密"；《博雅汉语·高级飞翔篇Ⅱ》中对"精巧"一词的解释也直接来源于《现代汉语词典（第 7 版）》，释为"（形）精细巧妙"。这样的解释循环往复，看似对词义做出了解释，但是如果从汉语学习者的角度出发，我们难以想象不明白"精美"一词的学习者如何会明白"精致、精巧、精细、精密"等词的意义。因此这种解释严格来说对教学、教师和学生都并无实质性的帮助。学习者要想通过词典和教材中的近义词释义法来掌握"精美"一词，就需要了解"精致""美好"两个词语的意思。"美好"是 HSK 三级词汇，中高级水平的学生理解起来没有困难，但是"精致"是 HSK 七—九级词汇，要用"精致"这一高级词汇去理解"精美"这一 HSK 六级词汇，必定存在困难。为了理解"精致"一词，学习者就必然会走向循环往复的多个近义词"圈套"。就算学习者在此过程中理解到了"精美"一词的意思，这由此产生的"精致""精巧""精细""精密""精确"等一系列近义词，更是严重加大了学习者本初学习"精美"这一个词的负担。更何况，在这个过程中，学习者极易被近义词释义法误导，认为被用于释义"精美"的这一系列词与其意义相近、用法相似，而产生一系列的近义词使用偏误等问题。

杨寄洲、贾永芬编著的《1700 对近义词语用法对比》[①] 对"精美"和"精致"进行了对比，在其"词义说明"部分，对"精美"的释义仍然是"精致美好"，对"精致"的释义仍然是"精巧细致"。该书认为二者的区别在于"词语搭配"和"用法对比"，即"精美"形容外观，"精致"形容做工。其列举说明可以用"做工精致"，但不能用"做工精美"。但在汉语母语者的日常习惯中，"做工精美"也同样很常用，例如"这个工艺品的做工很精美""这幅雕花的做工很精美"等。可以说，这样的词语解释方式不但不能帮助学习者真正了解词义，相反在一定程度上还有可能对学习者习得本词造成障碍。

事实上，要想真正对词语的意义做出简化浅化而又精准的解释，就必须研究词语的构词理据，即这个词的词义来源于哪里。如果是合成词，还应该考虑构成合成词的各语素是按照什么"规则"组合而成的。这种情况下，语素分析法、结构分析法等研究方法就在词语的释义研究中有着非常重要的作用。语素分析法来源于"语素法"，也被称为"语素教学法"或"字本位教学法"。主张离析词语中的语素，并通过构词来提高词汇教学的效率（吕文华，1999）。因此，也有学者主张将其称为"语素扩展法"，并分析其在扩大词汇量、教会学生猜词、编写"语素法"理念教材等方面的作用（肖贤斌，2002）。而后，更有大量学者投入语素教学框架的构建中，试图确定汉语核心语素，并将其呈现于教材、大纲、词典及教学中（杨玉玲、宋欢婕，2022）。

具体到对"精美"这个词的语义解释，如果我们能够首先明确构成"精美"一词的两个语素"精"和"美"的意义，再以简化浅化的方式呈现其意义，就能比较简单明确地对其整个词义做出解释。"美"是 HSK 三级词汇，学生能够轻松理解和掌握"美"这个语素，重点在于理解"精"以及两个语素组合之后的"精美"这个词。《汉语大字典》考求了《说文·米部》对"精"的注解："精，择也。"段玉裁注作"择米也"，曰："择

---

① 杨寄洲，贾永芬编著.1700对近义词语用法对比［M］.北京：北京语言大学出版社，2005.

米，谓导择之米也。"说明"精"的本义是"优质纯净的大米"。而"优质纯净的大米"这一本义赋予了"精"这一语素两个深层含义，一是质量好，二是由于"大米"是很细小的事物，因此"精"也同时具备了"小而优质"的含义。《汉语大字典》也追溯了"小"这一义项的源头，《广雅·释诂二》曰："精，小也。"将这两层含义整合，便能简化浅化得出"精"这一语素在现代汉语中的常用含义，即"每一处小地方的质量都很好"。由此再看"精美"一词，便是"每一处小地方的质量都很好且很美丽"。例如，《现代汉语词典（第7版）》中对"精美"一词做出解释后的举例是"包装精美"和"我国精美的工艺品在国际上享有盛名"。其中的"包装精美"和"精美的工艺品"可解释为"包装的每一处小地方质量都很好且很美丽"和"每一处小地方质量都很好且很美丽的工艺品"。

同样，"精密、精致、精细、精英"等使用"精"这个语素的词语都可以按照这种方式进行解释。例如"精密"可以被解释为"（事物）每一处小的地方质量都很好，没有缺漏"。用这样的解释方式，学习者能够很快地理解"精密的计划"或"精密的手表"等的含义。

二、汉语近义词辨析研究

汉语中存在大量的近义词。对汉语为母语的学习者来说，由于已经具备了流利使用汉语的能力，对这些近义词并不容易用错，因此他们对这些近义词的区别往往"察焉不详"，也就是说虽然意识到这些词是有差别的，但却往往无法准确地说出其差别到底何在。而对汉语非母语的学习者来说，掌握这些近义词的差别却是非常重要的。如果掌握得不好，在语言运用中就会出现偏误。

杨寄洲指出，"外国汉语学习者一旦学完了汉语的基本语法并掌握了1500个左右的常用词语以后，就会遇到同义词、近义词用法方面的问题"。对于中高级水平的汉语二语学习者来说，近义词辨析难度大，也容易出现偏误。辨析近义词的方法很多，比如从词性、色彩、语境、固定搭配等来辨析。除此之外，还应该从词语的语源、构词理据等进行分析。遵循对外汉语教学中近义词辨析"简单实用，浅显易懂"的原则（李绍林，2010），我们认为使用语素分析法、结构分析法对近义词进行深入研究，可以为简化浅化的近义词辨析教学服务。

例如，现代汉语中的"拥有"和"具有"是一对近义词，汉语为母语者由于很少用错这两个词，因此对二者的区别不太注意。但是对母语非汉语的学习者来说，明白这两个词的区别对其正确习得这两个词却有着非常重要的影响。《现代汉语词典（第7

版）》对"拥有"的释义是"领有；具有（大量的土地、人口、财产等）"。用"领有；具有"来解释"拥有"，会误导学习者认为"拥有"和"领有；具有"意思相同。此外，"具有"后面的举例"（大量的土地、人口、财产等）"更会误导学习者认为"拥有"的对象不仅必须是"大量的"，而且还应该与土地、财产、人口等具体事物有关。

在《1700对近义词语用法对比》中，对"拥有"的词义说明源自《现代汉语词典（第7版）》，即"拥有：领有；具有（大量的土地、人口、财产等）"；对"拥有"和"有"的用法辨析称，"'拥有'的宾语是抽象名词，而且必须是双音节词，可以说'拥有土地、拥有矿藏'等大量的东西，不能说'我拥有一辆汽车''他拥有一百块钱'。'有'的宾语可以是具体名词也可以是抽象名词；可以是单音节词，也可以是双音节词和多音节词"。但是，《1700对近义词语用法对比》辨析"具有"和"有"时，在词义说明部分，直接用二者互释；在用法对比部分，称"'具有'的宾语只能是抽象名词"。首先，"拥有"的宾语并不仅仅是抽象名词，因为你可以拥有"房子"、拥有"家人"、拥有"衣服鞋子"等，这些宾语都并不是抽象名词。另外，"拥有"的宾语"必须是双音节词"也有反例，如"拥有爱""拥有枪""拥有书"等，其中的宾语便是单音节词。

《商务馆学汉语词典》中，将"拥有"同样解释为"（动）有（大量的人口、土地、财物等）"。这一解释同样来源于《现代汉语词典（第7版）》。关键的问题是，无论是以上哪种解释，汉语学习者都不能掌握"拥有"和"具有"的区别，反而会被词典中的解释误导。

实际上，"拥有"和"具有"两个词的核心意思都是"有"，区别在于"有"的方式不同："拥有"的方式是先"拥"再"有"。在进行对外汉语教学时，可以直接对学生做一个"拥抱"的姿势，并解释道，凡是可以"拥而有之"的对象就可以用"拥有"；而"具有"的对象是"与生俱来"的，是本来就有的。因此，"性格、特点、意义、性质、品格"等往往用"具有"；而"房子、土地、权力、知识、家庭、亲人、健康"等都不是可以与生俱来的，是必须"拥"才可以"有"的，往往用"拥有"。"拥有"和"具有"的区别其实并不在于宾语名词是否抽象、意义是否有褒贬、宾语词的音节是单还是双，关键在于，"有"后面的宾语对象到底是"拥"了才有的，还是本来就"具"有的。

《1700对近义词语用法对比》称"拥有"的宾语应该是抽象名词，如健康、青春等，而《现代汉语词典（第7版）》的举例中，"拥有"的宾语全部是具体名词，如土地、财产等，二者相互矛盾。两本词典都没有真正抓住"拥有"和"具有"的构词语素和构词理据，只是试图从适用范围上来总结用法，最终总结出完全相反的使用规律。

再如，汉语中的"追逐"与"追赶"也是一对近义词。《现代汉语词典（第7版）》将"追逐"释为"追赶：～野兽"和"追求：～名利"，可是"追逐"与"追赶"是不能画等号的。二者相同的地方是都要"追"，区别在于"追"的目的不一样。"追赶"的目的是"使自己的位置'赶上甚至超过'自己所追的对象"；而"追逐"的目的是"能够'得到、获得'自己所追的对象"。这种意义上的区别决定了二者用法上的不同。在实际的语言运用中，当"追"的目的需要被强调时，"追逐"与"追赶"一般就不能互换。比如：

> 我的学习成绩掉队了，一定要努力追赶。

这句话中的"追赶"是不能换成"追逐"的，因为这里"追"的目的就是为了成绩"赶上"甚至"超过""我"要追的对象，而绝不是为了"得到""我"的同学。

> 甲队队员得球后向前狂奔，乙队队员在后面拼命追赶。

这句话中的"追赶"也不能换成"追逐"，因为这里"追"的目的仍然是要"赶上"或"超过"甲队队员，而不是为了"得到"甲队队员。

当"追"的目的是"得到"所追的对象时，就只能用"追逐"而不能替换为"追赶"。比如"追逐名利、追逐梦想、追逐爱情"等不能说成"追赶名利、追赶梦想、追赶爱情"，因为这里"追"的目的都是为了"得到"所追的对象，而不是为了"赶上甚至超过"。

当说话人并不想要或并不需要强调"追"的目的，或者当"追"这个动作本就兼有两种目的，又或者两个目的在当前语境下都适用时，"追逐"与"追赶"才可以通用。北京语言大学出版社出版的对外汉语教材《成功之路·成功篇（第二册）》中，第七课课文选用了秦牧先生的《社稷坛抒情》，对于文中句子"节日里，欢乐的人群在上面舞狮，少年们在上面嬉戏追逐"里的"追逐"一词，课后的生词表的解释是"追逐：（动）追赶"。少年嬉戏的"追"，并不需要强调目的，而且嬉戏时往往先"赶上"同伴，再"抓住"同伴。这样的情况下，用"追逐"和"追赶"都是可以的。

对"逐"与"赶"进行深入的语素分析发现，二者的差别是由两个字的本义决定的。"逐"字的甲骨文初形是上面一头"猪"，下面一只"脚"，说明它的本义就是人在奔跑着追一头猪。人追赶野猪的目的是为了"得到"食物，绝不仅仅是为了"赶上"。

而"赶"的本义就是"赶上",也就是让自己的位置能够和追的对象相同(或者超过)。"追赶"的"追"并不强调"得到"。进一步引申,"赶上"的目的反而是为了"驱离",比如"赶马""赶苍蝇""驱赶",此时的"赶"的目的不但不是为了"得到""赶"的对象,反而是为了让"赶"的对象远离自己。所以强调以"得到"为目的的"追",往往就不能使用"追赶"。

除了语素分析法,结构分析法也是汉语近义词辨析研究中经常使用的重要研究方法。结构分析是分析词语中多个语素间的关系,从词语内部结构的差异上来区别近义词的词义、用法等。据清华大学对汉语语素数据库的统计,汉语复合词的结构基本上和词组、短语、句子的结构一样,存在主谓、偏正、联合、述宾、述补等结构(苑春法、黄昌宁,1998),更有很多现代汉语专业书籍,花大量篇幅将词汇章的词汇结构分析作为重点内容论述,如黄伯荣、廖序东主编的《现代汉语》(高等教育出版社,2017)、杨文全主编的《现代汉语》(重庆大学出版社,2019)、施春宏主编的《汉语纲要》(北京语言大学出版社,2018)等。通过对内部构词结构不同的近义词分析结构的方法,并结合语素分析法,往往可以有效辨析其区别。

下文将以"讥笑、嘲笑、取笑"这三个易混淆近义词为示例,具体阐述结构分析法在对外汉语近义词辨析教学中的运用。汉语中"讥笑""嘲笑""取笑"是一组近义词。汉语为母语者往往能判断出"讥笑""嘲笑""取笑"三个词的语义轻重是逐渐加重的,但是在对外汉语教学中,单谈语义轻重对近义词辨析的作用并不大,学生对如何区别和使用三者仍会存在困惑。因此,不但要发现三者语义的轻重,更要探寻形成语义差别的原因。其实,"讥笑""嘲笑""取笑"三者在结构上存在的差异是造成三者语义不同的重要原因。

其一,"讥笑"和"嘲笑"。

"讥笑""嘲笑"都是"状中结构",这两个词的中心语都是"笑",而"讥"和"嘲"是修饰中心语"笑"的状语,即"讥"和"嘲"是"笑"的方式,"讥笑"和"嘲笑"实际上就是"用讥刺的方式笑"和"用嘲讽的方式笑"。但"取笑"却并不是"状中结构","取"并不是"笑"的方式,"取笑"也无法被解释为"用取的方式笑"。

"讥笑"和"嘲笑"二者结构相同,不同之处就在于"讥""嘲"之异。"讥"的本义是"迂回的批评",因为有明显的"批评"之义,所以语义较重;"嘲"的本义是"用语言相调侃、戏谑"。《说文解字》曰:"嘲,谑也。"因此"嘲"的语义较轻,我们常常"自嘲",但却很少"自讥",因为能开自己玩笑的人不少,能真正"讥刺"自己的人却不多。

其二，"取笑"。

"取笑"实际上是一个"动宾结构"。"取"是动词，"取"的宾语是"笑"，这个结构跟"取暖""取乐"是一样的。"取暖"是要"得到温暖"，"取乐"是要"取得快乐"，而"取笑"可以被解释为要"取得（让人）笑的效果"。事实上，"取笑"的目的就是为了取得一个"让人笑的效果"，因此它并不一定需要批评人，甚至都不需要是恶意的。如同学们起哄两个走在一起的男女同学，他们是在"取笑"这对男女同学，想"热闹一下，取得一个大家哄堂大笑的效果"，而不是要"嘲笑"或者"讥笑"他们。再如，妈妈对即将出门约会的女儿说："哟，我们家的邋遢鬼怎么突然开始爱漂亮了？"妈妈这样说话的目的，也只是为了博女儿和自己一笑，这样的"取笑"不能被"嘲笑"和"讥笑"代替。

在对外汉语教学中，如果向汉语二语学习者解释清楚"取笑"这个词的构成形式，也就解释清楚了"取笑"意义的由来。再结合恰当的情景举例，学习者就能对"取笑"的意义和使用条件有更深刻的理解。

对"讥笑、嘲笑、取笑"三者的辨析，同时用到了语素分析法和结构分析法。对于结构相同的"讥笑、嘲笑"从不同语素的含义进行区分，对于与前面二者结构不同的"取笑"，则直接从构词结构分析其词义的不同。语素分析法和结构分析法结合使用，能找出近义词之间最明显的区别，这是做到简化浅化近义词辨析教学的基础。

三、汉语词汇用法研究

汉语词汇教学的根本目的是要帮助学习者能够正确地使用词语。因此对汉语词语的用法研究就非常重要。一般来说，对汉语词语的用法研究至少包括以下四个内容：1. 对词语的使用条件进行分析，即在何种条件下能或不能使用该词语；2. 对词语在句中的位置进行分析，总结常见句式和常用搭配；3. 对词语在句中的功能和作用进行分析，一句话中用或不用某一个词会对句意造成什么影响；4. 综合语素分析和结构分析，帮助学生能够真正准确地"使用"词语。

同时，汉语中部分词语的意义很难解释，往往只有结合用法研究才能让学习者理解。因此加强这方面的研究是很有必要的。例如汉语中的"至于"一词，作为介词时，《现代汉语词典（第7版）》将其释为"表示另提一事"。这样的解释虽然不误，但是显然并没有解释清楚其使用条件，对学习者的帮助不大，因为语言交流中"另提一事"的情况很多，到底在何种条件下可以使用"至于"？

如果对"至于"的使用条件进行研究，就可以发现，"至于"一词作为介词时，往往用于两句话的中间，其所起的作用是提示听话者，第一句话要说的事情已经说完了，现在要开始说第二件事情，但是同时，第一件事和第二件事是相关的。例如：

这个菜很好吃，至于它是怎么做的，我不知道。

在这句话中，"至于"处于"这个菜很好吃"和"它是怎么做的"这两句话之间，所起的作用是提示听话者，"这个菜很好吃"这件事已经说完，现在要说另一件事"它是怎么做的"，但同时也暗示，"菜好吃"和"菜是怎么做的"这两件事是有关联的。在这样的使用条件下，汉语可以在两个句子中加入"至于"。

根据这个研究成果，我们可以为"至于"一词的教学提供练习，如：

1. 我决定下个月回国，至于（　　　　　　　）。
2. （　　　　　　　），至于考了多少分，我还不知道。

练习1要求学生在"至于"之后另提一事，同时学习者也清楚这件事应该是与"我决定下个月回国"相关的。练习2要求学习者在"至于"之前写一件事，同时学习者清楚这件事应该是与"考试考了多少分"相关的。通过这样的练习，我们可以帮助学习者比较容易地掌握"至于"的用法。

同样，对于词汇的讲解，词汇的意义应该和词汇的用法结合起来，教师需通晓词汇在具体语言交际中的使用情况。施春宏（2021）举例：有的老师在教"办法"这个词时，仅告诉学生它的意思是"办事的方法"，与英语的"way、means"相对应。学生好像也明白了"办法"的意义，但同时也造出了下面的句子：

为了达到他们的目的，他们会做各种各样的办法。
我的目标是汉语说得跟中国人一样好，因此我经常问老师什么样的学习办法是好的。
第二个是自己能决定自己的工作办法，很自由。

跟"办法"搭配的动词一般是"想 / 有 / 没有"，而不能是"做"（与英语"make a way"不对等）；其意义侧重于"办"和"做"的方式，常跟做某事或解决某个具体问题搭配在一起，如"解决环境污染的办法、想办法解决环境污染问题"等，而不跟"思想、学习、工作、科学"等表抽象意义的名词搭配（这些正好跟"方法"区别开来）[①]。

此外，对汉语词汇适用范围的研究往往也对汉语教学有很大帮助。比如汉语量词教学一直是对外汉语教学中的难点问题。相对于很多语言来说，汉语量词数量丰富、发展历史悠久、用法复杂，因此往往对汉语教师和汉语学习者的教与学造成很大困难。要做好汉语量词的教学工作，重要的前提条件之一是要能准确划分、归纳量词的适用范围，即某一个量词到底可以用于称量哪些（类）词，不能用于称量哪些（类）词。只有在精准掌握了某个量词的具体适用范围以后，我们才可能向学生传授、解释该量词的正确用法。下面以汉语量词"副"的教学为例进行说明。

"副"是汉语中非常常见的量词，但是对很多汉语学习者来说，这也是一个很难掌握的量词。例如"副"既可以用于称量"手套""眼镜""对联"等事物，还可以用于称量"麻将""碗筷"等，甚至还可以用于称量"心肠""样子"等抽象事物。学习者往往很难理解这些事物之间的联系，无法理解和识记其适用范围。

目前几大辞书对"副"作为量词的释义非常类似。《汉语大字典》将其释为：1.双，成对的；2.套，张。《现代汉语词典（第7版）》释为：1.用于成套的东西；2.用于面部表情。《汉语大词典》释为：1.用于成对成套之物；2.用于面相表情等。这类解释实际上存在一些问题。如以上辞书皆以"成对""成套"来解释"副"，但实际上汉语中量词"副"与"套""对"等在适用范围上是存在很大差异的，对汉语学习者来说，他们最需要了解的恰恰是如何辨析"副"与"套""对"的区别。以"成对""成套"来解释"副"，实际上是将三者等同起来了，不但不清楚、不正确，而且对学习者来说，他们更分不清到底在什么情况下该用"副"，极易造成语用偏误。再如，《现代汉语词典（第7版）》将"面部表情"、《汉语大词典》将"面相表情"单列为"副"的一种称量范围，也会引起很多疑问：用于称量"面部表情""面相表情"的"副"与用于称量其他名词的"副"有何区别，为何要单独列出？"面部表情""面相表情"要单独列出，"一副热心肠""一副时髦打扮"等中的"心肠""打扮"为何不单独列出？可以说，这些权威辞书的解释，不但没有准确涵盖量词"副"的适用范围，反而容易对学习者造成更大的干扰。

事实上，"副"本义为"剖分"，将"剖分"的事物再合起来，也叫"副"。《说文解字》"副"字段注："副之则一物成二，因仍谓之副，因而凡分而合者皆谓之副。"

① 施春宏，蔡淑美，李娜.基于"三一语法"观念的二语词汇教学基本原则［J］.华文教育与研究，2017（1）：56.

由此引申出"配合"之义，其量词用法就由此发展而来。"副"成为量词的确切时间大概在南北朝时期，以下两个例子，可以帮助我们比较清晰地观察到"副"由动词向量词转化的过程：

今故贵尔香炉二枚，熏陆副之。（南朝梁·陶弘景《授陆敬游十赉文》）
今故贵尔大砚一面，纸笔一副之。（南朝梁·陶弘景《授陆敬游十赉文》

因此，"副"作为量词，既不完全等于"双""对"或"组"，也不完全等于"套"。凡是成"副"的事物之间，都有很强的"配合"关系可言，或者可以说，成"副"的事物相互之间往往是缺一不可的，缺少其中一样，则整体的配合受损，其功效可能会受到很大影响。"配合性"可以视为"副"最基本的语义特征。

可见，对量词"副"的用法更科学全面的解释应该是：用于相互之间需要配合的或有配合义可说的事物整体。

明确了这一点之后，学习者可以很容易地理解，为什么现代汉语中的对联、碗筷、桌椅、棋牌、表情、心肠等都可以用"副"称量，因为这些事物都是有"配合"可言的（对联必须是上下联和横批的"配合"，桌椅、碗筷、棋牌必须是单个事物的相互"配合"方可使用）。明确了这个道理以后，汉语教师就能对"副"的适用范围做出清楚的解释，而汉语学习者显然也能更容易识记、理解乃至掌握量词"副"的适用范围和用法。

第三节　基于国际中文教育视角的汉语语音本体研究

学习一门外语的起点是语音，语音的学习一般在外语学习的初级阶段会集中进行，由于语音有其自身内在的封闭式结构规律，学习者可以在短时间内集中强化获得，因此，很多学习者往往就在外语学习的下一阶段放弃或忽略语音的持续学习，而在初学语音阶段中残留的一些"瑕疵"和问题就会一直伴随学习者的整个学习过程，而且特别顽固，很难纠正，久而久之就会形成我们经常看到的"洋腔洋调"问题，学习者可以有丰富的词汇、正确的语法和流畅的表达，但总觉得不是那个味儿，一听就是老外在说汉语，语音毕竟是语言的物质外壳，究其实质就是发音不够地道。如果说词汇不知道、语法不熟练可以回避使用，但是语音的瑕疵和错误，学习者张嘴便知。因此，语音应该是贯穿学习者始终的语言要素，尤其是中文作为二语的学习者。

因此，对于国际中文教育者而言，对现代汉语语音的系统性知识的准确把握和相关研究，对一定的汉外语音对比相关偏误的提前预知，可以帮助教师准确把握学习者语音习得的"瑕疵"点，找准学生发音问题的症结所在；如果教师能借助学生的母语，在母语和目标语的对比中发现学生偏误的特点和规律，便能以学生的母语作为参照，更加有针对性地"纠音"。也就是说，语音教学方法要建立在语音知识的基础之上，语音教学的内容、方向和效果都有赖于教师对语音本体知识的相关理解和相关研究。

一、汉语语音本体知识

首先是语音教学要教什么？一般是教声母、韵母、声调、变调四大语音要素。这些要素是分开来教还是合并教学，教学顺序应该如何安排，教学深浅程度如何？这些需要教师具备扎实的语音学知识。

如泰国人声母 ch 和 sh 分得不甚清楚，语音教学中模仿、示范是基本方法，但是教师经过多次示范和模仿之后学生仍无法区分，这就需要教师仔细梳理 ch 和 sh 在发音部位和发音方法上的区别：ch 是舌尖后、送气、清、塞擦音；sh 舌尖后、送气、清、擦音。从语音特征的描述来看，两个音确实有很多相似之处，发音部位相同，都是送气、清音，细微的差别在于 ch 是塞擦音，sh 是擦音，也就是说 ch 首先形成气流阻碍，然后解除阻碍，让出一个狭窄的通道，让气流从中艰难挤出成声；sh 则仅有让气流从狭窄通道挤出成声的过程。也就是说 ch 音比 sh 音多一个"塞"的过程。了解了这个细微差别，教师就需要借助一些方法"外化""形象化""可视化"这个"塞"的过程。"塞"的突出的特征就是堵塞气流，突然迸发。从发音感受来看，"憋"的感觉更明显，气流突然迸发也可以通过深度吸气，突然"喷出"表现出来。

有了这样的深度认识，教师在帮助泰国学生区分这两个音的时候就可以突出 ch"塞"＋"擦"的过程，即教师要"表演"出来，在具体的教学中，教师需要表现深度吸气的样子，"憋"住气息，然后辅以手势慢慢释放出来给学生看，也就是说教师需要放"大"并放"慢"这个发音过程。通过分解动作让学生感受这个音的发音全程，彻底理解这个音的发音原理，从根上解决发音难点。这种没有花哨方法的教学过程反而可以让学生直接触摸语音本质，快速理性地把握发音要旨，比反复多次机械简单重复教师发音的效果要好很多。

再比如声调教学。声调可以说是汉语语音结构中最敏感的成分，只要把声调读准，即使发 zh、ch、sh、r 的音时舌头没有翘起来，或是 yu 的嘴唇没有圆起来，听起来仍旧是相当流利的汉语。可见，在学习汉语语音基本结构的阶段，声调教学比声母和韵母教学更为重要一些，但是，确实也更难一些。近些年来，由于科学技术的飞速发展，语音学的研究方法和研究内容都有很大的突破，汉语语音的研究在国内外取得了一些相当有价值的成果。如果能够运用这些成果改进汉语语音教学，尤其是声调和更高语音层次的教学，是有可能使汉语语音教学出现一个新面貌的。

在声调教学中，赵元任先生的五度标记法简单明了，1—5 是对调域的一个规定，但是调域界限是相对的，并没有绝对的标准，不但个人之间有很大差异，就是同一个人，说话时的调域也是有时宽，有时窄，有时高，有时低。要求一个人永远用同样宽窄和高低的调域说话是不可能的。即使是同样宽窄和高低的调域，其中各个调类的调值也并不是十分稳定的。除了连读变调引起的调值变化，在单独说一个音节时，调值也并不是固定不变的。汉语普通话四个声调的标准调值是阴平［55］、阳平［35］、上声［214］、去声［51］，但是不能认为单独说普通话一个音节时只有这样说才是正确的，从现代语音学实验分析的结果看，在同一个调域里单说这四个调类，并不总是这四种调值，如果用五度标记法表示，阴平也可以是［44］，上声也可以是［212］或［312］，去声也可以是［41］。变化最多的是阳平，既可以读成［25］或［24］，也可以读成［325］或［425］，和上声的调型非常相似，只是上声是低降升，阳平是高降升。由此可见，学习声调主要应该是学会分清调类，至于调值，不必过于严格要求，不是一定要和标准调值说得一致，实际上也没有人完全根据标准调值说话[①]。

二、汉外语音对比知识

通过两种语言的对比来助力二语教学，历来是外语教师会采用的教学方法。即便在语音的教学中，也是如此。对于学习者而言，在第二语言语音习得过程中，根深蒂固的母语音系的听感和发音习惯会对他们在接受目的语音系语音过程中产生极大的影响，使他们所形成的中介语音系统发生偏误。因此，对外汉语语音教学不仅应该从汉语音系特点出发，而且还应该针对学生汉语语音偏误的特点和规律，以学习者的母语音系为参照进行教学[②]。通过语音的对比可以寻找两种语言的相同点，通过母语的音感去"复制"目的语的语音，可以快速掌握目的语的一些音，如英语中的 sh 发音和汉语声母 sh 的发音相同，对于母语为英语或者二语为英语的学习者而言就很容易习得；再如汉语韵母 ü 的发音，对于法语为母语的学习者而言，与法语字母 Q［Ky］中的［y］相同，这种语音之间的天然雷同可以帮助教师和学生通过练习快速习得。

再如 z 在汉语中发音是［ts］，发音时，软腭上升，封闭鼻腔通路。舌尖首先抵住上齿背，然后稍微松动，气流从窄缝中挤出来摩擦成声，但是是比较微弱的气流；德语中字母 z 代表的 z 音［z］和汉语中的［ts］是不一样的两个音，连续发［s］，然后让声带振动，就发出 z［z］的音了，这是一个浊辅音。德国学生常常会把［ts］发成［z］，把"现在"的"在"［tsai］"发成"［zai］"。针对这些问题，教师讲到 z、sh、h、w、j 的时候可以和德语发音进行辨析，告诉他们这几个字母尤其要注意不要按照德语的发音发，还可以通过模仿学生的错误发音来加深学生的印象。比如说，学生如果把"现在"的"在"［tsai］发成［zai］，教师可以问："是现在［zai］吗？"或者让全班学生一起辨音，"是现在［tsai］还是现在［zai］？"还可以通过找错的练习训练学生的听辨能力，教师可以预先录好一段话，其中故意念错几个音，让学生听，找出错误，最后可以用正确的音齐读这段话[③]。

两种语言的差异最直观、最外化的表现就是语音层面，在语音对比的时候，很多情况下是两种语言很不同，如连读问题，英语的连读很普遍，因为英语有很多单词的开头是元音，很容易与前面结尾单词的辅音部分形成连读，而且是否能"地道"地连读也是英语学习者地道口音的重要表现；而汉语音节之间的界限非常明显，这是因为

① 林焘.语音研究和对外汉语教学［J］.世界汉语教学，1996（3）：19.
② 许光烈.语音对比与对外汉语语音教学［J］.广州大学学报，2006（8）：87.
③ 王小戎.汉德语音对比基础上的初级汉语语音教学研究［D］.华东师范大学硕士论文，2009：23.

汉语音节大部分是辅音开头，元音前大多都有一个喉塞音，这样读起来就不能与前头音节末尾的辅音连接起来，而且在书写上，汉语一般采用隔音符号加以明确，如"xī'ān（西安）"。差异化地对比可以使学生在习得相应知识的时候特别注意，通过理性判断防止母语随便"负迁移"而导致偏误的"自然"发生。

当然这种对比差异也容易在教学和学习中造成混淆，如汉语声调是中文作为二语习得者的难点，泰语也有声调，有5个：

第一声 อา 相当于汉语的阴平，也就是第一声，读音与"a"的第一声相同。第二声 อ่า 相当于汉语的上声，也就是第三声，读音与"a"的第三声相同。第三声 อ้า 相当于汉语中的去声，即第四声，读音与"a"的第四声相同。第四声 อ๊า 这个声调在汉语里面没有对应的读音，但是跟我们平时表示惊讶时发出的"啊？"相近，就是稍微把音量提上去然后拉长声音。第五声 อ๋า 相当于汉语里的阳平，即第二声，读音与"a"的第二声相同。在具体的调值上，可对照汉语声调的五度标记法：

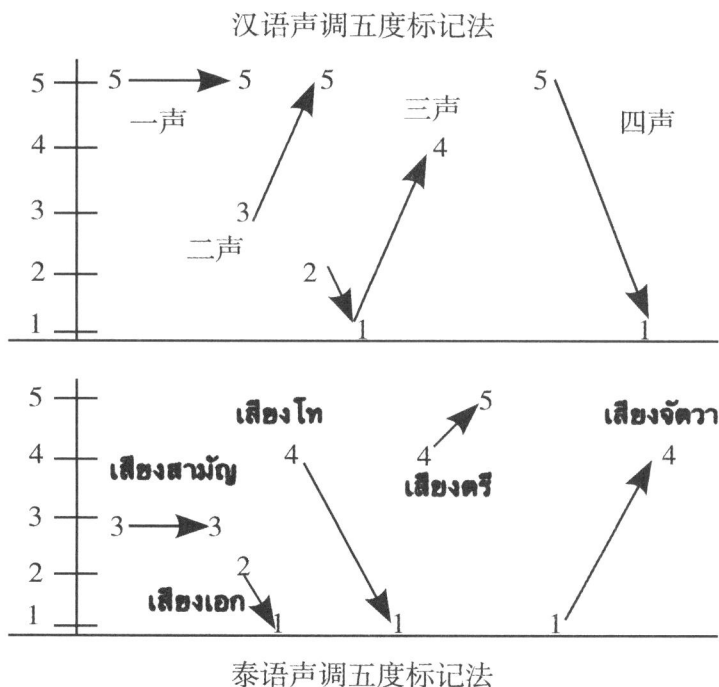

汉语声调五度标记法

泰语声调五度标记法

汉泰声调标记图

因此，在对泰国学生进行声调教学时，当学生在具体的调值把握上有问题时，教师可以进行汉泰声调的简单对比，在差异中寻找汉语声调的准确位置，在泰国声调感知的基础上把握汉语声调的精准发音，尤其是成年学习者，理性的判断认知尤其必要。

第四节　基于国际中文教育视角的汉字本体研究

汉字研究由来已久，而针对外国人的汉字教学历来都是教学的难点，汉字也是外国人习得汉语的传统难点，原因很复杂——教师的汉字知识素养不够，如现代汉字"好"的解读，新手教师简单解释为"家有儿女即为好"；再如为帮助学习者记忆，"语"字被简单解释为"五人开口说话"。这些解释是对汉字的误读、错读，是教师缺乏汉字理据知识的体现。汉字教学理念有待调整，如有些教师认为汉字教学是中高阶汉语教学的任务，初阶以拼音教学为主即可，有些学习者认为只要能听懂中文、会说中文就可以了，不用会写。周健在《外国人汉字速成》（1996）这本书的前言中提到："对于外国学生来说，我们对外汉语教师要教给他们的不仅是怎样对汉字进行识记，更重要的则是教会他们如何正确运用这些汉字。如果只能认识汉字却不会有效运用，那么教学则是失败的。"汉字教材的编写有失偏颇，针对外国人的汉字教材要么割离汉字本源，用现代楷体的结构分析汉字的形音义；要么就陷入沉迷古文字的绘制，割断了古今联通的纽带，放弃了以古释今的初衷。汉字历史悠久、结构复杂，从殷商甲骨文算起，已有三千多年历史，形体经历了甲骨文、青铜铭文、大篆、小篆、隶书、行书、楷书和草书等书体变化，其间既有民间书法家对字体进行书写改造，也有政府制定文字政策。社会变迁，文字保留了不同时期的社会生活百态。时过境迁，文字的删繁去简、合并规范，走到今天，现代汉字有些已经完全"脱胎换骨""面目全非"了，方块书写的文字格局也更增加了学习者的书写难度。中文水平考核标准有待强化，最新版的中文等级标准规定了汉字的掌握数量，但是对于汉字的掌握程度、掌握内容等缺乏细化。数字时代对汉字书写的需求弱化，就连母语使用者都大大减少了汉字的书写，中国人提笔忘字的情况很常见，那么对于中文作为二语的学习者而言，有些人提出只需要会认读，能"打"汉字，能"输"汉字就可以了，学习者不用拿笔写出来，即便会写，将来在交际中也无用武之地。

汉字是中文的重要语言要素，汉字教学是国际中文教学的重要环节和必要模块，是与中国文化联系最为紧密的语言要素，巧用汉字教学可以最大限度地激发学生学习中文的内在动力。汉字研究自古以来就是为汉字教学服务的，汉字教学反过来也会促进汉字的相关研究，两者是紧密相连的。古汉字学被称为"小学"，即识记汉字、朗读汉字和运用汉字的学问，也就是说，汉字研究从一开始就是指向汉字教学的。

一、汉字溯源与汉字教学

国际汉语教学的汉字是现代简体汉字，是中华人民共和国成立后经过规范整理、几次简化方案后厘定的汉字。石定果（1997）认为：对外汉字教学的宗旨是配合听说，培养学生的读写能力，教学的时间有限，要给学生最必要的信息，否则会影响速度和效果。字源分析依托于历史文化背景，当外国学生对中国历史文化极缺乏感性和理性认识的时候，字源分析势必有很大障碍，往往难以说深说透，而且容易喧宾夺主，使学生的兴奋点转移，冲击既定的教学目的。现代汉字学通常采用对结构进行层次分析的方法，一般而言，汉字教学注重的是笔画、部件，应多吸收现代汉字学的各项研究成果。汉字演进到现在——古文字隶变、繁体字简化——已大幅度失去了以形示义的功能。汉语单音节根词的多义化更加剧了这一点：造字时所寄寓于形体的本义，如今也许退居为次要意义或者非显性意义（例如"欠"的本义"张嘴出气"，"户"的本义"单扇门"），甚至在日常交际中，本义已废而不用（例如"班"的本义"分割玉石"，"斤"的本义"斧子"），形、义于是脱节。母语是汉语的人不具备文字学专业素养时，尚且不可能也没必要了解每个汉字的本形、本义，何况是学习基础汉语的外国学生。当然，身为汉字教师，应该懂行，自己要掌握一定的文字学知识，做到心中有数，以免被动。以其昏昏，焉能使人昭昭[①]。

因此对于字源的追溯和讲解，教师需要遴选，字源讲到什么程度，如何才能勾连现代汉字，如何联系字族，帮助学生识读、记忆和运用，这些是需要教师认真考虑的。如教师在讲解部首的时候可以通过讲解表意部首的本义，帮助学生串联具有相同表意部首的汉字，从而帮助学生记忆若干汉字：如"心"有底"心"和竖"忄"，古人用"心"表示心理活动，如"思""想""感""愁""怒""恋""惑""恶（wù）""忐忑"等，教师可以引导学生面对有识得部分偏旁的汉字时，运用已有认知推测、猜测新字的读音和意义。授之以鱼不若授之以渔，教师应教会学生发现汉字规律、举一反三、自主识得汉字的学习能力。那么，教师在讲解"心"部时，可以辅以"♡"古字形，简单勾连"心"的图形和"心"的文字之间的线条演变联系，说明中国人对思维的"心理"感受的关注，串联"心""脑"。讲了汉字，也触及了中国人的思维习惯，是最为浸润的文化传播方式。因此，基础字、单体字、形声字的构字偏旁，本义古今变化不大的汉字，文化点直观的汉字，可以采用追溯字源、画古汉字的方法解读汉字、联系字族、触摸文化。这个方法如果用得恰当、巧妙，可以起到激发学生兴趣、引导学生自主学习、

[①]　石定果.汉字研究与对外汉语教学［J］.语言教学与研究，1997（1）：30—42.

助力学生理解文化的重要作用。

二、现代汉字学的理论研究与汉字教学

国际中文教学中的汉字是现代汉字，现代汉字较古代汉字发生了很大变化，如现代汉字形—义的结合度超过形—音的结合度。这证明了，虽然汉字的主流是形声字，但这不意味着汉字的发展趋势只是音化，实际上形声化也是意化，形声造字对强化汉字意符更具规模效应，人们可按既定的意符类归汉字。汉字的形音结合先天不足，象形、指事、会意均未考虑表音问题；形声则如前所论，表音同时不废表义；假借之无法通行，正因为它完全倚重音而摒弃形义对应。现代汉字维系形—义结合度和形—音结合度的能力相较历史上有所削弱，不过后者尤甚，以至于常脱节（如异读、声符的谐声率降低），而前者是汉字内在的性能，只要汉字存在，它就存在（如简化汉字也尽可能地保留意符的系统性，即使意符简化也是可类推的，被破坏的原有结构——包括改换之后却不可类推或用无字理的记号取代者——主要是声符）。延续几千年的汉字有根深蒂固的继承性，汉字教学就要充分利用现代汉字在相当程度上仍然具备的示意性能和一定程度的标音性能，即字形的可解释性，以扬长补短。

也就是说，虽然形声字在现代汉字中占据了大多数，形声字的基本造字原理虽然被保留了下来，但是随着时间的流逝，语音发生了流变，音符表音的功能已经在现代形声字中不那么凸显了，被掩藏在了时间的洪流中，如果要"牵"出表音的那根线，一来需要教师扎实的古汉语音韵学知识，二来需要用学生听懂看懂的方式进行讲解，如"台""抬""胎""怡""怠""苔""殆"中"台"作为声符的表音变化，在现代汉语中，出现了 tai、dai、yi 三个音节。声母清浊的演变、零声母的演化出现等情况为解释声符表音的基本形声造字规律而进行复杂的解释，没有必要，没有作用，实际上解释了学生也无法理解，反而会扼杀学生学习汉字的兴趣，适得其反。实际上，在现代汉字中，《现代汉字形声字字汇》（倪海曙，1982）对所收全部正字（不包括繁体字和异体字）的统计结果是：在全部声旁中，只有 22.4% 的声旁可以准确表音；在全部形声字中，只有 26.3% 的形声字和组成它们的声旁声韵调全同[①]。因此，形声字音旁表音、形旁表意的老规则在现代汉字中已经不适用了。

---

① 万业馨. 从汉字研究到汉字教学 [J]. 世界汉语教学，2004（2）：43.

三、俗文字解读的权宜之计和文字的科学解读之间的平衡

为帮助学习者快速识记汉字，很多从业教师着眼现代汉字，仅从现代汉字的构字部件进行简单划分，甚至会编制一些口诀帮助学习者认写汉字，如"弓长张，木子李，立早章，五口人语"等，这些简单拆分并辅以歌谣的方式确实在短期内帮助学生记住了汉字，但是其弊端也显而易见，因为这种拆分忽略了对本义的考虑，对学生勾连类似汉字、看字知义的进一步学习带来了不小的障碍，如"张"可以是一张"弓"，"长"与 zhāng 音相关，如果教师反复强调"弓长张"，会使得学生不能把"弓"义、"长"音与"张"联系起来，获得的信息有限，对后续学习也无助。

因此，作为权宜之计的俗文字解读在汉字的识读和记忆中是否行之有效还有待考证，但是其弊端确是显而易见的，而且有些错误的"印象"反而会根深蒂固，即便到高级阶段也很难纠正。因此，如果教师在汉字教学的开始就能正确遴选汉字，采用科学正确的解读方法，巧妙地把快速识记和科学解读结合起来，教学益处才会长期显露出来。这就需要教师具备扎实的汉字理论知识，并且有基于教学的相关研究，才能用研究助力教学。

四、笔顺研究与汉字教学

笔顺的教学在汉字教学中一直是个难点，有些研究者认为笔顺不用教，笔顺指的是笔画、部件书写时的运笔方向与先后顺序，这个顺序与社会成员和书写者个人的书写习惯有关，笔画顺序的产生也主要是基于右手书写者而言的一般规律，那么在二语学习者中，左手书写者的笔顺如何强调？从上往下书写者如何强调笔顺问题？此外，书法由于艺术审美的需要，会临时改变笔画的布局和书写顺序，因此，学生在进行书写和书法的时候，如何进行笔画教学？

此外，笔画规则讲解复杂、多有例外，如"先横后竖"的"十""干""拜"等，但实际应用时，"王"字写法便不是如此。汉字构形所用笔画以横画与竖画最多。横画与竖画相比，横多竖少，而且竖画常常穿过横画。这一格局使得竖画在整字构形中常常具有支撑作用，而支撑作用的实现有赖于竖画平分其所穿过的横画长度（居中直下），这样才能左右相当，达到平衡。典型字如"丰""羊""半""幸"等。若是多个竖画与单个横画相交，先作横画同样便于竖画将其平分，如"册"（此撇接近竖画）。同样，根据便于支撑的原则，我们可以比较容易地解释"王"字的笔顺。如果在引出一个笔画规则的同时马上要给出补充条款，学生面对众多的笔画规则就会缩手缩脚，无从下笔。

　　笔画究其实质，是为了提高书写效率、分割方块空间、求得汉字平衡美观而人为设置的，其理据性较弱。笔画符合大多数人的认知心理特点，但是在面对具体教学对象时，这个"规则"是否适合，或者说学习者即便没有遵循这些笔画规则，就不能快速写出汉字，不能写好汉字？不见得。没有按规则写出的汉字是否就影响了汉语的书面交际？显然也不会。深度探讨笔画的实质，具体结合学习者的书写实践，仔细观察汉字笔画的作用，笔画教学的必要性就不证自明。删繁去简，基于目的语交际的教学目标反观笔画的真正作用，同时用笔画教学的实际情况引发对汉字笔画本体的认知，两者是相辅相成的。

■本章思考题：

1. 汉语语法研究与国际中文教学的关系如何？请举例说明。

2. 汉语音韵学知识在国际中文教学中的作用如何？请举例说明。

3. 古汉字学知识在国际中文教学中的作用如何？请举例说明。

4. 如何通过词汇研究助力国际中文词汇教学？请举例说明。

第三章　与国际中文教育相关的学科理论研究

　　总体来说，国际中文教育学科主要研究汉语作为外语的教与学，中文作为跨文化交际载体和内容的相关问题。因此，二语习得或三语习得的过程与心理、生物学基础、语言影响、环境作用、文化作用等均与国际中文教育相关。同时还涉及汉语教育的特性，影响汉语教学效果的社会因素、教学方法、课堂活动组织、大纲设计、教材编写等。另外，中国文化、汉语语言学、中国文学等中文的本体知识尤为重要。此外，跨学科的认知科学、传播学等在国际中文教育事业的发展和推广过程中也起到了至关重要的作用。国际中文教育学科作为应新时代而生的新学科，充分体现了新文科交叉融合多个学科的典型特征，与原来的教育生态相比，新形势下的国际中文教育正在逐步形成以多元、立体、动态、互动、跳跃、衍生、虚拟、融合、个性、创生等为主要特征的新生态。新加坡蔡志礼（2023）认为的国际中文教育新生态如下图所示：

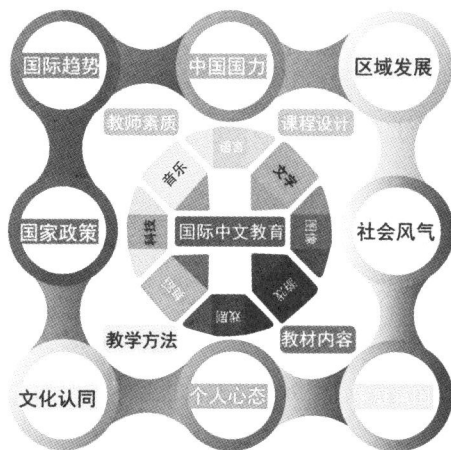

国际中文教育新生态

新形势下，国际中文教育也衍生出了更多的教育类型，吴应辉（2022）在第 18 届国际中文教育国际学术研讨会上划分了基本教育类型，如下表所示：

类型\\机构性质	国际中文教育							
	现实空间中文教育			虚拟空间中文教育				
		海外中文教育		广播电视中文教育		网络中文教育		
	对外中文教育	海外中文作为第二语言（外语）教育	海外华文教育	广播中文教育	电视中文教育	普通网络中文教育	数智仿真中文教育	
高等教育	专业中文教育	专业中文教育	专业华文教育	存在各种类型的中文教育				
	课程中文教育	课程中文教育	课程华文教育					
基础教育	课程中文教育	课程中文教育	全科华文教育					
	类母语文中文教育	中文沉浸式教育	海外中国式语文教育					
培训机构	非学历中文培训							

国际中文教育基本类型

第一节　二语习得有关理论

二语习得，即第二语言习得，早期被称为第二语言学习，它是从学习者的角度而不是从教学者的角度探索学习者在习得第二语言过程中的相关问题，它把学习者学习过程中不断变化着的语言这个特殊的语言体系作为研究对象，研究其语言组合和变化规律、习得的过程和规律、学习者的心理特点和心理过程等。作为应用语言学的学科范畴，因为要关注学生的学习心理，所以二语习得研究也被归为心理语言学，因为从研究方法上看，它要借助于心理学的相关理论、研究范式以及观察统计分析等方法。二语习得的研究从 20 世纪六七十年代就开始了，由于英语是目前世界上使用人口最多的第二语言，所以早期的二语习得研究大多和英语二语习得相关，此类研究成果最多，也最为成熟；汉语虽然作为第二语言的历史也很漫长，但是汉语二语习得的系统研究却是从 20 世纪八九十年代才开始，大概经历了理论介绍—模仿分析—简单套用—逐步落地的过程。

从学习中文的学习者来看，他们把中文作为第二语言进行学习，有关他们学习的规律特点等的研究很有意义，王魁京（1998）认为此意义具体表现在能指导教学实践，提高教学效率；能由经验上升到理论，促进学科理论建设。学生是汉语教学结构的重要组成部分，"'施教者'（J）及其施教活动；'学习者'（X）及其学习活动；施教和学习的'科目'（M）相互之间存在一定的作用力，在一定的作用力推动下教学活动才能进行"。它们的三角结构关系如下图所示：

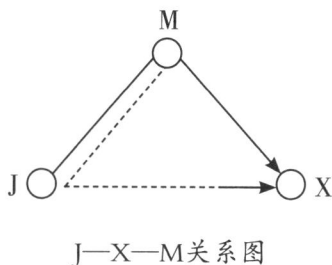

J—X—M关系图

以学生为视角，"学习者"的学习活动作用力的方向和路线是：X ←……J ←……M[①]。由这个三角作用力的图示可以看出，M 和 J 都作用于 X，因此"以学生为中心"，关注学习者的学习心理、学习活动和学习特点规律，对于教学理念的确立、教学模式的制定和教学行动的实施具有重要的反推作用。

由此可见，二语习得是关于第二语言习得学习的理论，研究把汉语作为第二语言的学习者的主体、客体和习得行为本身就是二语习得的具体个案，而对中文学习者的相关研究又是国际中文教育学科研究的一个重要组成部分。它们三者的关系如下图所示：

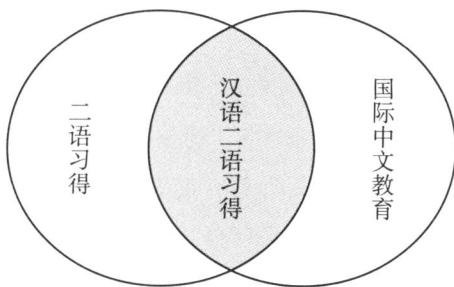

二语习得、汉语二语习得与国际中文教育关系图

汉语作为第二语言的习得研究起步较晚，发展历史较短，一般认为是从 1984 年鲁

---

① 王魁京.第二语言学习理论研究［J］.北京：北京师范大学出版社，1998：2—7.

健骧的《中介语理论与外国人学习汉语的语音偏误分析》这篇文章开始，他用中介语理论和偏误分析理论分析了外国人学习汉语的语音偏误现象，并且从母语的负迁移和目的语知识的负迁移两个方面分析了偏误产生的原因，作为起步之作，论文的大量案例分析主要从经验中来，缺乏统计学意义，但是对于激发学者关注学习者的语言系统特征具有重要的启发意义。

王建勤（2009）认为汉语二语习得研究的发展经历了三个重要的阶段：20世纪80年代的汉语习得研究、90年代的汉语习得研究、90年代后的汉语习得研究。20世纪80年代的汉语二语习得研究是建立在学习者的偏误与目的语之间对比的基础上，这种基于结果的偏误分析难以系统地考察学习者的习得过程，难以解释学习者汉语偏误产生的复杂原因。90年代汉语二语习得过程研究成为汉语习得研究独具特色的研究领域。90年代以后的汉语二语习得研究在偏误分析和习得过程研究上有所深化，同时又扩展了学习者本身研究的新领域，如学习者的学习策略研究、学习者的个体差异因素研究等，另外借助认知科学的相关研究成果，汉语的认知研究也进入汉语二语习得研究的领域，并且成为最具特色的一个研究领域[①]。

一、汉语二语习得的研究对象

由于汉语二语习得主要研究汉语作为第二语言的学习者，因此，学习者、学习行为、学习内容都应该成为研究对象。

从学习者来看，汉语作为第二语言的学习者主要是国籍非中国人士，从理论上讲，对此的研究应该包含学习者的学习态度、学习动机、学习焦虑、学习倦怠等情感因素；国籍、性别、年龄、专业、职业、母语背景、宗教信仰、学习时间等学习者的个体差异；学习者的听说读写学习策略的差异；学习者认知风格的差异，即学习者在进行信息和经验加工时所表现出来的个体差异，如著名的"场独立"和"场依存"认知风格的差异等。

汉语作为二语学习和汉语作为母语学习有很大不同，其主要因素就是学习者因素。在早期的汉语二语习得研究中，我们的研究视角是基于教师，从教的角度，注重教授内容的系统性和连续性，强调汉语知识的体系和全整，这与汉语作为二语教学从中国语言文学学科中产生并发展出来的历史渊源有很大关系，也与中国传统的教育理念强调传道授业有关。如中华人民共和国成立初期的对外汉语教学强调语音、词汇、语法、汉字等要素的全面教学，听说读写的技能教学，结构功能文化的教学理念，词汇、语法、

① 王建勤. 第二语言习得研究［M］. 北京：商务印书馆，2009：23—26.

翻译的主要教学方法等，这些都是从教师认为学生应该要学的思路进行的对外汉语教学路径。这些年来，随着国际中文教育学科研究的深入和研究内容的拓展，"以学生为中心"的理念的引入，从学生视角介入，基于学生需要的教学研究也逐渐开展起来，以学生撬动教学，以学生带动教材编写，学生研究逐渐成为研究的主角。

在国际中文教育中，学生角色特殊，他们不但具有一语学习者的普遍特征，还拥有不同的文化背景，学生之间、师生之间还存在跨文化的复杂变量，一语与二语的复杂迁移、学生同侪之间学习风格的互相影响、个性化的学习动机、不同文化的冲突碰撞、不同知识结构的交叉融合、不同年龄阶段的互动影响等因素，加之汉语隶属汉藏语系的特殊个性，都会使汉语二语习得更具复杂性。

二、汉语二语习得的研究内容

汉语二语习得作为二语习得的重要组成部分，其研究内容主要包括基本理论、对比分析和偏误分析、中介语、习得顺序、语言监控模式、社会文化模式、语言输入和互动、学习者个体因素等。

二语习得者的语言是二语习得研究的重要内容，其研究主要经历了语言对比分析、偏误分析、中介语理论以及中介语对比分析等阶段，即 CA（Contrastive Analysis）→ EA（Error Analysis）→ IL（Interlanguage）→ CIA（Contrastive Interlanguage Analysis）四个阶段。

（一）对比分析（CA）

1. 主要内涵

对比在第二语言习得过程中是学习者自然而然会进行的一种心理活动，对于教学者来说，如果能够分析习得者的母语和习得的目的语之间的相同点和差异，就可以在教学设计中有针对性地预测学习者可能会遇到的困难，预防学生可能会出现的语言错误，从而提升教学效率和质量。

语言对比分析的思想最早由查尔斯·C. 弗里斯（Charles C. Fries）提出，其在《作为外语的英语教学与学习》（*Teaching and Learning English as a Foreign Language*）一书中提出了该思想。他认为最有效的教材应该以对学习者的母语和目的语进行科学描述和仔细对比为基础[1]。对比分析的创始者一般被认为是拉多（Robert Lado）[2]。他于

---

[1]　Charles C. Fries. *Teaching and Learning English as a Foreign Language* [M]. Ann Arbor： the University of Michigan Press， 1945.

[2]　查尔斯·C. 弗里斯的学生和同事。

1957 年出版了《跨文化语言学》（*Linguistics Across Culture*）[①] 一书，在该书中，他系统地阐述了语言对比分析的内容、理论依据和分析方法。"拉多认为，在第二语言习得过程中，学习者会把母语的特征迁移到目的语中，因此，对两种语言及其文化进行系统对比，可以预测和描写可能引起和不会引起困难的地方。这就是'对比分析假设'最初的表述。"[②] 语言对比分析是结构主义和行为主义的联盟，即语言是一个自足的分层次的完整的符号系统，语言习得的心理过程是在外界的刺激下形成一定的反应，从而形成新的习惯。

拉多认为学习者的母语和外语的比较应该是全方位的，它包括语音系统、语法结构、词汇系统、书写系统和文化。迁移（transfer）是拉多论及的一个重要前提，"We know from the observation of many cases that the grammatical structure of the native language tends to be transferred to the foreign language. The student tends to transfer the sentence forms, modification devices, the number, gender, and case patterns of his native language"[③]。这里不单单是语法系统，学习者会在一种无意识的状态下把母语中的语言形式、意义、结构分布甚至与母语相关联的文化都会"照搬"到外语的学习中去。美国语言学教授特伦斯·奥德林（Terence Odlin）认为，"迁移是指目标语和其他任何已习得（或没有完全习得的）语言之间的共性和差异所造成的影响"[④]。如果学习者的母语与目的语结构特征相同或者相似，那么这种迁移是正向的、积极的、促进的，可被称为"正迁移"（positive transfer）；反之，如果学习者的母语与目的语的结构特征不同、不完全相同、差异较大，那么这种迁移便是反向的、消极的、阻碍的，可被称为"负迁移"（negative transfer）。困难等级等于差异等级，即 difficulty = difference，差异越大，困难越大，并且对比具有一定的难度等级。英国语言学家罗德·埃利斯（Rod Ellis）还划分了母语和目的语对比的难度等级[⑤]。王建勤（2009）补充了汉语和英语的例子，见下表：

难度等级	母语和目的语的关系	举 例
1	两种语言里语言成分相同	汉语和英语的语序都是"S + V + O"

① 查尔斯·C. 弗里斯为该书写了序，他认为拉多基于长达十年的实践研究，开创了一种基于母语和目标语之间的有关语言—文化的详细的描写对比方法。这种方法可以发现学习目的语的盲点（blind spot）。
② 王建勤. 第二语言习得研究［M］. 北京：商务印书馆，2009：29.
③ Robert Lado. *Linguistics Across Culture—Applied Linguistics for Language Teachers* [M]. Ann Arbor：the University of Michigan Press，1957：58.
④ Terence Odlin. *Language Transfer：Cross-linguistic Influence in Language Learning* [M]. Cambridge：Cambridge University Press，1989：27.
⑤ Rod Ellis. *Understanding Second Language Acquisition* [M]. Oxford：Oxford University Press，1985：62.

续表

难度等级	母语和目的语的关系	举 例
2	母语中两项在目的语中合并为一项	英语的"borrow、lend"在汉语都是"借"
3	母语中的某个语言项目在目的语中没有相对应的形式	英语有"格",如主格(I)、宾格(me);汉语没有
4	母语中的某个语言项目在目的语中虽有相对应的项目,但在形式和分布上均存在差异	英语和汉语都有被动句,英语是有标记的,而汉语存在有标记和无标记两类
5	目的语中的某个语言项目在母语中没有相对应的形式	汉语有声调,英语没有
6	母语中的一个语言项目在目的语中分成两个以上的语言项目	英语的动词"visit"在汉语中对应"参观、访问、看望"

语言难度对比表

2. 主要程序

语言对比分析的经典程序分为四个步骤:描写(description)、选择(selection)、对比(contrast)和预测(prediction)。

描写指的是清晰而细致地描写学习者的母语和目的语的结构特征,如学习者的母语为英语,目的语为汉语,关于"被"字句,母语和目的语的句型结构顺序分别为:

英语:O + be + V + by + S

汉语:O +被+ S + V +……

选择指的是选择一定的语言项目、语言规则或语法结构进行对比,基于普遍语法的理论,教师和学生可以选择两种语言相同的部分进行正迁移的教学和学习,也可以选择有一定难度等级的语言点,如时间状语在英汉两种语言中的分布。英语中,时间状语位置灵活,置于句首、句中和句末均可;汉语中的时间状语只能出现在句首和谓语前,其状语的身份决定了其不能出现在句末,位置相对固定。一些没有可比性的语言点无须选择,如汉英声调和语调的选择,此对于师生的教和学只会增加干扰。

对比指的是对选择出来的语言点通过顺序、结构、意义内涵、指称范围、感情色彩、意义程度等方面的考查分析,找出两种语言的相同点和不同点。如"除了"在汉语中可以指包含在内的也可以指排除在外的;而在英语中,"除了"的含义由 besides 和 except 两个单词承担,它们的意义内涵有差异,如:

（1）除了他，其他人都去图书馆了。（排除在外，他可能在寝室）

（2）除了他，其他人也都去图书馆了。（包含在内，他也去图书馆了）

（3）Except him, everyone went to the library.

（4）Besides him, everyone went to the library.

预测指的是基于以上的选择对比，教师可以有效预测不同母语背景的学习者可能会出现的问题，有针对性地进行教学设计和重点讲解；学生也可以通过教师的对比，避免因草率"迁移"或"过度迁移"而出现问题。

3. 理论反思

对比分析之所以得到发展，在于它能预测学习者在学习时，所经历的母语可能对目标语言产生的干扰及学习者会遇到的困难，这样教师在教学中就可以采用大量的练习来减少这些由第一语言干扰引出的问题，因此，它具有现实的教学价值。利用现有的先进科学手段，通过定量分析，形成一些最小的"对照对"，并分析造成母语与目标语言相似或不同的原因及程度，再用定性的方式描述和解释这些"对照对"，以形成一定的规律来避免错误的出现[①]。从拉多开始，对比分析总是基于大量语言材料而进行的实实在在的对比，而且对比的方法在具体的教学实践中也着实发挥了重要的预测作用。但是邓媛媛（2014）认为对比分析预测的可信度不高。对比分析对偏误经常高估或低估，如预测要发生的偏误并未发生，或未预测到却实际出现了偏误。最具说服力的一个例子便是惠特曼（Whitman）和肯尼斯·杰克逊（Kenneth Jackson）所做的实验[②]，为了验证对比分析是否具有现实可行性，他们对2500名学英语的日本人进行了英语语法测试，结果发现与对比分析的预测完全不符，从而沉重地打击了对比分析理论[③]。

因此，语言对比分析的理论基础是结构主义和行为主义，其强调语言结构的自主性和后天习得的环境干预，而忽视了学习者在习得母语过程中的创造性和复杂度。其次，语言对比项的选择有一定的范围，语音和语法序列的对比较多，词汇、语义和句法的对比迁移研究经过这些年的发展有所丰富，文化的对比分析则较少，尤其是该理论把两种语言的差异等级等同于学习者学习的难度等级，也就是说两种语言差异越大，学习者的学习难度越大，这种简单的正比关系的阐释在理论上和实践上都是错误的，"对比分析假说强调母语和二语之间的结构对比，把语言差异视为学习困难，学习者

① 柏桦，董英. 对比分析、差错分析的局限性和互补性讨论［J］. 兰州大学学报，1999（1）：200.
② Brown, H.D. *Principles of Language Learning and Teaching* [M]. Beijing: Foreign Language Teaching and Research Press, 2002.
③ 邓媛媛. 对比分析理论的七大缺陷［J］. 教学与管理，2014（24）：11.

主体因素被排除在外，导致主体客体分离，这显然具有片面性"。从理论上来看，差异度是语言学概念，困难度是心理学概念，不可混同；从教学实践看，差异度大的不一定是最困难的，如对有些汉语学习者来说，汉字书写并不困难，对有些母语是非声调语言的学习者来说，学习声调也轻而易举。研究发现，英国人学法语时，他们很容易掌握那些与英语语法完全不同的句型，而那些与英语语法基本上能一一对应的句型，他们反而最不容易习得[①]。有些学者通过研究甚至发现，母语和目的语差异越大，越容易引起学习者的高度注意，反而更容易学好[②]。再者，学习者在习得二语的过程中，其语言错误的产生可能是突发的，原因可能是复杂的，教师无法在课前进行精准预测，对比分析的机械性、固态化和静止化都限制了其对突发的情境性语境、心理性语境和教育学语境等变量的考量。

随着研究的深入，当下的语言对比迁移研究仍保留了实证研究的传统，同时融合了认知学、心理学、神经学等学科的内容，以及借助 ERP（事件相关电位）和 FMRI（功能性核磁共振成像）等神经语言学的实验手段，在语言加工、语言磨蚀、标记理论、类型学、心理词典等理论视角的观照下，展开了多维度的深入研究，如在语用维度上的研究就有所拓展深化。

（二）偏误分析（EA）

1. 基本内涵及研究情况

基于对比分析有所局限，20 世纪 60 年代以后，对比分析不断受到批判和挑战。于是偏误分析应运而生。偏误（error）指的是中介语与目的语规律之间的差距[③]，是由于学习者目的语掌握不好而产生的一种有规律的系统性错误。周小兵（2007）认为：偏误指的是"学习者掌握一定的目的语语法规则之后出现的系统性错误"[④]，与学习者在偶发状况下的口误和笔误不同[⑤]，偏误不是偶发的，而是带有规律性、长期性、顽固性。偏误分析聚焦习得者习得过程中的语言错误，分析错误产生的原因、类型，探索学习者形成偏误的心理机制，考察习得者习得二语的规律，总结习得者的偏误系统，这种基于偏误的实证研究，鲜活而具有生命力，因其对于规律的总结，更加有利于教师和学生在教与学的过程中提前预警，最大限度地减少偏误，从而掌握二语语言规则，提

① Larsen Freeman. *An Introduction to Second Language Acquisition* [M]. Beijing： Foreign Language Teaching and Research Press，2002.

② William C. Ritchie. "Second language acquisition research： Issues and implications" [J]，*Modern Language Journal*，1978；157–174.

③ 鲁健骥. 中介语理论与外国人学习汉语的语音偏误分析［J］. 语言教学与研究，1984（3）：46.

④ 周小兵，朱其志，邓小宁等. 外国人学汉语语法偏误研究［M］. 北京：北京语言大学出版社，2007：33.

⑤ 科德称之为失误，即mistake。

高二语学习的效率。

1993 年，刘润清在介绍戴安·拉森－弗里曼（Diane Larsen-Freeman）和麦克·H.龙（Michael H. Long）的《第二语言习得导论》（*An Introduction to Second Language Acquisition Research*，1991）时，提到了书中的"偏误分析"，当时中国对此的相关研究还未开启，对二语习得的相关理论还处于引进介绍阶段，个别零星的研究是"单变量的、短期的、小规模的"[①]，并认为汉语的二语习得任重而道远。而首次运用偏误分析的方法分析研究汉语作为二语的外国学生的汉语偏误的应是鲁健骥，从 1983 年鲁健骥做《中介语理论与偏误分析》的报告开始，他先后发表了《中介语理论与外国人学习汉语的语音偏误分析》（1984）、《外国人学习汉语的词语偏误分析》（1987）、《外国人学习汉语的语用失误》（1993）、《外国人学习汉语的语法偏误分析》（1994）、《外国人学汉语的篇章偏误分析》（1999）等，他对偏误的研究范围涉及语音、词汇、语法、语用、篇章等重要方面，具有重要的开启意义。之后，有中国人民大学的李大忠为外国留学生开设偏误分析课，佟慧君（1986）、孙德坤（1994）、田善继（1994）、周小兵（1996，2004）等的研究聚焦偏误的原则、分类、范围等方面，他们的研究在早期偏误分析研究中值得关注。

近三十年来，汉语作为二语的偏误分析研究方兴未艾，尤其是硕博论文的撰写，以"偏误分析"为主题，基于 CNKI 数据库，不限年份和学科进行检索，截至 2022 年 11 月 1 日，学位论文高达 5609 篇，核心期刊和 CSSCI 期刊论文 1545 篇[②]，会议论文 115 篇。毕晋、肖奚强、程仕仪（2017）通过对《语言文字应用》《世界汉语教学》《语言教学与研究》《汉语学习》四种 CSSCI 语言学类期刊 2000—2016 年期间发表的二语习得论文进行统计分析后发现，偏误分析类的论文达 82 篇。具体的偏误分析研究情况如下表：

语音偏误 A	汉字偏误 B	词汇偏误 C	语法偏误 D					D1+D2	语法偏误	A＋C＋D	总计
			词类偏误 D1		句型句式格式偏误 D2						
			实词偏误	虚词偏误	句型偏误	句式偏误	格式偏误				
			11	6	1	5	7	6	8		
14	9	9	44						1		77

偏误分析研究情况表[③]

① 刘润清. 一本关于第二语言习得的书[J]. 外语教学与研究，1993（1）：74.
② 其中包含少量的特殊教育、少数民族汉语教育、一语教育、会计、统计、金融学等学科的相关偏误分析。
③ 毕晋，肖奚强，程仕仪. 新世纪以来汉语作为第二语言习得研究成果分析——基于四份CSSCI中国语言学来源期刊文献的统计[J]. 语言与翻译，2017（4）：76.

这些研究有些是从语音、词汇、语法、汉字书写、会话、语篇等要素入手，分析世界各国学习者偏误的产生过程。偏误分析还有一些研究专著：李大忠《外国人学汉语语法偏误分析》（1996）、程美珍《汉语病句辨析九百例》（1997）、张起旺等《汉外语言对比与偏误分析论文集》（1995）、吴丽君《日本学生汉语习得偏误研究》（2002）等。周小兵《外国人学汉语语法偏误研究》（2007）一书主要分析了英语、韩语、越南语、泰语、西班牙语等母语者的语法偏误情况，有详细的类型划分和原因分析，是关于语法偏误研究的重要参考资料。

有些研究是从心理学等理论角度进行解释和分析，如李大忠（1999）认为这些偏误大部分来源于负迁移，负迁移的思维逻辑是类比推理、演绎推理、归纳推理，从心理过程看，基于巴甫洛夫的信号系统学说，他认为偏误的心理过程主要是泛化和辨别，总体来说，他认为："学习者在已掌握的目的语某种规则的基础上，会能动地、创造性地形成超出已有规则的假设（这是人类固有的、内在的语言能力），当遇到现实的交际需要（要实现的交际目的）时，就有可能按此假设生成他此前从没学过、从未听到过的话语（语言能力外化，言语生成）。其中必然有对有错（有错即是偏误的生成），经过交际实践的检验（检验的结果作为新的信息再反馈到大脑相应的中枢，即反馈内导），对的规则就被强化并巩固下来（即形成巩固的条件反射）；而错的（即偏误）就得到纠正。随着这种环形反射过程的不断重复，偏误就越来越少，学生目的语水平不断提高，逐渐靠近目的语。"[①] 近十多年来，随着国际中文教育学科内涵的转向变化，偏误分析由于其自身的局限，相关研究减少了许多。

2. 偏误的类型

语言偏误分析早期的分类主要有英国应用语言学家彼德·科德（S. P. Corder，1971）从偏误来源角度提出的偏误存在母语干扰的偏误（interference）和对目的语的错误假设（false hypothesis）这两类[②]。理查德（J. A. Richards，1971）把第二语言学习者的偏误分为：干扰偏误（interference errors）、语内偏误（intralingual errors）、发展偏误（developmental errors，即学习者建立在有限经验基础上的假设造成的偏误）[③]。杜立（Dulay）和伯特（Burt）（1974）将偏误分为三大类：发展型（developmental）、干扰型（interference）和独特型（unique）[④]。埃利斯（1999）把偏误分为语言能力类的偏

---

① 李大忠. 偏误成因的思维心理分析［J］. 语言教学与研究，1999（02）：118.
② S. P. Corder. Idiosyncratic dialects and error analysis[J]. *International Review of Applied Linguistics*，1971（9）.
③ J. A. Richards. Non-contrastive approach to error analysis[J]. *English Language Teaching Journal*，1971（25）.
④ H. Dulay & M. Burt. Errors and strategies in child second language acquisition[J]. *TESOL Quarterly*，1974（8）.

误和语言运用类的偏误①。詹姆士（C. James，2001）把所有偏误按照来源分为语际、语内、交际策略、诱导四个方面②。这些划分基本上是从偏误产生的原因、偏误的来源角度进行划分的，他们的划分内部也有交叉的情况。偏误分析被引入国内以来，其类型的划分众说纷纭，原因在于划分原则和标准不同：

从语言要素的角度看，偏误可以分为语音偏误、词汇偏误、语法偏误、汉字偏误、语用偏误、篇章偏误等，这是教师在课堂中最为常用且最为自然的划分，它是着眼于语言结构要素的划分，但是这种划分却忽视了语言学习中的交际偏误、文化偏误等，是一种语言形式偏误的划分，没有对语言意义偏误的考量。

从语境介入的角度看，偏误可以分为显性偏误（overtly idiosyncratic）和隐性偏误（covertly idiosyncratic）。所谓显性偏误指的是脱离了语境因素，从单个孤立的句子内部看出现的偏误；而隐性偏误则指的是在单个句子内部看无错误，但是从上下文语境看就前后矛盾、逻辑龃龉、前言不搭后语、言之无物。如：

（1）他的眼睛一点儿大，笑眯眯。（"一点儿"使用偏误，显性偏误）
（2）因为，对于身体老人什么都改变了，所以年轻人不比老人的生活轻松。
（两句话均无错误，但是上下句逻辑有矛盾，隐性偏误）

目前的偏误研究里，显性偏误分析多，而对隐性偏误的评估明显不足，尤其是汉语这种语言，重意合，重语境，二语习得的终极目的是学会在特定的语境下恰当地进行交际，如果对在特定语境下显现出来的偏误采取忽略态度，那么偏误的评估就会有失科学。

根据偏误的严重程度，偏误可以分为整体性偏误（global error）和局部性偏误（local error）。"前者指涉及句子总体组织结构的错误（如误用句式、误用关联词语、语序颠倒等）；后者指句子的某一次要成分的错误（如某些主次、冠词的误用等），不影响对整个句子的理解"③。如：

（1）我应该每天学习中文约三个小时，可是最近时间段，生字不增多。

① R. Ellis. *The Study of Second Language Acquisition* [M]. Shanghai： Shanghai Foreign Language Education Press, 1999.
② C. James. *Errors in Language Learning and Use： Exploring Error Analysis* [M]. Beijing： Foreign Language Teaching and Research Press, 2001.
③ 刘珣. 对外汉语教育学引论［M］. 北京：北京语言大学出版社，2000：193.

如果我就说一点，呈现能说得不错。无论是我的老师，还是我的老婆，都知道此时说得不好。我的太太不能改变老公；她就容忍污浊。我的老师一定吐故纳新，找到新的学生。慢慢学习，我肯定实现说中文①。（学生的词汇、语法、语用、篇章等均有偏误，虽整体意义可以猜测，但是对于细节的把握会受到很大影响，偏误程度比较严重，是整体性偏误）

（2）我很谢谢他们。（"谢谢"使用偏误，但是不影响对全句的理解，是局部性偏误）

根据中介语发展的动态角度，科德把偏误分为前系统偏误（presystematic errors）、系统偏误（systematic errors）和后系统偏误（postsystematic errors）。这种划分着眼于学习者中介语系统过程的每一阶段，即目的语形成前、形成中和形成后。

田善继（1995）从学习者应对学习的策略出发，把非对比性偏误分为替代、类推、简化、回避和诱发五类。这种划分着眼于语言的形式结构。替代指的是在词、句子的音形义以及语法之间不可替换的地方进行了简单替换而导致的偏误；类推指的是"在没有完全理解或掌握某一规则的情况下，利用类比、累加、叠加等方式，生硬组合，造出一些偏误句来"；简化指的是用简单的、容易的、学生熟悉的语言形式代替目的语应该使用的形式；回避指的是学生为避开自己不熟悉的或没有把握的语言形式而导致的偏误；诱发指的是由于教材和教学的误导而导致的偏误。

刘珣（2000）从偏误来源的角度将偏误分为：母语负迁移、目的语知识负迁移、文化因素负迁移、学习策略和交际策略的影响、文化因素负迁移五大类。周小兵（2007）认为大多数学者都倾向于从语言形式角度对偏误进行分类，即遗漏、误加、误代和错序②。

（1）我们在机场耗费多时间,但是张老师和别的鲁东大学老师们照顾我们。（很＋多＋n，"很"遗漏）

（2）今天早上的朋友×××来他家。然后他朋友告诉他，最近很是病了，因为这个季节是冷的。（汉语中"病"可以直接作谓语，不用"很""是"，误加）

（3）如果为了社会的发展而破坏环境，不关心环保的问题，世界上的人类很快就被毁灭。（被动句误代）

① 这是一个美国学生在2009年给作者发的一封邮件的内容。
② 周小兵，朱其志，邓小宁等.外国人学汉语语法偏误研究［M］.北京：北京语言大学出版社，2007：21.

（4）半年<u>学习汉语是一个很短的时间</u>。如果我有机会再来中国，我要学习更多的汉语。（补语"半年"错序）

3. 偏误分析的流程

科德（1974）认为偏误分析包含五个步骤：（1）收集学习者样本（collection of a sample of learner language）；（2）鉴别偏误（identification of errors）；（3）描写偏误（description of errors）；（4）解释偏误（explanation of errors）；（5）评价偏误（evaluation of errors）[①]。

偏误分析关注学习者目的语学习过程中的错误，具体到汉语教学，偏误分析主要包括以下几个流程：

（1）选择偏误语料并定位偏误点

剔除学习者习得过程中的正确部分，只选择学习者出现的有规律的错误部分，这些偏误语料的选择需由研究者基于对目的语语言知识专业科学的认知，需做出精准的判断，需判断古代汉语与现代汉语的差异、文学特殊语言表达和规范语言表达的差异、普通话和方言表达的差异、网络语言进入规范语言表达的问题，加之目的语也在不断发展，所以正确与偏误的界限有时候并不是很明晰，如：

①你这样做太 man 了。（夹杂英文表达，太＋名词）
②我在自己的国家有学习汉语。（有＋动词，"有"作为动词词头在古代汉语中很常见）
③我的收入被平均了。（被＋形容词的被动句）
④我走先了哈！（动词＋状语的方言表达）

在确定了偏误的语料之后，要对偏误的偏误点进行精准定位，找准是哪一个或哪几个点导致了整体偏误的产生，偏误点可能是一个，也可能是多个，如：[②]

①他<u>见面</u>他的朋友。（一个偏误点：见面＋宾语 ×）
②我真想快回韩国再<u>见面她还有</u>一起去玩。（两个偏误点：见面＋宾语 ×；

① S. P. Corder. Error analysis[A]. in U. P. Allen & S. P. Corder（eds.），*The Edinburgh Course in Applied Linguistics* [C]. London：Oxford University Press，1974（3）.
② 本部分未注明的偏误语料来源于"全球汉语中介语语料库"。

"还有"连接两个句子）

（2）确定偏误类型并分析偏误产生的具体过程

偏误产生的原因很复杂，从具体的操作来看，着眼偏误产生的根源有利于对症偏误点，精准纠正，精准教学。

语际干扰。母语对目的语的学习会产生影响，二语习得者总会自觉或不自觉地把母语的结构、形式等相关知识运用到目的语的学习中去，这种"搬动"在目的语中不恰当，就会出现"母语式目的语"，如：

①我和我爸爸也生气，了不起为什么我妈妈生气。（英语"my father"对应的意思是"我爸爸"，而在汉语中，"我和我爸爸"可以直接说"我和爸爸"）

②那时候，我没是我的妻子[①]。（越南语 chưa 可以用来否定动词 là〔是〕；而在汉语中，否定动词"是"要用"不"，表示相对否定前面加"还"）

③考完试我准备去吃晚餐和走走[②]。（"和"在英语中可以连接两个句子，而在汉语中"和"只能连接两个词，不可以连接两个句子）

又比如王秀珍（1996）认为：韩国人容易在汉语的〔tʂ〕（zh）、〔tʂʰ〕（ch）、〔ʂ〕（sh）与后面的韵母〔u〕〔ɤ〕相拼时，在韵母后面加〔l〕：

①住〔tʂul〕，出〔tʂʰul〕，书〔ʂul〕

②这〔tʂɤl〕，车〔tʂʰɤl〕，社〔ʂɤl〕[③]

语内干扰。这个语内指的是目的语内部。目的语的学习是一个漫长的过程，随着学习内容的增加和学习层次的深入提高，后面的目的语知识总是在不断补充丰富和完善前面有限的知识，前面有限的知识会被"举一反三""类推""扩大"到一些有限制的条件下，从而导致偏误的产生。如：

---

① 此例来源：周小兵，朱其志，邓小宁等. 外国人学习汉语语法偏误研究〔M〕. 北京：北京语言大学出版社，2017：190.

② 此例来自HSKK考试案例。

③ 王秀珍. 韩国人学汉语的语音难点和偏误分析〔J〕. 世界汉语教学，1996（4）：109.

　　①我在北京民大一年学习汉语了。（"一年"是时量补语，汉语中应该放在谓语动词之后）

　　②现在的生活中，到处都有广告，你打开了电视机，翻开了一张报纸，走在路上，甚至打开了手机就看到了广告。（这是描述的一般情况，不应该用"了"，这是目的语汉语学习中"了"的泛用导致的偏误）

　　③我回去曼谷的时候也常常跟朋友一起去游泳。（带趋向补语的"回"后面出现宾语的时候，宾语应该放在动词"回"和趋向补语"去"的中间，这是目的语汉语中趋向补语的学习不全面导致的偏误）

　　文化干扰。语言是文化的载体，语言总是附着在该语言所在社团的文化，文化又极具个性，学习一种语言的同时也是在习得一种文化。所以二语习得过程也是二语文化习得的过程，这是一种跨文化的习得，习得者的文化和目的语文化之间会有文化的碰撞、冲突、交融。从传播学的视角看，这是一个跨文化传播的过程，传播者和受众具有不同的文化立场，在这个文化传播过程中，需要中介进行转换，从而打通传播者和受众之间意义共通的空间。这个中介通常通过语言的译介。在译介中，文化的解码成为关键。从信息论的角度看这个过程，可以如下图所示：

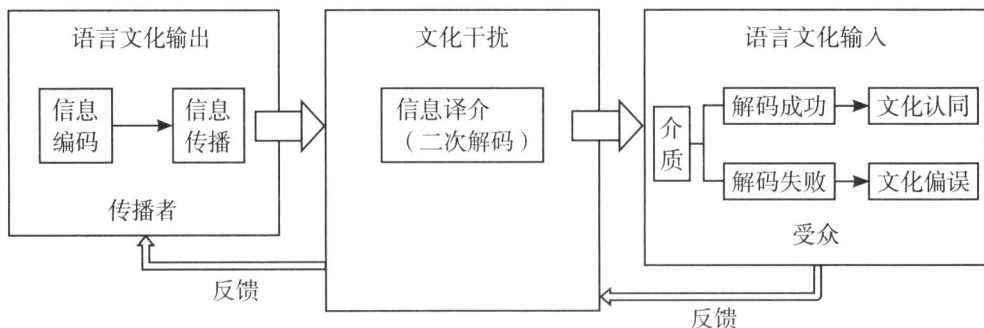

信息论视角下的文化传播过程图

　　在这个过程中，文化干扰在对信息进行译介即二次解码的过程中发生，是链接输出和输入的重要通道，文化干扰会对学习者的语言文化输入产生影响，如果解码失败，就会直接导致文化偏误的发生。吴国华（1990）认为外语教学中的文化干扰主要表现在：混淆两种文化中共有事物的文化感情色彩；对所学语言文化中的特有事物缺乏感性认识；混淆两种文化中相同的非语言行为的不同社会文化意义；缺乏对所学语言民族的时空观的了解①。如中外对于"狗"这种动物的文化含义不同,汉语中的"狗"既有忠诚的含义,又有"走狗""狼心狗肺"这样的贬义;如一些汉族特有的词汇,如"炕""旗袍"等。这类偏误从语言形式看没有问题,但却不是在目的语语境下应有的语言形式。再如外国学生直呼教师和校长的姓名,而不是"姓+校长"或者"姓+老师"②。日本学生造出这样的句子:"很多人到这个寺庙,求神保佑自己死得快。"③中国人忌讳"死",只会求神保佑自己不死,而不是快点死。其实这个日本学生想表达的是:死得干脆,少受折磨。德国学生由于非常崇拜老子、孔子和孟子,所以给自己取了个中文名"薄德子",甚至因为朋友帮了忙,而给自己的孩子取朋友的名字④。这类的文化干扰有些是源自学习者母语的文化,有些是对目的语文化认识的局限,因为这些偏误无关语言形式结构,偏误的方式比较隐蔽,所以单列。

策略干扰。汉语学习既是一个学习过程,也是一个教育行为,教师、学生、课堂环境等教学要素都会影响学习者的学习结果。教师作为教育的主导者、检测者和责任人,其专业素养、性格秉性、教育素质乃至于在国际中文教育中的政治立场等都会成为影响学习者学习结果的一个不可忽视的要素,如我们经常说北京的汉语教师教出来的外国学生的普通话带有"京腔",东北的汉语教师教出来的外国学生的普通话带有"大碴子味儿",巴蜀的汉语教师教出来的外国学生的普通话带有"椒盐味儿",港澳台的国语教师教出来的外国学生的普通话带有"港台腔"等。这些"腔""味儿"都是因教师普通话带有方言"特色"而在学生学习结果中的反映,是教师不专业的"口音"导致学生出现了语音上的偏误。教师的教学理念指导下的教学策略也会影响学生的学习结果,有些可能会导致学生出现偏误,如以色列本土汉语教师在教学中重语法、轻语音的教学模式使得以色列学生可以说一口流利的汉语普通话,但却会把"太 lǎn(懒)了"说成"太 làn(烂)了",把"nǚ'ér(女儿)"发成"nǔ'ér"⑤。

从学生角度看,"学习者作为语言学习和语言交际的主体,不论是在学习语言的过程中还是在运用语言的过程中,都以积极的主动参与态度为克服困难、达到有效学习和顺利交际的目的采取各种计划和措施"。刘珣(2000)认为导致偏误的学习策略主要是迁移、过度泛化和简化,交际策略主要是回避和语言转换等。他认为,迁移主

---

① 吴国华.外语教学中的文化干扰问题[J].外语教学,1990(03):93.
② 此例由四川大学海外教育学院Y老师提供。
③ 此例由四川大学留学生办公室Z老师提供。
④ 此例来源:https://mbd.baidu.com/newspage/data/landingsuper? rs=23851480&ruk=0-uzYG6h3zeSHMxZAVNLig&isBdboxFrom=1&pageType=1&urlext=%7B%22cuid%22%3A%22gav_8_uJ2i_GaS89guSciguJHt_kaBaqla2Bi_uSHaKW0qqSB%22%7D&context=%7B%22nid%22%3A%22news_10343631015390690041%22%7D.
⑤ 此例源于作者的教学实践。

要是"学习者在遇到困难的情况下求助于已知的第一语言知识去理解并运用目的语，有可能由此而产生偏误；过度泛化主要指学习者采用推理的方法，把新获得的目的语知识不适当地扩大使用而造成偏误……简化的策略常常指学习者故意减少他们认为的目的语的冗余部分，或者将带状语、定语成分的复杂句子，分成几个简单的句子……回避是第二语言学习者在对某一语音、词汇或句式甚至某一话题感到没有把握时，就尽量避免使用……语言转换是指学习者觉得无法用目的语说清楚时，就借助于第一语言，在目的语中夹杂一两个第一语言的词，特别是当学习者知道教师或对话者也懂他的第一语言时"①。近些年来，人们发现学习策略不单单是一个心理认知的过程，它是内隐和外显两种方式结合的学习活动，它不单单是学习者内在的孤立的心理过程，而是个体与语境、社会互动的过程。王斯璐、吴长安（2002）基于情景认知理论，突破传统的二语学习策略，通过对来华某国预科生共计34人的课堂与课下观察及一对一的访谈研究，建构了新的学习策略（如下图所示），并且认为"学习者的汉语水平与情境认知学习策略具有相关性，而且这类策略被成绩优秀的汉语学习者所频繁使用"②。

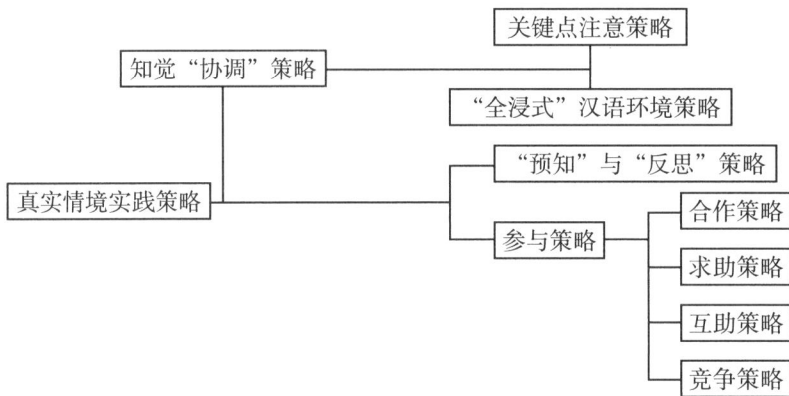

学生学习策略图

（3）确定并设计有针对性的教学策略

策略与模式不同，模式具有特定的程式、程序，教学模式往往是针对一整套教学过程的具体范式的规定，模式具有示范性、引导性、稳定性和成熟化等特点。教学策略则更着眼微观，是具体的教师在针对某个具体问题的处理时采用的具体方法，因此

① 刘珣. 对外汉语教育学引论［M］. 北京：北京语言大学出版社，2000：197—198.
② 王斯璐，吴长安. 留学生高效汉语情境认知学习策略研究［J］. 东北师范大学学报（哲学社会科学版），2022（5）：55—62.

它具有个性化、临时性等特点。

偏误来源复杂，产生的过程也掺杂了很多综合性因素，在教学策略的采用上更需要综合考量教师的知识背景、教学风格以及偏误的具体类型，学生的学习特点、性格特质等因素，加之有些偏误的产生具有突发性、即时性等特征，所以需要教师在实际教学中灵活处理。如留学生出现了不及物动词＋宾语的偏误时，如"见面＋某人"，教师需要首先给学生一个肯定的断定，即"见面＋某人"不对，在正确与错误之间，教师要非常肯定；同时教师要示范"见面"这个词关联相关对象时，在汉语中的正确表达是"和（跟）某人＋见面"，然后快速举例："昨天我跟我同学见面了。"待学生基本掌握之后，再进行适当的扩展，如"昨天我跟我同学在学校见面了""我昨天跟我同学见了面""昨天我跟我同学在学校见了面"等，这些扩展包含了状语的出现，"见面"作为离合词的"离"的用法呈现等。最后在练习环节，教师可以着重进行语序排序的练习、组词成句的练习，帮助学生巩固对"见面"、宾语、介词、"见"、"面"等词语的排列运用。

（三）中介语理论（IL）

1.定义

中介语理论建立的标志一般被认为是塞林克（L. Selinker）于1972年发表的《中介语》一文①，距今已有五十多年。"中介语"这一概念在历史上还有其他的说法，如接近系统（approxinmative system）、特异方言（idiosyncratic dialects）以及过渡能力（transitional competence）等。国外关于中介语的主要观点，张望发（2010）等认为可以概括为以下几类：（1）参照观，以科德（1967）和内瑟（Nemser，1971）为代表，他们把中介语看作是一种以目的语为参照的动态系统；（2）自主观，以塞林克（1972）为代表，塞林克认为，中介语是一个自主的系统，有自己的内在规律；（3）共时历时观，以科德（1992）和罗德·埃利斯（1986）为代表，科德认为，从横向看，中介语指的是学习者在特定的时点构建的语言系统，从纵向看，中介语指学习者在不同阶段的发展（曾红艳，2007），埃利斯也持相同的观点；（4）认知观，代表人物是塞林克（1992），认知派认为，中介语是可以观察的语言事实；（5）能力说，代表人物是阿杰米安（Adjemian，1976）和托雷恩（Torane，1982、1983），阿杰米安把生成语言学

---

① L. Selinker. Interlanguage[J]. *International Review of Applied Linguistics in Language Teaching*，1972（10）：214。原文是：Since we can observe that these two sets of utterances are not identical，then in the making of constructs relevant to a theory of second-language learning，one would be completely justified in hypothesizing，perhaps even compelled to hypothesize，the existence of a separate linguistic system based on the observable output which results from a learner's attempted production of a TL norm. This linguistic system we will call "interlanguage（IL）."

的语言能力观直接用来解释学习者的中介语能力，托雷恩把中介语看作是由不同语体风格构成的连续体①。

国内关于中介语的定义的研究者中，值得关注的主要有吕必松、鲁健骥、赵金铭、周健等。如吕必松认为："中介语（interlanguage）是指第二语言学习者特有的一种目的语系统。这种语言系统在语音、词汇、语法、文化和交际等方面既不同于学习者自己的第一语言，也不同于目的语，而是一种随着学习的进展向目的语的正确形式逐渐靠拢的动态的语言系统。"②鲁健骥认为中介语是"由于学习外语的人在学习过程中对于目的语的规律所做的不正确的归纳与推论而产生的一个语言系统，这个语言系统既不同于学习者的母语，又区别于他所学的目的语"③。

由此可见，中介语是着眼于学习者的一种理论，它承认学习者在学习第二语言时有一种特有的独立的语言系统，这种语言系统拥有完备的语音、词汇、语法、文字等要素，这个系统自足、开放、动态，它的两端联系着学习者原有的母语系统（NL）或其他二语系统和目的语系统（TL），其动态变化的方向为TL，是一个原有的母语系统不断被激发、激活，现有的中介语系统不断调整滚动发展并最终趋近于目的语系统的过程。如下图所示：

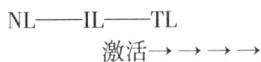

NL——IL——TL

激活→→→→

目的语发展图

因此，中介语作为一种特殊的语言系统，可以感知，亦可以描述和分析，可以进行个案的描述，也可以抽象归纳，它是在学习者学习二语或三语的时候才具有的语言系统，它以对母语和目的语的认知为基础，受语言内部因素、语言外部因素（如知识结构、个人禀赋和心理等）以及社会文化因素等影响。张望发（2010）认为中介语和母语、目的语的关系如下页图所示：

---

① 张望发，柳英绿.关于中介语产生因素及相互关系的再认识［J］.东北大学学报（社会科学版），2010（4）：358—362.
② 吕必松.论汉语中介语的研究［J］.语言文字应用，1993（2）：27—31.
③ 鲁健骥.中介语研究中的几个问题［J］.语言文字应用，1993（1）：21—25.

中介语空间（Interlanguage space）

语法信息 3
语义信息 3
文化信息 3
……

选择性压缩投射　　　　　　　　　　　　选择性压缩投射

语法信息 1
语义信息 1
文化信息 1
……

映射连通

语法信息 2
语义信息 2
文化信息 2
……

母语空间（mother tongue space）　　　　目的语空间（target space）

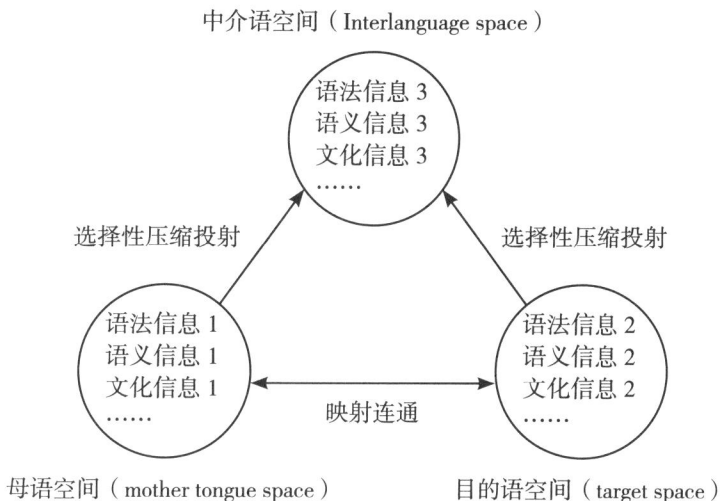

中介语和母语、目的语关系图

2. IL 与 CA、EA

从心理学基础来看，对比分析是行为主义心理学的产物，而偏误分析是以认知心理学为基础。语言的对比分析是对两种语言结构的简单对比，是理论层面的分析结果，有些并不能为具体的教学实践所证实，只能预测和解释一部分学生学习二语的偏误和难点，如汉字是大部分汉语学习者认为的难点，汉字的笔画、结构、部件等字形与字音和字义的关系需要单独编码记忆，看形无法推音，知音无法推义；但是对日韩的学习者而言，由于其母语的文字系统与汉字有着历史渊源，因此日韩的学习者在汉字学习中不存在编码困难，反而会因为母语文字系统与汉字的关系而出现一些干扰。

二语学习者的偏误分析较对比分析而言，具有较强的预测力和解释力，是对对比分析的继承和发展，偏误分析使得对二语学习者学习过程的认识更加全面。鲁健骥认为："中介语理论比偏误分析具有更广泛的内涵。顾名思义，偏误分析把外语学习者发生的偏误作为研究的对象；它所关注的是学生所使用的目的语形式（实际是中介语）与目的语的规范形式之间的差距以及造成这些差距的原因。中介语理论则把学生使用的目的语形式当作一个整体，当作一个动态系统加以研究，从而发现外语学习的规律，揭示成年人学习外语的过程。这样看来，偏误分析只是中介语理论的一个组成部分。"①

3. 特点

化石化。塞林克认为化石化是中介语的重要特点，石化指的是二语习得者总是倾

---

① 鲁健骥. 中介语研究中的几个问题［J］. 语言文字应用，1993（1）：21—25.

向于把母语的一些规则与目的语的学习联系起来，并且这种倾向与学习者的年龄和他掌握的目的语规则的多少无关。化石化，又叫"顽固性""石化化"等，其存在体现了中介语在一定时间段内的系统稳定性，但是在一定程度上也阻碍了学习者向目标语靠近。如有些汉语学习者即便到了高级阶段，也不能很好地发出汉语中的"ü"，或者在一些不及物动词后直接接宾语。有学者认为中介语的化石化现象与成人学习者大脑灵活性减退、抽象思维过度概括以及母语的"移情"有关。其实在儿童学习者中，化石化的现象也存在。

可渗透性。指的是中介语可以受到来自学习者的母语和目的语的规则或形式的渗透。这种渗透可以来自学习者的母语，也可以来自学习者正在学习的目的语。也就是说，学习者在进行目的语学习的时候，当需要使用某种语言形式或规则时，他可能会临时"借用"其母语的相应形式和规则或以前学习过的目的语的某种形式规则，这些"自创"的形式规则都会成为中介语系统的一部分。可渗透性体现了学习者学习的积极主动性和创造性，正确地"借用"和"自创"，对于目标语的学习具有积极的作用，反之则会起到消极作用。

反复性。这一特点其实也是化石化的另一种表现。反复性指的是某些已经纠正的偏误经过一段时间后又呈现有规律的重现，有时候它往往是学习者在不太熟悉或没有太大把握运用某个语言形式时为了"保险"而临时使用其他他自己可能更为熟悉的语言形式，这反而使得有些偏误重现了。反复性体现了中介语系统动态变化的曲折性，同时也是中介语稳定性的表现。

三、汉语二语习得的研究方法

汉语作为二语的习得研究是国际中文教育的重要研究内容，国内对此的研究相较于国外起步较晚，是从20世纪70年代才开始，在外语教学研究的基础上，聚焦汉语的病句分析、翻译和汉外对比、教学法介绍、习得偏误、习得过程、能力结构、中介语等。赵杨（2018）认为：从20世纪五六十年代的对比分析假说和偏误分析假说，到70年代初中介语概念的形成，二语习得经历了一个快速发展的阶段，也是理论酝酿阶段，其间产生了一些经典论著，如科德（1967）的《学习者语言偏误的重要性》（*The Significance of Learner's Errors*）和塞林克（1972）的《中介语》（*Interlanguage*），直至今天仍有启发意义，尽管这些著作既不是量化研究，也不是典型的质化研究。20世纪八九十年代，汉语作为二语的习得研究有类似经历，前辈学者如吕必松（1983）等提出了一些宏观思想，对之后的研究有很大的指导意义。

中介语概念的提出，是二语习得学科发展的分水岭，二语习得开始探讨习得机制，在方法上开始采用量化研究。量化研究的出现也是汉语作为二语的习得研究的转折点，它摆脱了以往完全依赖经验的研究方法，把结论建立在数据基础上。此外，随着量化研究成为主流，二语习得关注的不再是以前那种宏大的问题，而更多关注一些微观层面的问题。当中介语成为研究对象后，这种转变是必然的，符合二语习得学科的发展趋势：由宏观向微观转变，量化研究成为主流。只有当习得机制研究越来越受重视的时候，汉语作为二语的习得研究才能作为一个学科确立起来，因为此时它已不再是语言教学的附庸，尽管服务教学仍是其目的之一。

虽然从 20 世纪 90 年代开始，量化研究开始涌现，但在国内的对外汉语教学界或者说之后的国际汉语教育界，严格意义上的汉语作为二语的习得研究一直非常小众。这里所说的"严格意义"有两方面含义：一是回应二语习得界关心的问题，二是采用量化或质化的研究方法。之所以小众，可能有两个原因，一是学界对习得机制研究的认可度不高，认为只要是对外汉语研究，目的只有一个：服务教学；二是二语习得研究有严格的研究范式，对结果的处理往往借助统计工具，这些都需要研究者经过严格的学术训练。

其他人文社的习得研究也有国内和国外两个阵地。当量化研究成为主要研究方法后，这两个阵地的差别显而易见。国内期刊发文，偏误分析类一直是主流（徐子亮，2004），一些文章的观点比较老旧，谈起母语迁移，采用的还是"正迁移""负迁移"这样的概念，对迁移的复杂性研究不够。很多文章采用的假说还局限在对比分析和偏误分析上，对一些新假说——如"特征重组假说"（Feature Reassembly Hypothesis）（拉迪尔，2009）——缺乏了解，更谈不上应用于实际的研究中。与此形成对照的是，国际主流期刊发表的汉语作为二语的习得文章一直处于学科前沿，虽尚未提出基于汉语事实的引领性假说，但是一直在学科大背景中寻找自己的位置，一直与二语习得学科在互动。最近几年，国内期刊发文质量虽有显著提高，但与国际主流期刊尚有差距[1]。

从研究方法上看，汉语作为二语研究主要有质性和量化两种研究方法，具体来讲，毕晋等（2017）基于四份 CSSCI 中国语言学来源期刊文献的统计，认为汉语二语习得的研究方法可以概括为下页表：

---

[1]　赵杨.汉语作为第二语言的习得研究四十年［J］.国际汉语教育，2018（4）：98.

使用一种研究方法									多种研究方法结合							总计
基于语料研究法				实验研究法		问卷调查及访谈法			其他	A3+B2	A2+C1	A3+C1	B1+C1	B2+C1	B2+C2	B2+C1+C2	
经验式语料A1	跟踪式语料A2	语料库语料A3	A2+A3	设备实验法B1	常规实验法B2	问卷调查法C1	访谈法C2	C1+C2	分析数据								
27	8	98	2	41	140	42	1	7	3	13	1	2	1	7	3	3	
135				181		50											
369										30							399

汉语作为二语研究方法分类表①

这些研究使用的内容经过统计主要是（见下表）：

研究方法＼研究内容	语料法A	实验法B	问卷法C	其他	A＋B	B＋C	A＋C
语言特征	123	75	11	0	9	4	2
外部因素	6	6	7	0	0	0	0
内部机制	6	93	4	0	4	5	0
学习者	0	7	28	3	0	5	1

研究方法的使用倾向表②

1. 基于语料库的研究方法

语料库（corpus）亦称"语库"或"素材"，通常指为语言研究收集的、用电子形式保存的语言材料，由自然出现的书面语或口语的样本汇集而成，用来代表特定的语言或语言变体。经过科学选材和标注、具有适当规模的语料库能够反映和记录语言的实际使用情况。人们通过语料库观察和把握语言事实，分析和研究语言系统的规律。

① 毕晋，肖奚强，程仕仪. 新世纪以来汉语作为第二语言习得研究成果分析——基于四份CSSCI中国语言学来源期刊文献的统计［J］. 语言与翻译，2017（4）：80.
② 毕晋，肖奚强，程仕仪. 新世纪以来汉语作为第二语言习得研究成果分析——基于四份CSSCI中国语言学来源期刊文献的统计［J］. 语言与翻译，2017（4）：80.

语料库已经成为语言学理论研究、应用研究和语言工程不可缺少的基础资源①。可见，语料库其实就是基于某种需要和某种目的而建立的关于语言的仓库，是研究语言的"原材料"。一般认为，1959 年兰道夫·科尔克（Randolph Quirk）建立的包含 100 万个单词、系统描述英语口语和书面语的 SEU 语料库（The Survey of English Usage Corpus）是第一代语料库。1961 年，弗朗西斯（Francis）和库瑟（Kucera）在美国布朗大学建立起布朗语料库（Brown University Standard Corpus of Present Day American English），是世界上第一个计算机语料库，被认为是第二代语料库。

目前，一些常见的计算机语料库包括以下几种类型（何安平，2004）：（1）原始语料库（raw corpora），是将现实中使用的口头和笔头语用文字形式收集起来，按一定原则（语域、语体、历时、共时等）归类汇编起来的各种语料库；（2）赋码语料库（annotated corpora），这是指对原始语料进行了词性、语法、语音、语义或语篇乃至语用标记附码的语料库；（3）平行语料库（parallel corpora），这是指两种或多种语言在句子乃至单词短语层面上实现同步对译的互动语料库，如中国外语教学研究中心基地建设的英汉双语平行语料库；（4）学习者语料库（learners corpora），即非母语学习者的口头和书面语料库，其中包括注有学习者拼写和语法差错标记以及改错提示的语料，国内的"中国英语学习者语料库"（CLEC）属于此类；（5）网格式语料库（lattice corpora），这是指对自然语言（包括口语和手写语）进行自动语音和手写体识别处理之后生成的语料库②。

国内语料库的建设和相关研究就是从汉语母语的语料库开始的，从 20 世纪 20 年代开始，有学者为制定基础汉字字表开始建立文本语料库；20 世纪 70 年代末以来，汉语现代文学作品语料库（1979）、现代汉语语料库（1983）等机器可读语料库开始建设。20 世纪 90 年代，《人民日报》光盘数据库、北大语料库建成。杨惠中主持的上海交通大学科技英语语料库（JDEST）是当时世界上第一个同类语料库，也是国内最大最完备的英语语料库之一。1999 年，由广东外语外贸大学桂诗春和上海交通大学杨惠中牵头开发的"中国英语学习者语料库"建成，该语料库收集了 100 多万个词的各种书面语资料，并对所有的语料进行语法标注和言语失误标注，这对研究中国学习者的英语特点具有开创性意义③。

目前已经开发出来的针对母语非汉语学习者的语料库主要有：

① 俞理明，曹勇衡，潘卫民. 什么是应用语言学［M］. 上海：上海外语教育出版社，2013：253.
② 汪榕培，杨彬主编. 高级英语词汇学（修订版）［M］. 上海：上海外语教育出版社，2011：218.
③ 俞理明，曹勇衡，潘卫民. 什么是应用语言学［M］. 上海：上海外语教育出版社，2013：259.

（1）HSK 动态作文语料库

网址是：http：//hsk.blcu.edu.cn/Login。登录界面及相关使用界面如下图所示：

HSK动态作文语料库登录界面和使用界面

"HSK 动态作文语料库"是母语非汉语的外国人参加高等汉语水平考试（HSK 高等）作文考试的答卷语料库，收集了 1992—2005 年部分外国考生的作文答卷。语料库 1.0 版收入语料 10740 篇，约 400 万字，于 2006 年 12 月上线。2008 年 7 月，经修改补充，语料库 1.1 版的语料总数达到 11569 篇，共计 424 万字。2.0 版本保留了"HSK 动态作文语料库"1.1 版的全部语料；检索方式除"一般检索"之外，增加了"特定条件检索"；数据统计增加了可视化图形设计；除检索浏览外，用户还可以对发现的语料录入错误和标注错误进行修改；增加了语料自动下载功能（限 500 条）；增加了"个人工作室"，这里有用户做了修改并已提交的语料，在此可以对个人资料进行维护；增加了留言功能，用户可以就相关问题发表自己的看法与认知。

基于语料库，目前的研究主要是对关于某国、某词、某字、某句法的偏误情况进行分析，以硕、博论文尤其是硕士论文为主要文献来源。

（2）留学生全程性中介字字库及文本语料库

"留学生全程性中介字字库及文本语料库"包含两个资源库：留学生全程性中介字字库（下文简称"中介字字库"）和汉语中介语文本语料库。页面有留学生全程性中介字字库、汉字偏误标注中介语语料库和字词句偏误标注文本语料库三个入口（见下页图）。网址是：https：//cilc.sysu.edu.cn/。

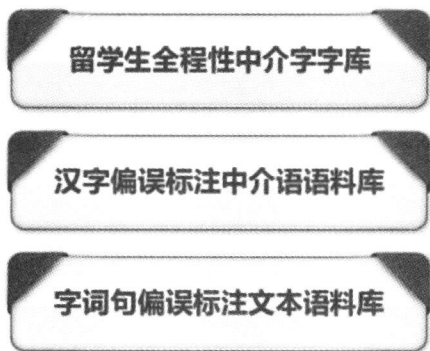

留学生全程性中介字字库及中介语文本语料库

中介字字库于 2016 年开始开发，其中偏误汉字信息是从汉字偏误标注文本语料库中提取的。汉字偏误标注文本语料库在 2016 年就已建成，但是该库当时的汉字偏误标注体系（旧体系）只包括错字、别字、繁体字，而且标注信息也相对简单，没有标注每类字的错误类型和偏误原因等相关信息。2016 年开始，汉字偏误标注文本语料库在原有的基础上扩充了 150 万字的文本语料库，并对其中的汉字偏误重新进行标注（新体系），包括错字、似别字、别字、不规范字，每类中介字又包括了偏误类型和偏误原因等详细信息。把这些标注信息抽取出来后建成了错字字库、别字字库、似别字字库、不规范字字库。每个字库包含正字信息、偏误汉字信息、语料上下文语境、扫描件原版、书写者背景信息等。正字信息包括正字结构、是否是形声字、笔画数、造字法等。这些信息靠手工录入。该字库随着汉字偏误标注的文本语料库的更新而不断更新，也可以单独扩充更新。

"汉字偏误标注中介语语料库"中的语料从 2008 年开始收集，每学期都在更新，截至 2022 年 5 月，有大约 500 万字语料，包含 110 多个国家、78 种母语背景。其中的语料只有错别字标注，但也可供用户进行一般的词汇语言搜索，同时可以供大家对汉字偏误进行分析研究。语料主要来自中山大学国际汉语学院和中文系国汉中心留学生的日常作文和综合课的写话，语料涵盖初、中、高级阶段，但因为初级阶段的学生本身输出就少，收集困难度高，所以初级水平的语料偏少，中级较多，高级最多。

"字词句偏误标注文本语料库"包含分词和词性标注预处理。偏误标注包括错别字、词汇、语法等各种偏误标注，大约 44 万字。文本语料库的标注主要是由中山大学国际汉语学院和中文系历届汉语国际教育硕士生和一些博士生完成[1]。

留学生全程性中介字字库及中介语文本语料库内页截图

---

① https://cilc.sysu.edu.cn/static/mannual_new.pdf.

（3）全球汉语中介语语料库建设与应用综合平台 2.0

"全球汉语中介语语料库"（下文简称"全球库"）资源丰富，规模庞大，类型全面。原始语料总字数达 2275 万字，标注语料达到 1.15 亿字，包括来自 111 个国家和地区（语料不足 10 篇的国家和地区未予统计）汉语学习者的笔语、口语及视频语料，全面展现了外国人学习汉语的整体面貌。秉持为全世界汉语教学与研究服务的宗旨，全球库于 2018 年 4 月上线试用，于 2019 年 3 月 4 日正式向全世界各界用户免费开放。网址是：http：//qqk.blcu.edu.cn/。

全球汉语中介语语料库截图

该平台是一个集成性的网络软件系统，集语料的上传（含单篇语料上传和批量语料上传两种方式）、录入与转写、标注、统计、管理、检索、众包修改维护、升级迭代扩展等八大功能于一体，可以在线完成语料库建设与维护的基本环节，同时生成语料检索系统，全球库的工程建设部分全部是在该平台上完成的。该语料库的语料更加丰富，大大充实了欧美国家学习者语料，非洲国家学习者语料也有所增加；区分了华裔汉语学习者语料与非华裔汉语学习者语料信息以利研究。标注内容全面且尝试进行自动化标注：进一步完善了字、词、句、标点符号的标注，丰富了语篇标注，增加了短语、语体和辞格标注，以及口语语料和视频语料的语音标注、视频语料的体态语标注。对繁体字、异体字、字词层面的语体分类进行自动标注。全球库的检索方式多样，设置了"字符串一般检索""分类标注检索""离合词检索""特定条件检索""词语搭配检索""按词性检索""按句末标点检索""单来源对比检索""两个来源对比检索""生语料检索"十项检索方式[①]。

此外，目前，北京语言大学正在筹建"HSK 动态口语语料库"，香港中文大学正在建设"语言习得汉语日语语料库（LAC/SC）"，苏州大学正在建设"小型外国学生口语中介语语料库"[②]。

（4）全球汉语传播动态数据库

截至 2023 年 3 月 21 日，该数据库共收录 196513 条数据。该数据库共包含国别中文教学发展库（4176 条数据）、国际中文教学资源库（32136 条数据）、全球中文师资库（7500 条数据）、汉语国际传播典型案例库（137 条数据）、孔子学院发展数据库（149195 条数据）、海外华文教育库（2983 条数据）、科研项目库（386 条数据）共七个子库（各子库功能简介请登录数据库首页查看）。本着"共享共建"的原则，现面向全球中文教育从业者开放，网址是：http://hanyudb.com/。

具体说说该数据库包含的七大子库：①国别中文教学发展库：旨在收录各国中文教学发展的基础数据。截至 2023 年 3 月 21 日，该数据库共收入 4176 条数据。国别中文教学发展库包含"国别中文教育机构库"与"国别中文教育政策库"两个二级子库。其中国别中文教育机构库共收集 3717 条数据，涉及全球 100 个国家和地区 2319 所中文教学机构（包括当地的大学、中学及小学，但不含华文学校）。国别中文教育政策库共收集 459 条数据，涉及 1949 年以来全球 64 个国家的中文教育政策。②国际中文教学资源库：旨在收录各国中文教学资源的基础数据。截至 2023 年 3 月 21 日，该数据库共收入 32136 条数据。国际中文教学资源库包含"纸质教学资源库"和"数字教学资源库"两个二级子库。其中纸质教学资源库共收录 29388 条数据，主要收录 1949 年以来海内外出版的国际中文教材数据；数字教学资源库共收录 2748 条数据，包括中文电子教材、中文教学网站、中文慕课、中文教学 App 四类数字化中文教学资源。③全球中文师资库：旨在收录国内外中文教师的基本信息。截至 2023 年 3 月 21 日，该数据库共收入 7500 条数据。包括国内高校专职中文教师和国外各级各类中文教学机构（幼

---

① 参见：http://yuyanziyuan.blcu.edu.cn/info/1066/2535.htm.
② 郑艳群. 汉语作为第二语言的教学资源研究［M］. 北京：商务印书馆，2019：33.

儿园、中小学、高校及社会机构等）中文教师的基本信息。④汉语国际传播典型案例库：旨在收录不同国家、地区、学校、不同文化背景的中文传播典型案例。截至 2023 年 3 月 21 日，该数据库共收入 137 条数据。汉语国际传播典型案例库共包含七个二级子库，分别为"国别汉语传播典型案例库""国别文化传播和文化教学典型案例库""汉语国际传播典型项目库""海外汉语教学机构典型案例库""海外华文教育机构典型案例库""孔子课堂典型案例库""孔子学院典型案例库"。⑤孔子学院发展数据库：旨在收集全球孔子学院的运营情况数据。截至 2023 年 3 月 21 日，共收集 149195 条数据。该数据库分别从基本情况、管理模式、教学状况、文化活动、社会评价等方面对全球孔子学院的运营情况进行记录。⑥海外华文教育数据库：旨在收集海外华文教学的相关数据。截至 2023 年 3 月 21 日，该数据库共收集 2983 条数据。该子库分别从华文学校信息、华文教育组织机构基本信息、华文教育教学资源、华文教育交流与合作信息、华文教育政策、华文教育媒体舆情共六个方面，记录当前全球华文教育发展状况。⑦科研项目库：主要收录国家社科基金项目以及教育部人文社会科学研究项目中已立项的国际中文教育类项目。截至 2023 年 3 月 21 日，该数据库共收集 386 条数据。其中国家社科基金项目共 247 项，教育部人文社会科学研究项目共 139 项①。

全球汉语传播动态数据库

2. 实验法

实验研究的方法近些年来逐渐成为汉语作为二语习得研究的重要方法，也是量化研究的重要方法。实验研究的目的是在两种现象之间建立因果关系，即探讨一个变量的变化是否引起另一个变量的变化。例如探讨教学方法与语言水平之间的因果关系，

---

① 参见：http://hanyudb.com/home.

即某种教学方法是否比另一种方法更有效地提高学生的语言水平。实验研究的一个独有特征是，研究者直接对自变量进行操纵。例如，如果研究不同教学方法孰优孰劣，教学方法就是自变量，那么研究者就要将学生随机分成两组，并设法给不同组的学生提供不同的教学方法。为了有效地建立自变量与因变量之间的因果关系，实验应该遵循以下原则：

（1）有对照组。一般来说，一个正式实验至少有两个被试组：一个实验组和一个对照组。实验组接受某种处理（例如用一种新教材或一种新教法），对照组不接受处理（这时称为控制组）或接受另一种处理，例如用一贯的教材或教法。

（2）将被试者随机分组。实验开始时，研究者要将被试者随机分配到不同组中去，即参加实验的每一个人分配到实验组或对照组的机会是相等的。随机分组的目的是使实验组和对照组在实验开始时尽可能相等，即两组的差异是随机误差造成的，以便实验处理之后，两组结果的不同可归为处理不同造成的，而不是两组差异造成的。

（3）对额外变量进行控制①。近些年来，受到量化实证研究方法的影响，对于汉语作为二语的习得研究，实验法的习得研究越来越多，这些研究主要涉及词汇加工（赵玮，2018；姚倩，2018；周琳、李彬鑫，2016）、句式加工和理解（孔令跃、邹雨彤，2022；马炳军、常辉，2021；孔令越，2020；范莉、孙雅静、宋刚，2017；杨万兵、杨峥琳，2016；曹贤文、牟蕾，2013；查芸芸、吴思娜，2014）、语音识别（刘艺、荣蓉，2014；刘艺，2014；易斌、吴永明、阿丽达，2012；杨万兵、文雁，2012）、汉语写作（吴双，2012；李杰、赵静，2012）等。

在进行教育实验的时候，需要以下一些步骤：①提出问题和假设。进行实验研究，为的是要探究什么，要检验什么问题，问题需要有价值、有创新，要准确还要可操作。问题提出后，可以在实验前先提出一定的假设。②设计完备的实验方案。具体来说就是实验背景与目的、指导思想与原则是什么；实验目标与内容、对象与布点怎样；实验方法与措施、步骤与时间安排怎样；实验队伍与领导、分工与协作如何安排等。③实施实验。具体来说包括挑选被试者和被试者分组；控制好变量。范小韵（2001）认为变量可以分为这几种：刺激变量，即凡是影响教育实验结果的各种条件和因素（也叫因子）。自变量，即从许多刺激变量中选出来的某种变量（也叫"实验因子"）。反应变量，即由于刺激变量而引起被试者思想行为的变化。因变量，即随着自变量的变化而变化的反应变量。因变量是自变量产生的结果。教育实验人员要根据实验目的，

---

① 江新.第二语言习得的研究方法［J］.语言文字应用，2009（2）：33.

创造或改变必要的条件（自变量），以便引起或改变某些现象（因变量）。无关变量，即凡是与实验目的和要求无关的各种刺激变量（也叫"无关因子"）①。注意实验的真实性；建立详细的实验档案。④对结果进行定性和定量分析。也就是说要对整个实验过程和结果在性质上进行界定，全面进行综合、分析、比较和概括。对实验的结果数据进行分类、统计和计算，归纳数据显示出来的特征和规律。⑤撰写实验报告。客观陈述实验过程和结果，揭示实验所反映的事物的内在基本规律，同时要指出实验的局限以及可能会出现的问题。

3. 调查法

问卷调查法是科学教育调查研究中常用的收集资料的方法，是研究者通过事先设计好的问题来获取有关信息和资料的一种方法。研究者以书面形式给出一系列与研究目的有关的问题，让被调查者做出回答，再通过对问题答案的回收、整理、分析，获取有关信息②。在外语教学领域，问卷调查法作为一种应用比较广泛的量化研究方法，对于质性分析是重要的数据收集方法，它易于设计、用途广泛并且便于大范围收集数据。问卷调查法最初由英国的高尔顿创立。高尔顿受其表兄达尔文的进化论的影响，决心研究人类的遗传变异问题，遂于 1882 年在英国伦敦设立人类学测验实验室。研究需要收集反映人类学生理特征和心理特征的大量数据，但高尔顿觉得访问调查相当费时费钱，于是就把需要调查的问题都印成卷面邮寄出去，没想到获得了非常大的成功。因此，这种方法广泛地被应用在各类学科领域当中③。问卷类型多样，主要有以下几种：

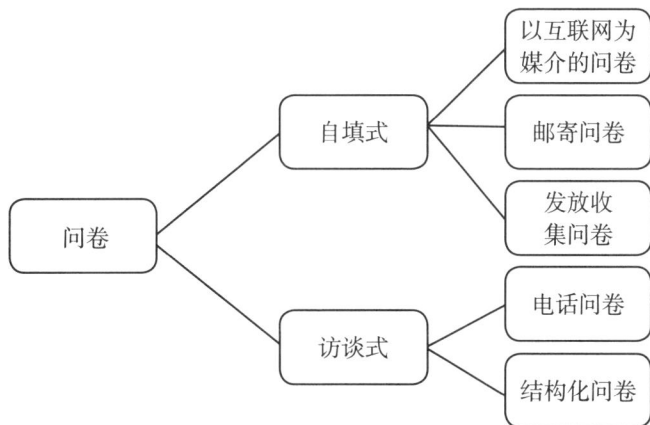

问卷类型图④

---

① 范小韵. 关于教育实验法的几个问题［J］. 教育科学研究，2001（1）：62.
② 曹艳编著. 科学教育研究方法——科普理论与实践研究［M］. 北京：中国科学技术出版社，2020：93.
③ 李浩泉，陈元主编. 教育研究方法［M］. 成都：西南交通大学出版社，2018：107.
④ 万崇华. 调查研究方法与分析新编［M］. 北京：中国统计出版社，2016：52.

随着国际中文教育学科的新发展，学科交叉融合的特征越发明显，研究者们采用教育学、心理学、统计学的研究方法助力国际中文教育的相关研究，并把汉语作为二语的教学同外语界联合起来，借助国际外语界和其他学科研究的优势或采用成熟量表或改编量表或自行设计量表进行相关调查分析，开辟出了一条国际中文教育研究的新的实证主义道路。

如亓华、李美阳（2011）在俄罗斯学者肖洛霍夫（I. A. Sholohov，2002）同沃德和肯尼迪（C. Ward & A. Kennedy，1999）的社会文化适应量表的基础上，根据实际情况进行调整和修改，设计了相关量表，考察了在京俄罗斯留学生跨文化适应。

又如王祖嫘、刘赘楠和李复新（2022）按照应急知识能力、应急教学能力、多语资源能力和舆情掌控能力四个维度，自行设计、编制了针对国际中文教师语言应急能力的调查问卷，含个人信息 10 题、能力自评五点量表 22 题、选择题 6 题和开放问题 2 题，共计 40 题。经过调查发现：新冠疫情期间，国际中文教师语言应急能力表现最突出的为舆情掌控能力（3.99），其次为应急教学能力（3.88）和应急知识能力（3.63），多语资源能力（2.81）的整体表现低于五点量表的中间值 3，说明教师的多语资源能力相对较弱①。

4. 个案法

个案研究是从分析的单位来定义的，对一个对象的研究就是个案研究。它主要研究一个个体，通常研究处于自然环境中的个体。个案研究探讨的问题完全不同于相关研究。相关研究探讨群体的两个或多个变量之间的关系，个案研究则可以为研究者提供有关个体的丰富信息，例如学习者个体学习的过程、策略，学习者个体的个性、态度、动机等特征是如何与学习环境相互作用的。在第二语言研究中，个案常常是指正在学习某种语言的一个人，例如一个学英语的日本儿童、一个学西班牙语的美国成人。个案也可以是一位教师、一个课堂、一所学校、一个团体。研究者可以研究一个个体，也可以研究几个个体并对他们进行比较。但是，个案研究所采用的个案数量常常是很少的，因为个案法最重要的是详细、全面地了解某个个体的特征。

个案研究是描述研究，其目的是描述处在自然环境、自然状态中的个体，其本质上是定性研究。它主要收集自然的资料，收集资料的方法是多种多样的，可以是自然方法（例如自然观察法），也可以是别的方法（例如访谈、大声思维、完成任务等）。个案研究作为研究语言发展的一个工具，在儿童语言发展研究和第二语言习得研究中

① 王祖嫘，刘赘楠，李复新. 突发公共卫生事件下国际中文教师语言应急能力调查研究［J］. 天津师范大学学报（社会科学版），2022（3）：28.

是非常有价值的。但是，由于个案研究不像实验研究、调查研究、相关研究等假设检验研究那样在研究方法上具有严格的统一标准，因此在心理学、教育学以及其他社会科学研究中，它一直处于比较低的地位，直到最近才被认为是第二语言习得研究的一种重要方法。从假设推理的角度看，个案研究的最大缺点是不能将一个个案研究的结果推广到其他个案。我们很难从个别被试的行为中分辨出哪些特点是个体特有的，哪些是群体共有的。解决该问题的方法之一是做大量的个案研究，将不同的个案研究的结果进行比较，以便找到共同的规律①。

---

① 江新.第二语言习得的研究方法［J］.语言文字应用，2009（2）：36.

第二节 教育学有关理论

教育学科与对外汉语教学学科关系密切，刘珣《对外汉语教育学》一书在对外汉语教学学科发展史上是经典的参考书目，其直接把对外汉语教学称为"教育学"。从本质上来讲，对外汉语教学、国际汉语教学、国际中文教学是教学活动，它虽是一种特殊的教育类型，但是遵循教育学科中课程与教学论的基本规律，教育学中的"课程论"关心的是"教什么"，"教学论"关注的是"怎么教"，这与国际中文教学中的教师、教材、教法这"三教"问题不谋而合，而教师又是"三教"问题的核心，教师教育也是教育学理论关注的核心问题。国际中文教育的学科名称变更也体现了该学科的"教育"本色和底色，国际中文教育专业硕士和专业博士的学位类型目前仍是教育门类，用教育学的视野重新审视和研究国际中文教育，是国际中文教育重回教育本质、深化学科研究、加强专业建设、新文科学科交叉融合的重要体现。

一、教育学与国际中文教育相关政策标准制定

新时代，国际中文教育无论在学科名称的变更还是在学科专业的内涵式发展以及服务于国家战略的事业角度，都需要教育学学科理论的观照。

在事业发展模式上，国际中文教育起步晚，仅有七十多年的发展历史，早期的事业发展受计划经济影响，国家统筹，重点院校主导，语言学专业出身打主力，主要针对来华留学生进行语言教学，这些是其主要的发展模式，在海外市场的拓展上也主要采用官办模式；随着国际形势的变化、中国的快速崛起、全球公共卫生事件的突发，国际中文教育事业遭受了部分孔子学院关停、孔子学院职能受质疑、来华留学生骤减、线上教学效果不尽如人意、教师供给侧失衡等挑战，促使顶层设计需要依据形势进行调整，发展模式由原来的快速规模式发展转型为缓速内涵式发展，走规范化、制度化、标准化发展道路。

在学科专业发展中，在教育学框架下，国际中文教育修正或出台了一系列适应新情况、新形势、新发展的相关政策标准，如由教育部、国家语言文字工作委员会发布，作为国家语委语言文字规范自 2021 年 7 月 1 日起正式实施的《国际中文教育中文水平等级标准》（GF0025-2021），由教育部中外语言合作交流中心组织研制，借鉴参考了十余种较有影响的国际语言标准，并对国内外大中小学及其他各类教育机构开展国际

中文教育教学的实际情况进行了广泛调研，充分征求国内外专家等各有关方面的意见建议，经反复论证、多次修改后完成。适用于国际中文教育的学习、教学、测试与评估，为开展国际中文教育的各类学校、机构和企事业单位提供规范性参考。《国际中文教育中文水平等级标准》的发布，将成为国际中文相关标准化、规范化语言考试的命题依据以及各种中文教学与学习创新型评价的基础性依据，也将为世界各地国际中文教育的总体设计、教材编写、课堂教学和课程测试提供参考，还将为"互联网＋"时代国际中文教育的各种新模式、新平台的构建提供重要依据①。又如 2022 年 8 月 26 日，世界汉语教学学会批准发布了《国际中文教师专业能力标准》（T/ISCLT 001-2022）团体标准，该标准纳入了新时代最新的教师的教育理念，如教师的反思能力等。

当然，目前在学科专业的相关标准的制定上，如关于汉语作为第二语言学习者的学习能力标准的制定还存在一些问题，理论研究比较薄弱，在研究方法上主要以质性研究为主，以专家会商为主，研究的系统性也不够。王佶旻（2018）认为：虽然语言学、心理学、教育学领域在语言能力相关研究上都已经获得了很多成果，但各学科的研究观点和成果、理论研究和应用研究还缺乏融合②。

二、教育学与国际中文教育人才培养

从目前国际中文教育专业硕士和专业博士层次的人才培养来看，虽然这些专业所属院系主要是文学院、国际教育学院、国际文化学院等，但是这些阶段的人才培养、课程设置均有大量的直接的教育学门类下的课程，如国际中文教育硕士的人才培养方案中大多会设置教育学、教育心理学、教学测试与评估、教学案例、现代教育技术等课程；再如西南大学国际中文教育专业博士的人才培养方案中就设有相当数量的教育门类的相关课程：教育和汉语国际教育前沿、教育的质性研究、教育的定量研究、国际汉语课堂教学案例分析、教学管理专题、学科教学案例分析、教学评价方案的设计与实施、中外教育比较专题等。这些人才培养中，尤其是高端专业人才培养中，"浓墨重彩"的教育色彩正体现了学位专业人才的教育本色，如果说文学学位人才培养的是对母语本体的相关专业人才，那么国际中文教育专业人才就是教育＋文学两大门类的专业人才的复合型人才，是能运用教育技能把中文作为第二语言教授给外籍学生的人，因此，在课程设置上，教育类的课程就是必不可少的重要模块。

---

① 在此之前的相关标准主要有：《汉语水平等级标准和等级大纲（试行）》（1988）；《汉语水平词汇与汉字等级大纲》（1992）；《汉语水平等级标准与语法等级大纲》（1996）；《汉语国际教育用音节和汉字词汇等级划分》（2010）。
② 王佶旻. 汉语作为第二语言的标准与大纲研究十年回顾［J］. 国际中文教育，2018（2）：39.

三、教育学与国际中文教育实践

在教育学视域下，国际中文教学活动是课堂教学活动，是教育活动的主要表现形式。在具体的课堂实践中，要拟定教学目标，确定教学内容，跟踪教学效果。一般认为，国际中文教学的基本目标或者说终极目标就是学生能用中文进行有效交际。泰勒认为，要明智地选择教育目标，必须考虑三个方面：对学生的研究，对当代社会的研究，来自学科专家的建议①。按照教育目标分类学，一般把目标分为知识性目标、能力性目标、情感态度性目标②。国际中文教学的早期阶段，重知识讲解，轻能力培养，知识性目标是教学目标的主要构成，这是中国"传道授业解惑"传统教育思想的体现；后来在强调语言交际能力培养的同时又忽视了知识的重要性，根据学习心理学的研究，"学习"的发生需要知识的准备，必要的概念会促进"学习"的发生③，因此，知识的目标仍然是很重要的，教师也不应怕学生听不懂而畏惧必要概念的"抛出"和讲解，对一门外语的习得理所当然应该包括对这门语言所包含的语言知识的习得，尤其是面对成年人的中文教学，知识的讲解可以使得学生通过消化知识获得举一反三的能力，快速解构"新知"。如孙德金（2016）认为黎锦熙把"我称他为老师"这类兼语句称为"补足语"很恰当，并且认为"补足语"这个概念就很恰当地满足了将形式和意义紧密结合的分析需要。其重要的意义在于将动词的次范畴与句式结构建立起关联："称谓""认定""更改"类动词往往需要带补足语，句法结构才能完整。这一知识点对于汉语学习者来说无疑是重要的，可以帮助学生在表达"称谓"等意义时准确使用上述结构，形成语言能力。和"名词""主语"等概念一样，"补足语"也是一种抽象的范畴，对于上述语言现象来说，要想准确地描述，就离不开"补足语"这个概念④。

教育学的三维目标中，对国际中文教学的情感目标几乎不谈，似乎语言学习目标离情感甚远，其实情感决定学习态度，决定学习效率和效果，如果学生在情感上都不能接受，不喜欢所学语言，缺乏学习热情和激情，没有动力，教师再怎么努力教都无济于事。如汉字教学是教师教学的难点，是学生学习的痛点，大多数学生对汉字都有畏难情绪，那么教师需要考虑如何唤起学生学习汉语的兴趣和热情，需要教师把汉字的"趣"发掘出来，把学生的"情"调动起来。国际中文教育事业是要结交知华、友华和爱华人士，爱那个外语的母语国要从爱那个国家的语言和文字开始，这也是外语

① ［美］泰勒.课程与教学的基本原理［M］.施良方译.北京：人民教育出版社，1999.
② ［美］B. S. 卢姆等编.教育目标分类学（第一分册：认知领域）［M］.罗黎辉，丁证霖译.上海：华东师范大学出版社，1986.
③ ［美］R. M. 加涅.学习的条件和教学论［M］.皮连生，王映学等译.上海：华东师范大学出版社，1999.
④ 孙德金.教育学视野下的对外汉语教学语法［J］.汉语应用语言学研究，2016（9）：33.

学习的深层次目标，是能够激发学习者内生动力的主要源泉。

随着国际中文教育内涵的丰富，教育学视域下的教师专业发展、教师教学效能、教学管理、教材研究、教育政策、教育经济、国际理解教育、中外教育对比等相关教育理念逐渐成为国际中文教育学科的研究内容，并被运用到教学实践中，如王春（2022）认为国际中文教师的课程领导力是高校国际中文教师在实施课程领导时，按照国家和学校为国际中文教育确立的办学目的和定位，结合自身的育人理念，基于学生的特点，通过课程规划和设计以及与其他老师的沟通和交流，持续改善课程实施和评价，最终达成提升学生学业成就水平、促进教师专业成长、改善学校课程文化等目标的一种综合能力。高校国际中文教师课程领导力作为一种能力连贯体，课程理解能力是基础，课程实施能力是关键过程性因素，课程影响能力是必然性结果，又是进一步改进和提升课程建构能力的基础，在循环演进的过程中，反思与改进是贯穿课程理解能力、课程建构能力、课程影响能力的重要能力因素[①]。这是典型的教育学视域下的教师课程研究。

四、教育学与国际中文教育学科研究

教育学观照下的国际中文教育学科研究在新时代获得了更为丰富的研究内涵，研究内容、研究方法、研究深度都大大拓展：原来的对外汉语教学学科从汉语言文学脱胎而来，带有鲜明的语言学研究色彩，新时代的国际中文教育学科内容已经扩大到教师研究、学习者研究、教材研究、教法研究、语言政策、语言传播、语言经济价值、语言教育、课程研究、教学评价等教育学学科下的各个研究子域，如王添淼（2010—2023）对教师专业发展、资格认定、教学能力、师资培训模式、教师隐喻、教师角色转换、教师档案袋、教师反思、教师体态语和评价语以及指令语、教师认知困境等的研究，就是教育学科背景下对国际中文教师的系列研究内容的拓展，从这些教育学视角看国际中文教师，使得对教师的研究跳出了语言学研究的传统范式，在研究内容上大大拓宽了，得出的一些结论也很新颖，国际中文教师的相关研究也更加深入。

在研究方法上也出现了很多国际中文教育学科研究的"教育学范式"，个案分析、量表调查、课堂观察、教学实验、质性分析、量化统计、元分析等方法也大大丰富了国际中文教育的研究方法，国际中文学科研究在实证主义和经验主义双线并行的道路上更加深入，拥有了源源不断的生命力。

---

① 王春.高校国际中文教师课程领导力研究［D］.东北师范大学博士论文，2022.

第三节　心理学有关理论

　　心理学的研究内容、研究方法和研究范式近些年来也逐渐"移栽"到国际中文教育的学科研究中来，取得了很多很新鲜的实证研究成果。在心理学的分支学科中，尤其是教育心理学，对国际中文教育更容易实现跨学科。教育心理学是一门具有学科交叉性质的学科，它融合了心理学与教育科学、自然科学与人文科学、基础科学与应用科学。教育心理学的重点是将理论心理学的理论用于解决教育中遇到的与心理学相关的问题上，换言之，其关注点在于教育和教学过程中，教育者和受教育者心理活动现象及其产生和变化的规律。教育心理学的实际应用主要体现在教育领域，研究任务包括：教育评价和测量、有关学习心理学的教育方法、特殊学科的学习、学习辅导和心理健康、儿童发展的特点、特殊儿童及其教育、教师人事和促成学习的教师行为教育心理学的方法，以及对课程进行设计，对教学方法进行改良，疏导学生在学习、成长过程中面临的心理问题等[①]。

一、关于国际中文教师的心理研究

　　作为教育教学活动的主导者，教师一直在"三教"问题中居于核心地位，教师的素养、教师的心理、教师的知识乃至教师的体力、性格等都会深刻影响学生，影响整个教学活动。近些年来，认知心理学的观照也使得国际中文教师的相关研究有了新起点、新高度和新亮点。目前有关教师心理的相关研究主要体现在：

（一）教师角色认知研究

　　教师应该是一个什么样的角色，是"匠人""朋友""师长"还是"演员""多面手""领导者""帮助者"？教师的自我角色定位会影响到师生关系的和谐、课堂气氛的融洽度以及课堂实施的效果。角色认知简单来说就是教师怎么定位自己、认知自己和发展自己。具体来说，教师角色认知主要是通过反思、调查和研究教师的所信、所知、所能和所为来观测。其中所信如教师的教师观、教学观、学生观、学习观、语言观、职业观等；所知如教师所具备的中国语言文学文化、教育学、心理学、传播学等相关专业知识；所能如教师的课堂组织与管理能力、对目标语的理解和阐释能力、教学方法的选择和运用能力、跨文化意识与交际能力、教学评估与反思能力等；所为

---

① 刘振聪，刁慧莹.应用语言学前沿研究理论、方法与实践［M］.北京：旅游教育出版社，2020：155.

指的是教师所信、所知和所能的具体体现 ①。

角色认知是教师认知的重要内容，李泉等（2012）认为：教师角色认知的基本内涵应该是：教师如何看待自己的职业、定位自己的角色、发展自己的技能。进一步来说，教师如何看待自己的工作、职业角色以及跟学生之间的角色地位关系，如何看待所教授的目的语及其相关文化，进而如何看待自己的职业发展；教师应该具有什么样的角色观念、角色认知，如何确立和发展恰当的教师观、角色观，进而优化课堂教学中的教师行为及师生人际关系等。简言之，教师既有的角色认知和教师应有的角色认知及其对教学实践的影响，都应该成为教师角色认知研究的基本内容 ②。因此对自我角色的认知可以从自己的行业认知、学科认知、教学认知、教师地位认知、师生关系认知，甚至包括个人形象认知、人际形象认知和公众形象认知等多维认知综合形成。

（二）教师学习风格与教学风格关系研究

不把教师作为一个教学者而是作为一个学习者进行观察，观察教师的学习风格，了解教师的学习信念，从而观察这种信念对教师教学行为的影响，研究教师的教学风格，这种关于两者相关度、匹配度的质性和量化研究也是教师心理研究的重要内容。钟国荣（2014）使用奥克斯福德（Oxford，1993）设置的《学习风格分析调查》（Style Analysis Survey）量表和库珀（Cooper，2001）设置的《教学活动偏好》（Teaching Activity Preference）量表，对 22 名国际中文教师进行了测试。研究发现：外向型教师喜欢参与课堂的主题式讨论，喜欢学生分享个人的经验、事件和想法；直觉型教师强调概念和含义，为学生提供广泛的选择，鼓励学生参与分配和做出决定，并培养学生的独立性和创造性；情感型教师通过言语和身体语言表达其赞扬和批评，他们喜欢学生把时间花在个人学习上，并对学生进行个别辅导；知觉型教师鼓励独立学习、开放式的讨论和交际性的小组学习，并让学生有决定权 ③。

（三）教师教学效能感研究

教师教学效能感是建立在 20 世纪 80 年代班杜拉（Albert Bandura）提出的"自我效能"（self-efficacy）这一概念上的，是指教师对自己教学能力的一种认识和评价，属于教师信念的一部分。国外 20 世纪 80 年代以来的相关研究主要是对教师教学效能感的概念、维度和相关因素进行了讨论。2000 年以后，有关教师教学效能感的研究在方法上更加多样，研究领域也更加具体，研究范围更加国际化（Klassen，2011）。国内从 20 世

① 孙德坤.汉语作为第二语言教学的教师发展研究［M］.北京：商务印书馆，2019：332.
② 李泉，金香兰.国际汉语教师的角色认知［A］// 世界汉语教学学会、国家汉办/孔子学院总部.第十一届国际汉语教学研讨会论文集［C］.世界汉语教学学会、国家汉办/孔子学院总部：世界汉语教学学会，2012：18.
③ 钟国荣.学习风格与教学风格：国际汉语教师培养新理念与方法探究［J］.国际汉语教育，2014（1）：35.

90 年代初开始对教师教学效能感进行介绍，并设计测量教师教学效能感的量表，阐释其结构和影响因素（俞国良等，1995），随后也有针对教师教学效能感与其他变量的关系研究（邵思源，2012）。

有关国际中文教师的职业效能感近几年研究渐多，以硕士论文居多，如随着新冠疫情暴发，关于线上中文教师教学效能的研究[①]、赴海外中文教师教学效能研究[②]、新手教师以及专职兼职教师的教学效能研究等等[③]。

国际中文教师这个特殊群体其教学效能感有自身的特点，徐彩华（2009）运用因子分析的方法发现：（1）对外汉语教师教学效能感有八个主要成分。其中最核心的因素是对语言教学的自我评价和对教学的情感体验。其他因素也有一定作用。（2）教师对语言教学的自我判断中最重要的成分是语言点教学、对教学的控制能力和教学反省能力。（3）对教学的情感体验中没有压抑感等负面情绪很重要；一些人格特征如耐心、有感染力、有亲和力等也有助于教师建立对教学的自信。（4）语言教学和情感体验的联结纽带是语言点讲解、教学过程控制和口语表达。良好的语言点讲解能消除教师的焦虑感。成功的教学过程控制能增强教师的成就感和积极情感体验。（5）专家型、新手型教师教学效能感的差异既有教学控制感上的，也有情感体验上的[④]。

（四）教师职业倦怠研究

职业倦怠在很多行业都会发生，这个概念最早由美国临床心理学家费登伯格（Freudenberger）于 1974 年首先提出，指服务行业职员所感受到的一种身心极度疲惫的综合反应状态。这种状态容易导致职员产生一些负面情绪和行为，进而影响工作质量和效率。因此，教育、医学和警察等一些服务性行业都很重视对职业倦怠的研究。

---

① 主要有以下硕士论文：张佳鑫. 黑龙江高校对外汉语教师线上教学效能感研究 [D]. 哈尔滨师范大学硕士论文，2022；刘梦宇. 内蒙古师范大学国际中文教师线上教学效能调查报告 [D]. 内蒙古师范大学硕士论文，2022；逄雪. 国际中文教师线上教学效能感的调查研究 [D]. 山东财经大学硕士论文，2022；王晓旭. 国际中文教师线上个人教学效能感调查研究 [D]. 大连外国语大学硕士论文，2022；王睿. 新手汉语教师线上教学效能感调查研究 [D]. 山东师范大学硕士论文，2022；程春丽. 对外汉语教师线上教学效能感调查研究 [D] 西北师范大学硕士论文，2022；杨林莎. 国际汉语职前教师线上教学效能感调查研究 [D]. 上海外国语大学硕士论文，2022；吴娇娇. 线上教学模式下对外汉语教师教学效能感比较研究 [D]. 北京外国语大学硕士论文，2021.

② 主要有以下硕士论文：王嵌. 赴泰新手汉语教师教学效能感调查研究 [D]. 西南大学硕士论文，2021；胡依丽. 赴英汉语教师志愿者教学效能感研究 [D]. 上海外国语大学硕士论文，2021；邸北洋. 赴匈牙利孔子学院汉语教师教学效能感研究 [D]. 北京外国语大学硕士论文，2019；玛莉（Kosikova Maria）. 俄罗斯汉语教师教学效能感研究 [D]. 山东师范大学硕士论文，2014.

③ 相关的文献主要有：王嵌. 赴泰新手汉语教师教学效能感调查研究 [D]. 西南大学硕士论文，2021；金梦芸. 汉语助教教学效能感实证研究 [D]. 华东师范大学硕士论文，2017；赵宏勃，李炜东. 对外汉语专职教师的教学效能感及相关因素分析 [J]. 云南师范大学学报（对外汉语教学与研究版），2012（02）：24—28；柯航，盛双霞. 对外汉语兼职教师个人教学效能感及其影响因素 [J]. 云南师范大学学报（对外汉语教学与研究版），2011（06）：44—48.

④ 徐彩华. 对外汉语教师教学效能感的特点 [J]. 语言教学与研究，2009（3）：38.

马斯拉奇和杰克逊（Maslach & Jackson，1981）提出工作倦怠是由情感耗竭（Emotional Exhaustion）、去人性化（Depersonalization）以及低成就感（Diminished Personal Accomplishment）三个主要维度构成的一种生理和心理上多维度的综合性症状。在此基础上，他们还设计了一个得到广泛使用的《职业倦怠调查问卷》（Maslach Burnout Inventory，简称 MBI）[①]。

　　作为职业倦怠的高发人群，教师，尤其是国际中文教师，又掺杂了跨文化的敏感和适应，职业生涯发展通道不甚通畅、学生人群不太固定、师生沟通不甚流畅等因素，使国际中文教师的职业倦怠尤其容易出现。近些年来，以国际中文教师为研究对象，有关这类人群的职业倦怠的研究有针对国内国际中文教师的，也有针对海外如泰国（骆阳，2020）、塞尔维亚（姜文茹，2018）、马来西亚（Tan Soo Khim，2016）、印度尼西亚（蒋琴琴，2016）等国家的教师的。郭睿（2014）经过量表调查发现：对外汉语教师总体上表现出一定程度的职业倦怠，具体表现在情感耗竭维度上，属于中度倦怠；而在去人性化和低成就感两个维度上则属于轻度倦怠。性别和职称两个变量对对外汉语教师职业倦怠三个因素的影响不显著。学历的不同对对外汉语教师在情感耗竭维度的差异不显著，但在去人性化和低成就感两个维度上，拥有硕士研究生学历的对外汉语教师比拥有博士研究生学历的对外汉语教师的倦怠程度明显更严重。教龄在对外汉语教师职业倦怠中的情感耗竭维度上有显著影响，但在去人性化和低成就感两个维度上没有显著影响。具体来说，5 年及以下教龄对外汉语教师情感耗竭程度明显轻于另外两个教龄组的对外汉语教师，而 6—15 年教龄组和 16 年及以上教龄组对外汉语教师在此维度上没有显著差异[②]。郭睿（2017）不仅探讨了对外汉语教师的职业倦怠，还进一步探讨了职业倦怠和教学效能感之间的关系问题。

　　目前关于教师职业倦怠的研究大部分都是运用 MBI 量表测度辅以访谈结果进行相关量化和质性分析。

二、关于学习者的心理研究

（一）学习动机研究

　　心理学上的动机指的是驱使人们进行某种活动的动因或者力量，包括个人的意图、愿望、心理的冲动或企图达到的目标等。威廉和波顿（William & Burden，1997）认为：动机是一种认知和情绪上的唤起，这种唤起导致有意识的行为决定，并引发为了达到

---

① 孙德坤. 汉语作为第二语言教学的教师发展研究［M］. 北京：商务印书馆，2019：447.
② 郭睿. 对外汉语教师职业倦怠：现状与对策［J］. 语言教学与研究，2014（6）：25.

提前设定的目标而进行的一段时间的持续的智力和 / 或身体上的努力 ①。

学生的学习行为受到学习动机的支配和调节，学习活动也会受到学习动机的激发、维持和调节。学习动机的激发指学生对所学知识或技能的迫切需要，唤起自身内部的心理激动状态，产生焦虑、渴求的心理体验，从而产生学习的内驱力。

加德纳和兰伯特（Gardner & Lambert）在关于第二语言学习动机的专著《第二语言学习中的态度与动机》（*Attitudes and Motivation in Second Language Learning*，2000）中，把外语学习的动机分为两种：融入型动机（integrative motivation）和工具型动机（instrumental motivation）。所谓"融入型"，是学习者对目标语社团有所了解或有特殊兴趣，希望与之交往或亲近，或期望参与或融入该社团的社会生活。所谓"工具型"，是指学习者的目的在于获得经济实惠或其他好处，如通过一次考试、获得奖学金、胜任一份工作、提职晋升等。他们还从社会心理学角度提出了学习动机经典模式，编制了用来测试语言学习态度和动机的标准化工具，即态度 / 动机测量表 AMTB（Attitude / Motivation Test Battery）。该表成了权威的外语学习动机测量工具。它包含三个维度的指标：一是学生对语言学习以及目的语文化的态度；二是学习语言的愿望；三是动机的强度。这种从社会心理学角度探讨第二语言学习动机的理论模式及研究方法成为此后三四十年外语学习动机研究的主导模式 ②。

此外，关于学习动机的分类还有迪西和瑞恩（Deci & Ryan，1985）的内在动机和外在动机。内在动机源于学习者对任务本身产生的兴趣，是学习者在完成任务的过程中产生的积极的情感体验，如好奇心的满足、成就感等，它是维持动机的强大因素；外在动机是与任务本身之外的刺激物相联系的动机，如金钱、惩罚、分数等。具有内在动机的学习者会主动寻求机会做与外语有关的任务，无须外力推动，而外在动机往往伴随着外在刺激物的消失而减弱或消失，但两者也可能转化。如果外在动机被充分地内化，它可以与内在动机结合，或导致内在动机的产生。

布朗（Brown，2000）还提出三种不同的动机：（1）整体动机（global motivation），指外语学习者学习外语的整体取向，受学习者以前的教育经历和社会因素的影响，同时也受教师态度的影响；（2）情景动机（situational motivation），指与具体的学习情境相关联的动机；（3）任务动机（task motivation），是学习者在完成不同的任务时产生的动机 ③。

① M. Williams & R. L. Burden. *Psychology for Language Teachers*：*A Social Constructivist Approach* [M]. Cambridge：Cambridge University Press，1997：120.
② 邝增乾. 大学英语教学的情感因素研究 [M]. 长春：吉林人民出版社，2020：51.
③ 金海云. 外语学习动机理论的发展与演变 [J]. 外语学刊，2013（06）：128.

在对汉语作为二语的外国籍学生的研究中，学习动机研究历来都是研究的热点，不但有大量的期刊论文，还有大量的硕博论文，研究者要么基于某国学习者的学习动机进行深度调查研究，要么探讨学习动机与学习行为、学习态度等的关系，要么研究学习动机的激发、衰退等；个案法、调查法、文献法等质性、量化研究范式均有。如刘艳（2012）提出了"汉语期望价值是汉语学习深层动机"的理论假设，为构建体现学习者深层需求的领域汉语教学体系提供了依据；张蔚（2018）运用问卷调查、个案研究、半结构化访谈，并采用扎根理论分析和结构方程模型分析等分析方法研究发现：汉语自我差异是导致留学生出现汉语学习动机减退的主要原因，其中包括可能汉语自我（理想汉语自我和应该汉语自我）与现实汉语自我差距过大和过小。汉语自我差异是通过个体认知因素导致汉语学习动机减退行为的发生的。其中导致动机减退的直接认知因素是消极情感和情绪以及对汉语学习的期望价值降低；导致动机减退的间接认知因素是个体汉语学习自我效能感降低和汉语学习目标缺失。

此外，多内和奥托（Dorne & Otto）认为，不同的动机因素在不同阶段会对个体的行为产生不同的影响，表现为对于以下动机形成过程的影响：目标设定（个人价值观、具体价值、对是否成功的预期、外部环境）、意愿形成①、行动激发②、实施动机③、后行动评价④⑤。

（二）学习焦虑研究

从心理学的角度来看，焦虑是一种普遍的心理情感，指个体由于长期不能达到目标或不能克服障碍，使得其自尊心与自信心受挫，或使失败感和内疚感增加，形成一种紧张不安、带有恐惧感的情绪状态。适度的焦虑是保持较高学习效率的重要条件，

---

① 主要包括以下动机因素：a.学习者对成功的预期，预期高则意愿强。另外，学习者对于语言学习的自信心、对于实现目标的度估计、语言焦虑、二语输入的质和量、对语言学习成功和失败的归因等会影响语言学习的意愿。有自信心、认为实现目标不太难、焦虑轻、语言输入质量较高、归因于努力的学习者会有较强的学习意愿。b.学习与目标的相关性。学习与目标相关性越强，学习者学习的意愿就越强。如果学习者认为语言学习对于自己的生活非常重要，他们学习的意愿就会很强。同时，学习者也会估算为实现这一目标所付出的代价，如果代价不是太大，学习者意愿会较强。c.获得成功和避免失败的需要。每个个体都希望获得成功，避免失败。d.自我决定的需要。意愿体现了个体的自主性。e.学习者的自信心。f.学习者的学习策略。g.学习者某一领域的知识。h.外在的紧迫性。i.外界的要求。j.独特的环境。
② 主要包括：a.趋向于行动还是不行动。b.对个体行为的控制。c.目标的障碍和困难。d.不行动的后果。
③ 主要包括：a.学习的经历。学习者以往的学习经历如果是愉悦的，有新鲜感、能开发学习者的潜能、有重要价值、有利于树立学习者的良好形象的，那么学习者的动机就强。b.学习者不断评估自己的学习结果，如果成绩好，有进步，则学习者动机就强。c.自主的学习者动机强。d.来自教师和家长的压力也会对学习者的学习动机产生影响。教师通过示范作用、任务讲解和反馈影响学生动机。e.成绩评价奖励和课堂学习风格也会影响学习者动机，合作学习有利于提高学习者动机。f.自我调节策略的使用会影响学习动机。
④ 影响后行动评价的动机因素有：a.成功与失败的归因结果。b.自我信念，包括自我效能、自信心、自我价值。c.反馈。
⑤ 史利红，张舍茹.二语学习动机研究：从理论到实践［M］.北京：北京理工大学出版社，2016：88.

但过度的焦虑则会引发各种身心问题。

学习焦虑常表现为心神不宁、自卑自责、头疼头晕、惶恐急躁等。过度的焦虑使注意力难以集中，干扰记忆的过程，影响思维的活动，而且对身心健康产生很大的危害。焦虑持续或频繁发生会导致身体全面衰弱、食欲减退、睡眠质量不高和过度疲劳；还会使恐惧、紧张和无力感加剧，注意力涣散，记忆力减退，思想慌乱，无所适从，易产生极端念头，夸大自身无能，顾虑重重，灰心丧气；有时还会导致易怒和暴躁[①]。

霍维茨（Horwitz，1986）等对外语学习焦虑的外在表现进行了详尽的描述，比如焦虑感强的学生会避免用外语表达一些较难的信息，吐字不清，表意含糊，难以识别某些音和语法结构，考试时把知道的答案写错，上课时避免与老师目光接触，坐在最后一排，老师提问时低头，回答问题十分简短，有机会就逃课等。测量外语学习焦虑的主要方式是通过学生日记（柏丽，1983）和测量问卷表。比较有影响的测量问卷表是霍维茨等的《外语课堂学习焦虑量表》（Foreign Language Classroom Anxiety Scale），是研究者在调查、分析外语学习中可能出现的焦虑现象的基础上设计而成的。该量表由 33 个题目组成，其中有 20 个题目涉及听和说，包含交际畏惧、考试焦虑和否定评价恐惧三个方面的内容。对语言学习焦虑感的很多研究把关注点放在甄别导致焦虑感的内在与外在原因上。扬（Young，1991）总结了六种可能导致焦虑感的原因：①个人因素（自我评价）和与他人关系（竞争意识）；②对语言学习的看法；③教师对语言教学的看法；④教师与学习者之间的交流；⑤课堂活动形式：⑥语言测试[②]。

针对外籍学生学习汉语的焦虑情绪研究主要从不同人群、与流利性关系、原因探析、情绪疏导、状况调查方面进行。如肖和王（Xiao & Wong，2014）对美国 87 名有中文家庭背景的大学生进行了一项焦虑感调查。与其他学习汉语学生不一样的是，汉字书写是引起他们汉语学习焦虑感的最大因素；而对其他学生来说是学习焦虑感的最重要因素。曹贤文等（2017）通过访谈发现，汉语国际教育硕士留学生自身的汉语水平限制、课程难度、教师语言、课堂活动、考试等因素与汉硕留学生的学习焦虑有较密切的关系。近五年来，有关这方面的研究鲜见。

（三）其他研究

基于学习者的心理，运用心理学相关研究量表、模型和基本概念、框架观照汉语作为二语的非中国籍学生的汉语学习心理，除了上述传统的研究，习得、学习愉悦感、跨文化适应、加工习得心理等成为学习者研究的新起点。近些年来，有关此类研究更

---

① 陈红英、舒刚主编.大学生心理健康教程［M］.武汉：武汉大学出版社，2012：149.
② 袁芳远.基于课堂的第二语言习得研究［M］.北京：商务印书馆，2016：252.

微观，研究更深入，学科交叉融合更广泛，学科间连接也更自然，研究也得出了一些实证性的结论。如洪炜等（2022）通过句图核证任务考察不同水平的汉语二语者听力理解加工中的心理模拟机制。实验发现：汉语二语学习者在听力理解过程中存在与母语者相似的心理模拟，且这种模拟是在理解加工中自动产生的，而非策略性加工的产物；语言水平显著影响心理模拟的程度，高级水平汉语二语者听力加工中的心理模拟程度显著强于中级水平的汉语二语者，这与不同二语水平者的语义整合能力和语义通达方式有关。再如全帅等（2020）探讨临床医学专业（MBBS）留学生积极心理资本与汉语学习焦虑的关联效应，他通过调查分析发现：①不同年级留学生的汉语焦虑水平随年级的提升而增加（$P < 0.05$）；不同自评汉语水平的留学生汉语焦虑感比较，差异有统计学意义（$P < 0.05$），其中自我评价水平越高的留学生焦虑感越低；②不同性格类型留学生的积极心理资本比较，差异有统计学意义（$P < 0.05$），主要体现在自我效能、乐观和韧性三个维度上；不同自评汉语水平的留学生积极心理资本比较，差异有统计学意义（$P < 0.05$）；③回归分析显示，自我效能和韧性能够负向预测汉语学习焦虑，并且韧性的预测作用高于自我效能。常新茹（2020）采用短语可接受性判断任务考察搭配强度、结构类型和语言水平对泰语背景中级和高级汉语学习者词语搭配加工的影响。该研究发现，词语搭配强度和语言水平对学习者词语搭配加工具有显著影响，但是词语搭配的结构类型效应不显著，可能是因为学习者受母语搭配知识的影响。朱雯静等（2016）利用语音合成—听辨范式，考察了不同水平的汉语学习者以及汉语母语者对不同调域和不同时长的阴平和去声的声调感知结果。统计结果显示，调域维度对汉语母语者感知的影响大于对学习者的影响，而时长维度对学习者感知的影响大于母语者。语言学习经验的作用主要体现在学习者对调域和时长信息权重的不断调整。魏岩军等（2015）以语言、文化、族群、价值观认同为视角，选取美国、印度尼西亚和韩国三种不同文化背景下的406名非华裔汉语第二语言学习者为对象，考察了影响其跨文化认同的个体及社会心理因素。通过问卷调查和数据分析，得出以下结论：对美国学习者来说，曾来华的学习者，语言、文化和族群认同程度更高，价值观认同不受影响，汉语学习时间也是如此；四类认同中，文化认同和族群认同与态度和动机之间的相关程度更高，其次是语言认同，价值观认同最低；融合型动机与认同的相关程度普遍高于工具型动机。俞玮奇（2012）根据跨文化交际理论模型，对270名来华汉语学习者的跨文化敏感度和跨文化效能感进行了实证调查，结果发现来华汉语学习者的跨文化敏感与跨文化效能的内部发展是不平衡的，来自不同国家和地区的汉语学习者之间的跨文化交际能力存在着显著性差异，欧美学生的自我感觉要普遍好于东亚和

东南亚的学生。

■本章思考题

1. 二语学习者的偏误来源可能会有哪些？请举例说明。

2. 运用语料库进行汉语作为二语习得的相关研究可以有哪些角度？举例说明。

3. 学习动机是什么？主要有哪些分类？

4. 什么是教师的职业倦怠？国际中文教师的职业倦怠可能由哪些因素导致？

5. 如何认识国际中文教师的角色？

第四章　国际中文教育的施教对象——学生

国际中文教育的施教对象是学生。根据郭熙等（2021）[1]、王辉等（2021）[2]的观点，国际中文教育主要包括国内的"对外汉语教学"、海外的"国际中文教学"（即通常所说的"汉语国际教育"）和海外的"华文教育"三大类，相应地，其施教对象可以分为来华留学生、海外的非华裔汉语学习者和华裔汉语学习者三类，他们各有特点。但由于国际中文教育是海内外从事汉语作为第二语言教学的活动[3]，所以其施教对象又具有第二语言学习者的一些共同性。在教学中，既要根据第二语言学习者的共同特点决定教学内容和教学方法，同时还要兼顾施教对象的个性特点，进而采取有效的策略措施以取得最佳教学效果。

第一节　国际中文教育施教对象的类型

根据不同的分类标准，可以把国际中文教育的施教对象分为不同的类型。比如根据教学地点的不同，可以把国际中文教育的学生分为来华留学生和海外汉语学习者。根据汉语学习者的血统，可以将其分为华裔汉语学习者和非华裔汉语学习者。根据汉语学习者所处的文化圈，可以将其分为汉文化圈的汉语学习者和非汉文化圈的汉语学习者。我们沿用郭熙等（2021）和王辉等（2021）的分类，把国际中文教育的施教对

---

① 郭熙，林瑀欢.明确"国际中文教育"的内涵和外延［EB/OL］.中国社会科学网—中国社会科学报，2021–03–16. www.cssn.cn/zx/bwyc/202103/t20210316_5318331.shtml.
② 王辉，冯伟娟.何为"国际中文教育"［EB/OL］.光明网—学术频道，2021–03–15. https://www.gmw.cn/xushu/2021–03/15/content_34688036.htm.
③ 李泉.国际中文教育转型之元年［J］.海外华文教育，2020（3）.

象分为来华留学生、海外非华裔汉语学习者和华裔汉语学习者。

一、来华留学生

来华留学生就是来到中国境内学习汉语的非中国籍海外学生，"多为成人"[①]。

来华留学生在中国国内学习汉语，他们有很多时间是在校园里度过，是可以被中国的汉语教学机构组织和管理的人群。只要愿意，他们随时都可以获得汉语环境。所以，在教学方式上，要鼓励他们主动走出教室、走出校园、走出母语者的小圈子，积极走进中国社会，了解真实的中国，并把课堂上学习的汉语用于与中国人的交际之中，在交际中进一步学习汉语。还可以组织一些文化考察活动，带领留学生走进中国社会，引导他们观察中国社会。而在教学内容上，除了向他们教汉语本身，还要注意构建正面的中国形象，培养留学生对中国文化的客观认知。具体的做法可以是，依托汉语教学内容，根据具体情况，或潜移默化，或直接展示真实稳定、经济发展、和谐包容的中国，回应外国人对中国的兴趣和怀疑；还可以是通过议题的设置、自由开放的讨论，为其提供中国政策问题方面正确、及时的信息，从而使留学生做出有利于中国国家利益的认知与决策判断。之所以要在针对来华留学生的汉语教学中扩展教学内容，是因为来华留学生身处中国，可以目睹真实的中国，以他们的所见所闻印证课堂所学，在归国后的"二次传播"中正本清源，他们完全可以成为中国与留学生本国之间民意相通的民间大师。在一些"妖魔化"中国的舆论声中，通过来华留学生群体的声音，借助留学生在跨文化交流与沟通中贯通中外、互联互通的独特优势，通过非官方色彩的普通民众身份，去讲述真实的中国，可信度更高[②]。

同时我们也要注意，来华留学生来自不同的国家，有不同的母语背景和文化背景，甚至不同的宗教信仰背景，汉语教学者在教学时要重视汉外语言文化的比较，抓住教学中的重难点，使教学更有针对性。

二、海外非华裔汉语学习者

海外非华裔汉语学习者指的是在中国之外的国家或地区学习汉语的非华裔学生，他们中的多数人都缺乏汉语环境，因而往往对汉语的了解非常有限，汉语对他们来说基本上是一门全新的语言，课堂是他们学习汉语的主要场所。所以，教师在教学时也

[①] 郭熙，林瑀欢. 明确"国际中文教育"的内涵和外延［EB/OL］. 中国社会科学网—中国社会科学报，2021-03-16. www.cssn.cn/zx/bwyc/202103/t20210316_5318331.shtml.
[②] 马春燕，张海川. 公共外交视角下的来华留学教育［A］//姚喜明、张丹华主编. "一带一路"背景下的汉语国际教育［C］. 上海：上海大学出版社，2019：63.

应该把汉语当作全新的语言来教。在教学方式上，教师要尽可能在教室、学校营造汉语环境。比如，把教室布置得有中国特色，如挂中国字画，并定期更换，挂上新的字画时寻找合适的时机引导学生了解其含义，欣赏其意境；到了一定阶段，教师要尽可能用汉语教汉语，等等。对于家庭经济条件好的学习者，鼓励他们到中国走一走、看一看，通过行走中国辅助汉语学习。海外汉语学习者身在中国之外，受其所处环境的影响，也受其自身主观能力的制约，他们对中国的认识往往是片面的，甚至是歪曲的，所以，针对他们的教学，也要在汉语教学内容的基础上，有意识地融入有关中国形象的内容，为他们打开一扇学习汉语、认识中国、构建并理解中国形象的窗户，让他们认识到一个经济发展、人民友善、文化繁荣、民族多样、风景优美、科技进步、充满活力与生机的中国形象。

　　与来华留学生相比，海外非华裔汉语学习者覆盖多个年龄段、多个层次[1]，因此，教学时要注意学习者的年龄差异和文化层次的不同，根据学习者的年龄和层次安排教学内容，采用合适的教学方式。如果是针对儿童群体的汉语教学，要注意儿童注意力集中的时间较短的特点，按照学生注意力能够持续的时间来设计教学内容。有研究指出，儿童注意力能够持续的时间等于他们的年龄加上 2。比如，8 岁的孩子在最理想的情况下最多只能保持 10 分钟的注意力[2]。所以，在少儿汉语教学中，教师要精心安排每一节课的核心教学内容，并在学生注意力集中的短暂时间内讲解清楚，讲解之后需要展开根据刚刚教学的内容设计的活动和游戏。如果是针对老年人的汉语教学，一方面要考虑到老年人记忆力不够好、接受能力不及年轻人等生理特点以及对自己的学习能力不太自信、又有长者的自尊等心理特点，适当降低教学内容的难度，放慢讲课的速度；另一方面也要考虑他们的学习动机多是出于对中国文化的热爱，所以教学内容在注重实用性的基础上，可以补充一些中国文化方面的知识。如果针对的是成年的在职人员的汉语教学，则需要教师了解学习者的工作时间安排，然后根据他们的实际情况为其量身制订教学计划，避免其因为工作繁忙无法保证上课时间的情况发生；教学内容方面则要根据他们的学习需求、学习目的等，选择针对性强的内容。

三、华裔汉语学习者

　　华裔汉语学习者指的是国籍非中国的华人汉语学习者。

来华留学生和海外非华裔汉语学习者一般是因为交际需要而学习汉语，而华裔汉语学习者学习汉语一方面固然是为了交际的需要，但另一方面还是保持祖语传承的需要。由于自己的父辈或祖辈曾经在中国国内生活，在国外也常说汉语，所以家庭和社区都能为华裔汉语学习者提供汉语环境，他们也因此对汉语比较熟悉，在学习汉语时有一定的环境优势。在教学中，教师可以利用他们的这一优势因势利导。

不过，华裔的国籍身份、当地的社会语言生态及华裔的不同世代、不同家庭常用语、不同教育背景等，都会影响个体对汉语的学习。因此，在汉语教学中，我们应该区别对待东南亚、北美、欧洲和非洲等国家的华裔汉语学习者。就拿华裔汉语学习者家庭使用的方言来说，由于他们的祖辈来自中国的不同地区，他们在居住国说的汉语往往是自己的方言，因此不同华裔汉语学习者所熟悉的汉语也往往是不同的汉语方言，这对他们学习汉语普通话有利有弊，教师可以了解学习者所熟悉的汉语属于汉语的什么方言，在教学中适当利用他们熟悉的方言与普通话的异同进行教学。

由于汉语是华裔的祖语，所以华裔汉语学习者往往在学龄前或者学龄阶段就要学习汉语。也就是说，华裔汉语学习者普遍为儿童、青少年。因此，教学者要根据儿童的注意力集中时间较短、青少年精力旺盛、理解能力强的特点安排教学内容，决定学习难度，采用合适的教学方式。比如，针对学龄前和学龄中的儿童的汉语教学，可以把教学内容与丰富有趣的课堂活动和有意义的情景结合起来，让学生在活动中兴致勃勃地学习。

第二节 影响国际中文教育效果的学习者因素

研究学习者因素的目的是要弄清它们怎样影响着学习效果，以便施教者和二语学习者本身有意识、扬长避短地利用相关的学习者因素。国际中文教育对于施教对象而言就是把汉语当作第二语言来学习，因此，可以把影响国际中文教育效果的学习者因素放在已有的第二语言习得研究中的学习者因素框架之中去分析。

罗德·埃利斯认为讨论学习者因素首先要区分个人因素（personal factors）和总体因素。个人因素是每个个体学习第二语言的高度个体化特征。比如，舒曼夫妇（1977）发现"筑巢模式"（在有效地开始学习之前建立一个安全有序的学习环境的需求）、"迁移焦虑"（迁至一个陌生地方所产生的压力）和保持个人语言学习日程的愿望等因素对他们的二语习得有很大的影响。个体因素因人而异，总体因素则是所有学习者都有的变量[①]。所以，本节所说的学习者因素是所有学习者都有的因素，包括年龄、情感、动机、个性、学习风格和学习策略等[②]。

一、年龄

一般而言，儿童很自然地就学会了语言，而成人花了很大力气还不容易学好。二语习得研究中有很多试图解释这种现象的假说和理论，"关键期假说"（Critical Period Hypothesis）是其中一个比较有影响的假说。该假说认为，语言学习有一个有限发展期，在发展期内，无论是一语学习还是二语学习，最终的语言能力都可以达到本族语者的水平。一旦错过这一发展期，语言学习能力就会退化，导致无法完全习得（伯德桑〔Birdsong〕，1999）[③]。彭菲尔德和罗伯茨（Penfield & Roberts，1959）指出，青春期是语言学习的分界点，超过这个时间点，语言学习将会很难，甚至不可能达到本族语者的水平。而勒纳伯格（Lenneberg，1967）则明确指出语言习得的关键期是青春期。阿

---

① ［新西兰］罗德·埃利斯. 第二语言习得概论［M］. 牛毓梅译. 北京：商务印书馆，2015：127—128。该书中译本是据牛津大学出版社1985年版本译出的，为显示最早的出版信息，同时也出于对译者翻译成果的尊重，本章在提到该书时，标注为"罗德·埃利斯（1985 / 2015）"。

② 下面将主要基于赵杨（2015）第十二章"学习者"和编者的粗浅理解，同时参考罗德·埃利斯的《第二语言习得概论》一书的相关章节，分别阐述年龄、情感、动机、个性、学习风格和学习策略等学习者因素。下面的内容较多地引用了赵杨（2015）和罗德·埃利斯（1985 / 2015）的观点，但没有一一标明所引观点所在著作的具体页码，目的是为了读者在阅读中不会经常被标注打断。编者在此一方面敬请两位教授与译者谅解，另一方面向两位教授和译者致以诚挚的谢意。

③ 本节所引用的赵杨（2015）和罗德·埃利斯（1985 / 2015），如涉及他们提到的别的学者的研究成果，直接照录他们所提到的学者名及其成果发表的年份。

布拉汉森（Abrahamsson，2012）对从 1 岁至 30 岁开始学习瑞典语的 200 名年龄均在 21 岁以上的西班牙语母语者做了语法判断测试和语音开始时间范畴感知测试，得出结论：在语法和语音两个层面都达到本族语者水平的学习者，开始学习二语的年龄以 13 岁为界，而最有可能在这两方面都表现出本族语者水平的是 1 至 6 岁开始学习二语的学习者。

德凯伊塞尔（Dekeyser，2000）通过对 42 名 16 岁后到美国和 15 名 16 岁前到美国的母语为匈牙利语的英语学习者的语言测试之后指出：就隐性学习①机制而言，确实存在关键期，而且没有例外。但是在隐性学习机制衰退之后，语言学能较高的学习者可以借助显性学习机制，其目的语仍可达到本族语者的水平。

有些研究对关键期假说予以否定。邦加尔特（Bongaerts，1999）对二语水平很高的母语为荷兰语的成人英语学习者和法语学习者进行了语音测试，结果说明语音习得没有关键期。比亚里斯多克和白田（Bialystok & Hakuta，1999）以及比亚里斯多克和米勒（Bialystok & Miller，1999）的研究证明，在二语句法习得上没有关键期。斯拉贝科娃（Slabakova，2006）对二语短语语义习得的研究也未发现关键期效应。

以上介绍的一些研究表明，语言习得存在关键期，语言习得的关键期是青春期，在语法和语音两个层面都达到本族语者水平的学习者，开始学习二语的年龄以 13 岁为界，而最有可能在这两方面都表现出本族语者水平的是 1 至 6 岁开始学习二语的学习者。但也有一些研究否定了关键期假说。可见，尽管开始学习二语的年龄对一个人的语言能力发展至关重要，但还有其他因素影响二语学习者最终达到的语言水平。

国际中文教学的施教对象年龄分布广泛，有的在关键期以内，多数则是超过了关键期。对于超过关键期的施教对象，国际中文教师要特别注意其他影响二语学习效果的因素，因势利导，使施教对象克服因错过关键期而带来的影响。

二、情感

情感是个体对某人或某事的感觉或感情，是对客观事物是否符合自己的需要而产生的态度体验。在语言学习中，情感指的是学习者个体对所学语言、说这种语言的人或这种语言所代表的文化的感觉或感情（盖斯和塞林克〔Gass & Selinker〕，2008）。情感包括焦虑、态度、社会距离等。

---

① 隐性学习指的是通过简单自然且无须有意识操作的过程获得潜在知识的过程，与之相对应的是显性学习，指的是对输入进行有意识、有目的地加工以发现并描述概念和规则的过程，是学习者寻找理据时做出假设并验证假设的过程（赵杨，2015）。

在二语习得中，学习者往往要经历一个"休克"的情感过程，指的是开始接触新的语言和文化后，学习者心里产生的无助和焦虑状态，觉得自己在说目的语者的眼中滑稽可笑（语言休克），或者因接触新文化而感到迷茫（文化休克）。母语和目的语代表的不同价值观、学习者的文化定式以及民族中心主义等都是产生休克的原因，这些因素都可能导致学习者在习得过程中出现焦虑。焦虑程度高对习得有负面影响，但焦虑并不总是习得中的消极因素。米兹鲁奇（Mizruchi，1991）认为，焦虑具有曲线效应：低水平的焦虑有益，高水平的焦虑有害。因此，在国际中文教育中，对于那些焦虑程度高的汉语学习者，教师要分析是什么因素造成了学习者的焦虑，要想办法帮助学生缓解焦虑。

态度也是影响习得的学习者因素。在二语习得中，态度指的是二语学习者是否肯定目的语、目的语群体或目的语所代表的文化。态度有消极和积极之分，显然，积极态度有利于二语习得，消极态度则不利于二语习得。父母、朋友、学习环境、教师、教学材料、种族情感等都是影响学习者对目的语、目的语群体或目的语所代表的文化的态度的因素。在国际中文教育中，对于那些对中文、中文群体和中国文化持消极态度的汉语学习者，教师要分析他们产生消极态度的原因，引导他们以开放包容的心态对待中文、说中文的人和中国文化。

社会距离指的是二语学习者群体与目的语群体之间的联系与互动。两个群体之间的社会距离越远，接触越少，越不利于习得。距离越近，接触越多，越有利于二语习得。因此，在国际中文教育中，为了让学习者能够更好地习得汉语，教师要鼓励学习者多与目的语群体联系和互动，比如经常寻找机会与汉语母语者交谈。

三、学习风格

根据科尔布（Kolb，1985）的定义，学习风格是个体偏好的感知与处理信息的方式，是学习周期循环的一个组成部分，分为发散型、聚合型、同化型和调节型四种学习风格。这四种学习风格的特点与加工信息的方式如下页表所示：

学习风格	特点	加工信息的方式
发散型	用具体的思维方式感知信息	反思性加工
聚合型	用抽象的思维方式感知信息	反思性加工
同化型	用抽象的思维方式感知信息	主动加工
调节型	用具体的思维方式感知信息	主动加工

学习风格类型表

发散型学习风格通常用具体的思维方式感知信息，并对信息进行反思性加工。聚合型学习风格通常用抽象的思维方式感知信息，并对信息做出反思性加工。同化型学习风格通常用抽象的思维方式感知信息，并对信息进行主动加工。调节型学习风格通常用具体的思维方式感知信息，并对信息进行主动加工。总之，这四种学习风格要么感知信息的方式两两相同，而加工信息的方式不同；要么加工信息的方式两两相同，而感知信息的方式不同。

王栋、戴炜栋（2013）以科尔布（1985）的学习风格理论为基础，以实验方法考察了247名文理科大学生的学习风格与性别、学科差异和学习效果之间的关系。结果显示被试的学习风格存在显著的性别和学科差异：女生偏爱发散型学习风格，男生偏爱聚合型学习风格；文科学生偏爱发散性和同化型学习风格，理科学生偏爱聚合型学习风格。实验结果还显示，学习风格对第二语言任务流利性具有重要影响，文科或理科学生偏爱的某些学习风格与一项或多项语言任务的流利性高度相关。

既然学习效果与学习风格有关，那么，在国际中文教育中，对于那些还没有形成自己学习风格的汉语学习者，教师要着意引导学生形成自己的学习风格。

四、学习策略

学习策略就是学习者使用的学习方法。比如，为了记住汉语词语，学习者可能借助构词方法，如果这种方法有效，他在以后的学习中会继续使用，这就形成了某种策略。

罗德·埃利斯（1985 / 2015）从语言产出的角度把二语习得者习得的第二语言分为惯用语和创造性话语，二语习得者在习得这两种类型的语言时会采用不同的学习策略。

（一）习得惯用语的学习策略

惯用语是那些"作为不可分解的整体来学习并在特定场合使用的话语"（莱昂斯〔Lyons〕，1968）。学习者会使用句型记忆（pattern memorization）策略、句型模仿（pattern imitation）策略和句型分析（pattern analysis）策略来学习惯用语。

埃利斯（1984）提出，惯用语可以包含整段的话（如问候序列）。由于这种整段的话大体固定且可以预测，因此学习者可以运用句型记忆策略把惯用语当作一个整体来记忆。句型模仿则是有意并有序地复制交谈者话语中出现的整段话语或部分话语，这是惯用语学习中常用的学习策略，也是使用句型操练听说法的课堂上常见的教学方法。

随着对第二语言学习程度的加深，学习者会逐渐发现最初被当作整体来理解、记忆和使用的话语是由独立的成分构成的，而这些成分可以依照多种规则与其他成分进行结合。这种发现就是句型分析策略的结果。句型分析策略使学习者具备像语言学家那样识别话语成分结构的能力，也为惯用语变成创造性话语创造了条件。

（二）习得创造性话语的学习策略

创造性话语是第二语言规则的产物。二语学习者在习得如何产出创造性话语的过程中，常常使用简化（simplification）策略和推断（inferencing）策略。

简化指的是学习者通过形成与输入近似的规则来调节刚刚习得的知识以适合已经习得的知识（迈泽尔，1983）。威多森（1975）提出，塞林克的五个过渡语过程是同一个隐含的简化策略的策略性变化。例如，语言迁移是在学习者第一语言的基础上形成有关第二语言的假设，而目的语规则泛化则是把现有的第二语言知识扩展使用到新的过渡语形式上，这两个策略都可以被看作是同一种基本策略的表现，即使用已有的知识促进新的学习（泰勒〔Taylor〕，1975；麦克劳克林〔McLaughlin〕，1978）。

推断指的是学习者在处理输入的基础上形成假设的方法。比如，当迁移或现有过渡语知识的过度使用都不能成功地产生适当的第二语言规则时，学习者需要通过分析输入材料推断出新的规则。

学习策略往往是根据个体学习者的经验归纳出来的，所以，学习策略的数量有多少实际上难以确定，并且还可能没有普适性，一个人采用的策略，对另一个人可能没有效果。因此，在国际中文教育中，教师要鼓励汉语学习者寻找适合自己的学习策略。

在国际中文教育中，年龄、情感、动机、个性、学习风格和学习策略等学习者因素都带有很强的个性色彩，施教者能够左右的学习者因素其实只有学校和教室里的学习环境、教学材料和施教者自己。因此，为了尽可能地使学习者取得良好的汉语学习效果，国际中文教育施教者要想办法为学习者营造一个能够亲近汉语和汉文化的学习环境。教学材料，可以是教材，也可以是教师根据教学大纲自己编写的讲义，不管是哪种，都应该遵循教材编写的原则，比如实用性原则、趣味性原则、时代性原则等。

国际中文教师，是学习者了解中国人的窗口。中国的国际中文教师，要时刻记住自己的言行举止代表的是中国人的形象，所以要提高自身的修养、注重自己的谈吐，以自己的人格魅力去感染学习者。本土的国际中文教师，至少要做到客观公正地讲述中国。

■ **本章思考题：**

1. 华裔中文学习者和非华裔中文学习者在学习特点上有什么区别？

2. 二语学习者的学习风格主要有哪些类型？

3. 什么是学习者的简化策略和推断策略？

4. 学习态度是如何影响学习者学习二语的？

第五章　国际中文教育的施教者——教师

教师是国际中文教育中"三教"问题的重要因素，崔希亮认为：在"三教"问题中，最核心的问题是教师问题，因为好的教材是好的教师编写出来的，教学法也要靠教师来实践。换言之，没有合格的教师，就不会有优秀的教材和教学法。即使有了好的教材和教学法，一个没有经过训练的教师也可能会把学生吓跑。"汉语难学"在世界上似乎已成公论，如果再没有好的教师，很多学习者就会知难而退[①]。教师是教育活动的领导者、主导者、执行者和监测者，教师是传道授业解惑者，亦是学生学习引导者、陪伴者、帮助者和评价者。教师的教育理念、施教行为、专业素养乃至性格品性、职业热情都会对学生带来全面而深刻的影响，可以说教师的质量直接影响着国际中文教育的质量。

第一节　国际中文教师的名称沿革

中国的对外汉语教学活动可以说伴随着中国的对外交流很早就开始了，早在春秋战国时期，中国与一些国家就开始了经济的往来，一切的交流总是以语言为手段开始的，也许当时就已经开始了汉语的学习和教学活动。汉代张骞出使西域，带去汉族优秀的文化，唐人接纳来自亚洲乃至欧洲各国的遣唐使节，传播中国灿烂的文明。宋元明清，少数民族与汉族在领土、政治、经济、文化上的充分交融也使得汉语与其他国家和民族的语言相互启迪、相互影响，发生了神奇的化学变化，只要有跨文化的交流活动，

---

① 崔希亮. 汉语国际教育"三教"问题的核心与基础［J］. 世界汉语教学，2010（1）：76.

就会伴随有对外汉语的教学活动。尤其在民国初期，对外汉语教师正式成为一种职业，原因在于民国时期，西方文化大量涌入中国，尤其是传教士来华有大量的传教活动，当时有很多针对传教士的汉语教学活动和汉语学校，如1913年的"华北协和华语学校"，当时有87位中国教师，如在这所学校任教的"傅芸子"，他还曾经在1932年到日本的京都大学从事汉语教学活动。然而对外汉语教学作为一项伟大的事业则肇始于1950年清华大学成立"东欧交换生中国语文专修班"，随着中华人民共和国的成立，对外汉语教学活动成为一种正式的、有官方支持的、组织结构完备的国家教育行为，对外汉语教师也随之形成。从事对外汉语教学活动的教师通常被称作"对外汉语教师""汉语教师""中文教师""华文教师""中国教师""国语教师""国际汉语教师""国际中文教师"等。

国际中文教师名称

对外汉语教师的名称主要是针对对外汉语教学事业之初，教学对象主要是来华留学生，教学内容主要是汉语言的教学人员。时至今日，"对外"已经日显局限，"汉语"外延也有所扩大，但是对外汉语教师的说法根深蒂固。很多情况下，对外汉语教师依然涵盖了当下的大部分这类人群。国语教师和华文教师的说法主要是针对教学对象为海外华人华侨等华裔人群进行中国语言文化教育的人群。由于教学对象特殊，华文教师的角色定位很重要。他们不仅是知识的传授者，还是信息的提供者、学习的促进者、课堂的组织者、人格的榜样、行为习惯的示范者、教学的研究者和文化的传播者。华文教师是一个多重角色的组合，在不同的时间和方面扮演着不同的角色，而且每一个角色对于学生的影响都是巨大的，有时候甚至能够影响学生的一生。

国际汉语教师的名称是在对外汉语教学的范围逐步由国内扩大到海外本土，汉语教师赴海外从事汉语教学工作，教学地由国内转向海外，外国人由来华留学生变为教师，教学的文化环境也由教师的母语环境变成了学生的母语环境，"对外汉语教学"的含义已经不能再精准地指向教学情况的变化，于是就用国际汉语教师这个说法涵盖了原来的"对外汉语教师"和在海外从事汉语教学的中国籍教师和本土教师。

国际中文教师的说法是随着2019年长沙国际中文教育大会的召开而出现的新说法，"中文"替代"汉语"，意味着教师的教学大背景处于百年未有之大变局的新时代，教学内容更加宽广：由单纯的语言教学扩充为"语言＋文学文化＋……"，也就是这些年提到的"中文＋"；教学的目标有所变化：原来的教学目标是学生学会中文，能用中文进行交际，现在教学目标逐渐转变为学生能用中文学习其他；教学方法也要依据教学内容进行调整，教学环境更加多元。

第二节　国际中文教师的基本状况

在"三教"问题中，教师是核心关键，教师的知识和素养是课堂教学质量的关键，师资的培养和供给是国际中文教育事业发展的制约要素。截至 2023 年底，全国开设汉语国际教育专业的本科院校有近 400 所，每年培养该专业学生近万人；国际中文教育专业硕士层次培养高校已经从设立初期的 24 所增加到 198 所，博士层次试点培养高校 27 所；累计培养硕士研究生 7.4 万人、博士研究生 652 人。但是实际上每年如汉语言文学、课程与教学论、外语、新闻、汉语国际传播等相关专业的人才培养规模是相当可观的，此外，中外语言交流合作中心（原来的汉办）每年还要分批、分期派遣几千志愿者教师和公派教师赴海外进行中文教育工作；另外，海外本土也有很多深耕国际中文教育一线的本土教师和海外留学生兼职进行中文助教或教学工作。此外，除了中外语言交流合作中心主导的各类教师培训，各种社会机构也在举办名目繁多、以市场运作为导向的中文教师培训。这部分培训的规模是难计其数的。因此，综合来看，现在面向国际中文教师的培养和培训类型很多，规模也很大。这是支撑当前国际中文教育大局的基本力量，应当予以充分的肯定。

美国、日本、英国、法国、德国等世界发达国家，均建立了比较完善的教师资格制度（陈恕平，1999）。如法国 1808 年提出教师资格认定制度，1821 年正式实施；美国 1825 年在俄亥俄州设立教师资格制度，后来推广到全国；日本 1949 年制定《教育职员许可法》（1988 年二次修订），对教师的任职资格做出了严格的规定；此外，英国和德国对教师的职业资格也有比较严格的规定。我国从 1990 年开始，实行对外汉语教师资格审定办法[1]。

尽管每年有大量的师资培养，但是目前国际中文教师师资仍然存在很多问题：吴应辉认为：从总体上来看，国际汉语师资问题既表现为"量"的短缺，也表现为"质"的不足，在整体上"量"的短缺掩盖了"质"的需求，总体供不应求的现状掩盖了少数国家供过于求的现实，中国"供过于求"的假象与国外"供不应求"的现实并存以及"超本土"汉语教师的巨大市场需求[2]。孔子学院当前师资供给也存在流动性大、专业师资职业发展路径不畅、汉语师资培养与需求错位等问题[3]。目前国际汉语师资的供

[1] 侯颖. 对外汉语教师资格制度的回顾与前瞻［J］. 语言教学与研究，2012（6）：36.
[2] 吴应辉. 国际汉语师资需求的动态发展与国别差异［J］. 教师教育研究，2016（11）：144.
[3] 徐丽华，包亮. 孔子学院师资供给：现状、困境与变革［J］. 浙江师范大学学报（社会科学版），2019（3）.

给与需求呈现三个层面的"失衡"：一是国际市场内部失衡，主要表现为合格汉语师资的需求远远高于供给，是一种"供不应求"的失衡；二是国内市场内部失衡，主要表现为汉语师资的供给高于需求，是一种"供过于求"的失衡；三是国内市场和国际市场之间的失衡，主要表现为国际市场和国内市场之间存在流通障碍，两个市场之间难以实现资源的有效流通与配置[①]。

一、国内供大于求，国外冷热不均

师资规模的大小与学习中文的规模应该是相辅相成的，但是从目前国际中文教育师资的实际情况看，在师资数量上主要表现为：国内专业人才培养数量较大与国外不同国家和地区需求冷热不均的不匹配，出现了供需失衡和失配的情况。

根据周勇（2020）的统计，截至2019年，全国有147个汉语国际教育专业学位授权点，2017年毕业生总数4123人，留学生808人，2018年共有毕业学生4899人，留学生1151人。另外，全国有25所孔子学院专职教师储备院校，共储备了400名孔子学院专职教师。与此同时，越来越多的非国际中文教育专业人士通过各种培训，参加国际中文教师资格证的考试，加入国际中文教育师资队伍（包括中国外派教师和国外本土教师）。应该说，从培养的"量"上看，是可以满足需求的[②]，而且，本科和硕士以及博士三大层次的办学规模还在继续扩大，截至2023年，全国424所高校开设国际中文教育本科专业，198所高校开展国际中文教育硕士专业人才培养，27所高校试点开展国际中文教育领域专业博士培养，培养的准教师人数还在增多，加之还有通过考试的持证人员，以及其他外语类、新闻传播类、汉语言文学类、教育学类等其他专业人士转行；此外，随着中外合作办学的规模扩大和海外本土相关专业的人才培养，本土教师和华文教师的数量也在急剧攀升。总体来说，截至2023年，累计向各国中文教学机构派出中方教学人员近11万人，目前4000余人坚守在海外中文教学第一线。每年以线上线下、岗前岗中相结合方式培训中外教师1万人次。大力实施本土中文教师发展支持计划，累计资助各国教育机构选拔聘用4000多名本土专职、兼职中文教师。"国际中文教师奖学金"专项累计资助170多个国家约7万人次来华学习，成为本土种子师资的重要来源[③]。

与国内专业人才培养以及其他社会人士转行国际中文教育的火热情况相比，国内供给和海内外需求却很不匹配，主要表现为：国内针对来华留学的中文教育主要集中

① 王海兰，宁继鸣.国际汉语师资的供求矛盾、成因与对策［J］.云南师范大学学报（对外汉语教学与研究版），2013（5）：88.
② 周勇.国际中文教师供需矛盾分析与对策［J］.教师教育研究，2020（2）：112.
③ 数据来自马箭飞讲话：《国际中文教育：有力促进中外人文交流、文化交融、民心相通》。

在高校、国际学校、语言培训机构等，高校对专业人才有编制限制、学历要求、毕业院校层次要求等，所需人才高端、稀少；国际学校对于国际中文教师有双语能力的高要求，对运用中文进行学科教学也有较高要求；国内语言培训机构普遍都需要国际中文教学经历，这对于刚刚毕业的本科学生和硕士研究生乃至部分博士研究生来说也增加了一道"经历"屏障，需求量也不太大，因此国内需求特点总体是要求高、需求量小。

就全球而言，随着中国经济的快速增长和综合国力的提升，中国企业大量开始走出国门，布局海外，中国正在逐步走向世界舞台的中心，国际社会对中文的需求态势旺盛，继而引起国际劳动力市场对中文教师的需求量急剧增加，虽然疫情三年严重影响了中文教师的顺利派出，但疫情之后已经开始出现反弹式的增长。总体来说，国外需求大于国内需求，但是从国外需求来看，受国际政治经济影响以及各国外语教育政策的调整，国外对于中文教师的需求也出现了冷热不均的情况。有数据显示：2017年至2019年间的"一带一路"国家教师数量占到了总数量的60%以上，尤其是2017年，比例高达96%。其中人数较多的国家有俄罗斯、印度尼西亚、马来西亚、尼泊尔、泰国①。在泰国，汉语已经成为第二大外语，学习汉语的人数从2003年的8万人增加到2012年的80万人，开设汉语课程的学校达3000多所。"从皇室、政府到民间，会说汉语已成为新时尚；从泰南到泰北，从大学到小学及至幼儿园，汉语教学已遍布泰国城乡各地。"②

二、专业背景庞杂

国际中文教育专业自身发展历程短，学科的独立过程和发展曲折，其从汉语言文学专业脱胎而来，经历了"语言学与应用语言学""对外汉语""汉语国际教育""国际中文教育"等名称的变化，整合了"对外汉语""中国语言文化""中国学""汉语言文学""教育学""传播学"等专业优势，形成了目前"国际中文教育"的学科名称，学科分化整合的特殊发展历史以及社会对于国际中文教学"教外国人容易""教外国人中文的老师英语一定要好"等的不科学认知也造就了国际中文教师的专业背景非常庞杂。加之国际中文教育学科发展历史短暂，老一批从事对外汉语教学活动的师资都是从汉语言文学专业、英语专业等其他专业转行而来。从目前从事国际中文教学的人群来看，他们的专业背景是多样的，主要是：英语、汉语言文学、汉语国际教育

① 周勇.国际中文教师供需矛盾分析与对策［J］.教师教育研究，2020（2）：112.
② 孙广勇，暨佩娟.泰国学习汉语方兴未艾 中华文化惠及四方［EB/OL］.人民网. http://world.People.com.cn/n/2012/0624/c1002-18370438-1.html.

以及其他。尤其近些年来，随着国际中文教育使命的增加，学科内涵的扩大，行业发展与国家战略紧密相关，一些传播学领域，甚至是管理学、体育、音乐、美术等与文化传播普及、人力资源管理等相关的专业人士也加入了国际中文教育行业。此外，在海外的中文教学市场，本土中文教师队伍中有一部分是海外本土的留学生，他们由于有母语背景，在本土中文教师急缺的情况下也会加入国际中文教学，而他们的专业背景来源就更加广泛了。芜杂的专业背景和相对不太专业的教学理念加之匆匆上阵的经验缺失都给国际中文教学和传播的质量带来了较大的影响。新时代国际中文教育的转型提质时期，国家大力发展国际中文本硕博的发展规模，专设"国际中文教育"专业博士学位点，从人才培养的源头着力培养专业人才，打通国际中文教育人才的就业通道，用专业的人去做专业的事，尽量避免非专业人士的非专业操作在国际中文教育事业中出现的一些问题。

三、性别比例失衡

　　女性教师与男性教师的比例失衡是 20 世纪以来中国教师队伍的一个最为突出的问题，国际中文教师的师资也依然存在同样的问题，而且尤为突出。从目前国内高校的"汉语国际教育"专业学生来看，仍以女学生居多，以成都信息工程大学从 2008 年开设"汉语国际教育"专业招收学生的男女情况来看，2008 级男女生比例为 1 ∶ 20，2009 级男女生比例为 1 ∶ 11，2010 级男女生比例为 1 ∶ 7，2011 级男女生比例为 1 ∶ 6，2012级男女生比例为 1 ∶ 2，2013 级和 2014 级男女生比例均为 1 ∶ 4。加之这些专业的学生毕业后，有相当一部分学生特别是男生的工作内容是非教师行业或非本专业教师，男性教师的比例继续下降，女性教师一直都是教师队伍的主力，在国家汉办历年外派的公派教师、孔子学院教师以及志愿者教师来看，女性教师也占绝大多数。如印度尼西亚的玛利亚·里贾纳（Maria Regina）学校的五个汉语教师中，只有一个是男性。男女教师在课堂话语表达、课堂管理、情感认知和意志品格等方面有很大区别，有研究发现：男教师自信心强，容易感染学生，但是过于严肃认真，缺乏女教师的温柔亲切感；男教师独立性强，善于解决问题，但是情绪易波动，不如女教师细致有耐心；男教师兴趣广泛，知识面广，但是在某一方面钻研的持久性不及女教师长久；男教师富有幽默感，能使课堂气氛相对活跃，但是控制力差，女教师对教学的整体掌控更好；男教师的口头语言能力略逊于女教师[①]。究其原因，除了女性语言能力较男性而言稍强，教

---

① 王猛. 对外汉语教学中男女教师的教学效果分析——以韩国对外汉语教学实践为例［D］. 四川师范大学硕士论文，2014.

师的行业特点、薪酬待遇较低、成就感低、背井离乡等因素也是不吸引男性加入国际中文教师队伍的重要因素。

四、专业知识结构不够全面

从国际中文教育专业的特点来看，它对于国际中文教师的要求更高，国际中文教师不同于一般的普通语文教师，"一个合格的优秀的国际中文教师所具备的素质是多方面的，甚至可以说，一个优秀的国际中文教师既要是一个专才，也应是一个通才、全才"[①]。概而言之，国际中文教师要具备基本的汉语言文字学知识、语言学理论、教育学基本常识等三大基本理论基础；细而言之，国际中文教师还应具有跨文化交际的能力、驾驭课堂的能力、综合的百科知识、不卑不亢的自尊意识以及完好的性格魅力等。这样的专才、通才、全才既有高屋建瓴的理论眼光，又有善于实践的操作能力。

如果从这样一个高度来衡量的话，目前的国际中文师资在知识结构上是不完备的，教学技能强的教师在专业知识储备上，在对知识点的感知理解和把握上不准、不全甚至不对，特别是在中高级阶段的汉语教学中，对国际中文教师的专业知识的要求更高；而专业知识扎实的教师又存在不会采用合适的方式将语言点用二语习得者能看懂能接受的恰当方式展示出来，对语言点的展示、对课堂的把握、对教学方法和教学技巧的掌握还存在诸多缺陷，从而导致学生听不懂、看不明白，老师越讲学生越糊涂，丧失了学习汉语的兴趣。这些问题都暴露出中文教师在专业知识结构上还不尽完善，还不够合理。此外，随着国际中文教育学科内涵的丰富、事业的发展和专业的跨学科融合，对教师的专业知识要求更广，如需具备传播学相关知识、管理学知识等，新文科复合型人才的知识结构要更加科学合理，从目前在岗教师的基本情况看，还不甚令人满意。

五、重教学技能，轻知识讲解

国际中文教学终归是一个教学活动，对教学技能的关注是毋庸置疑的，然而在知识储备和技能改进两个方面，现在的教学实际是过多地强调教学技能和教学技巧的介入，如游戏教学、情景教学、交际教学、视听教学、全身反应教学等，花样的教学方法在汉语教学的初级阶段，确实能起到激发学生学习兴趣、形象直观展示语言点、让学生快速掌握汉语基本语音知识和常用交际话语等内容的作用；但是在汉语学习的中高级阶段，在学好地道的汉语、精细掌握中国文化思维下的汉语方面，花哨教学技能

---

① 倪军红.浅谈国际汉语教师的知识构成［J］.教育与教学研究，2013（6）.

的嵌入反而会起反作用，教学方法、教学模式、教学形式、教学用具的使用应该首先能适切地服务于教学内容，如果把课堂教学的"热闹"、学生感觉好玩儿、互动够多作为教学质量的追求，是片面的。如一些新手教师在设计课堂练习时，一些游戏环节不能精准地融入当堂课的语言点，那再精彩的游戏练习都是失败的。如"比字句"的课堂练习，重点应该是"比字句"的结构、比较的结果呈现等，而不是比较对象的简单替换，如果没有对中文知识的深度把握，片面地追求比较对象的多样化而增加练习的数量，显然是有失偏颇的。因此，汉语知识的讲解，明确汉语词汇之间意义的感情色彩、适用范围、意义侧重点、词义轻重、语体差别是留学生向更高阶段发展、摆脱"洋腔洋调"、学会地道汉语的重要方法。

六、教学媒介语介入较多

媒介语的介入问题一直以来是国际中文教学领域一个颇有争议的问题，如理查德和罗杰斯（Richards & Rodgers，1986）基于克拉申（Krashen，1982）的"输入假说"[①]认为，只有当学习者接触到"可理解的语言输入"（comprehensive input）时，才能产生习得。因此，给学习者提供丰富的可理解输入和用目的语进行有意义的交互是帮助学习者习得目的语的最佳方法。埃利斯（1984）认为在教学中使用学生的母语不利于目的语的习得。库克（Cook，1991）、特恩布尔（Turnbull，2001）、梅菲尔德（Mayfield，2005）也认为：外语课堂中使用母语会减少学习者接触目的语的概率。杰恩尼卡斯（Giannikas，2011）在母语为希腊语的儿童被试者中进行了调查，发现课堂使用目的语进行教学能够显著提高学习者课堂使用目的语的概率，并能增加学习者使用目的语的兴趣。而迪卡米内和安托（Dicanmilla & Antón，2012）则认为，在二语课堂中不应担心学习者母语的出现，相反，在初学阶段，应努力创造机会发挥使用媒介语的优点。该研究通过实证调查表明，课堂中使用媒介语对语言认知、交流都具有重要作用，因此在课堂上使用媒介语具有重要的教学价值。阿特金森（Atkinson，1987）、哈珀（Harboard，1992）、库克（2006）指出在二语教学中使用一定数量的媒介语进行教学能够有效地密切师生之间的关系，有助于二语教学的开展。库克（2001）认为在课堂上排斥使用媒介语的做法限制了语言的教学，不符合交际原则，而使用一定量的媒介语则是第二语言学习的有效教学策略。因此，语言教师应该"在课堂上有计划地使用媒介语"。

[①] Stephen D. Krashen. *Principle and Practice in Second Language Acquisition* [M]. New York：Pergamon Press Ltd. 1982.

库克（1999）将课堂媒介语的使用看成是对课堂有利的因素^①。媒介语是否介入也是不同的教学法流派在教学语言的使用上做出的不同选择。如在美国有些地区的中小学施行沉浸式中文教学模式，教师完全用中文教学，学生完全沉浸在中文的环境中，虽然目前沉浸式教学法还面临教材、师资等问题，但是其突出的教学效果是显而易见的，参与沉浸式项目的学生的语言技能较非沉浸式语言项目的学生高。

然而目前无论是国内的汉语教学还是海外的汉语教学，由于师资的外语专业背景、教学可理解性语言输入的难度、传统二语教学法的深刻影响、相关教学单位教育机构对对外汉语教学的误解，外语的介入都显得过多。对学生而言，这样的教学语言输入是可理解的，学习起来是容易的、方便的；对教师而言，这样的教学方法是简单的。但是从长远来看，过多的学生母语介入或者用英语讲汉语，学生无法用汉语进行思维，汉语听力无法在有限的课堂得到锻炼，在潜移默化中告诉学生学习汉语要不断地进行母语和汉语的对比、汉语和英语的一一对应，这些都不是学习汉语的最好方式，最终也不能真正把汉语学好。汉语有其自身的特点和规律，语言的对比分析是有必要的，但是语言对比分析工作应该放在课前，是教师在进行课程设计时经过语言的共时对比，选择一定的语言项目进行比较，从而确定汉语教学的重点和难点，为防止学生发生二语学习的负迁移而做出相应的预案。如果把这种形式上的对比时时刻刻拿到课堂教学中来，这对于学生目的语思维的训练是极其不利的，当然，这对于教师的教学语言就提出了更高的要求。

在中文教学中，不同语言教学阶段，不同教学对象，特别是面对学生母语不统一的教学实践中，媒介语到底是否适用？适用程度如何把控？如何发挥媒介语的作用，尽量消除媒介语的不利因素，这些问题不可一概而论。吴琼（2018）通过对零基础汉语二语学习者47人，分别来自哈萨克斯坦、吉尔吉斯斯坦、乌兹别克斯坦、土库曼斯坦、老挝、白俄罗斯、俄罗斯、赤道几内亚、刚果民主共和国等12个国家的学生进行实证调查研究认为：媒介语的促学效果在初学阶段比较明显，并能够对后续学习产生积极作用。她认为：对待媒介语，既不能将其当成是阻碍学习者接触目的语的障碍，也不能将其看作是课堂教学的万能法宝。教师在课堂中应依据学生的语言水平、学能、学习进度、认知风格等因素适时适度使用媒介语^②。

① 吴琼. 媒介语在初级汉语二语教学中作用的实证研究［J］. 语言教学与研究，2018（6）：49.
② 吴琼. 媒介语在初级汉语二语教学中作用的实证研究［J］. 语言教学与研究，2018（6）：55.

第三节　国际中文教师的专业素养

教师是"三教问题"的核心关键因素，教师专业知识、专业能力以及专业素养对于专业教学来讲至关重要，国际中文教师作为语言教师、作为外语教师、作为跨文化交际者，在新时代应具备什么样的素质、素养、能力，是值得探究的，这对专业学科的发展、国际中文教育质量的提升、服务国家战略的质量甚至展示中国教师形象、精准教师定位等都具有重要意义。20 世纪 90 年代以来，针对国际中文教师，国家相继出台了一系列关于教师的资格审定、能力培养、专业标准等文件，如《对外汉语教师资格审定办法》（1990）、《汉语作为外语教学能力认定办法》（2004）、《国际汉语教师标准》（2007、2012）、《国际中文教师专业能力标准》（2022）等四个标准文件，反映了我国对国际中文教师人群应具备的职业和专业素养的要求，特别是 2022 年的《国际中文教师专业能力标准》，规定了包含专业理念、专业知识、专业技能、专业实践和专业发展等五个一级指标和十六个二级指标的相关内容。该标准是对国际中文教师的基本专业要求，是国际中文教师实施教学的基本行为规范，是引领国际中文教师专业发展的基本准则，是基于教师资格标准又高于教师资格标准的倡议性标准。顺应时代发展，尊重中国教师传统，当代国际中文教师的基本理念以师德为先，素养为基，学习者为本，具备跨文化交际能力，注重合作，终身学习，即遵守教师职业道德，具有国际中文教育专业信念；能够将国际中文教育学科知识和教学技能相结合并运用于教学实践。具备从事国际中文教育所需的教育知识、中文和语言学知识、中华文化与中国国情知识和第二语言习得知识，具备从事国际中文教育所需的中文要素教学、中文技能教学和教育技术应用等技能，能制订课堂教学计划、选择与利用教学资源、组织教学、管理课堂、评估学习者并提供反馈、进行教学反思，保障教学任务顺利完成；尊重学习者发展规律和中文学习规律，提供适合学习者特点的国际中文教育内容和教育形式，充分调动学习者的学习热情，帮助学习者实现中文学习目标并促进学习者的发展；在了解中华文化的同时，了解世界文化的多样性，尊重不同文化，能够运用不同策略有效进行跨文化交际；具有开放包容的态度和团队协作精神，重视学习者合作学习能力的培养，能够与同事、家长、社区及其他相关者开展合作；具有终身学习与持续发展的意识和能力，学习国际中文教育相关理论，了解国际中文教育发展概况，提高专业素养，实现自身专业的持续发展。

一、国际中文教师的知识素养

专业的中文知识是立业之本，讲对汉语是国际中文教师的首要职责。从语言教学层面讲，教师对中文知识的对和错之间要有清晰的界定和精准的判断；对中文知识要具备科学的解释力；对学科发展要有一定的研究能力。那种轻视汉语本体知识，认为只要掌握了语言技能操练的技巧，凭着自己母语的语感便能应付教学，凭着"中国人习惯这么说"即可搪塞学生的做法是不专业的。国际中文教学的主业和基业是教汉语，目的是培养学生使用汉语进行交际的能力。汉语技能训练是课堂教学的中心，然而有效的汉语技能训练是以教师的汉语本体知识为依托的，课堂教学要求教师对所教的语言内容有深刻的认识。课上不能清楚地回答学生提出的问题，不能从学生的语病中找到规律、发现原因，进而给出明确的解释，或许是因为学界的基础研究不足，但更大的可能是因为自己对现有的研究成果掌握得不够。掌握汉语本体知识无疑会帮助教师提高教学的效率。很难设想，一个对汉语知识不甚了解的教师，如何能发现教学的重点、解决学习的难点。因此，在对外汉语教师的知识结构中，汉语知识占重要地位，这是毋庸置疑的。即便是汉语专业的毕业生，由于第二语言教学不同于母语教学，因此也需要不断完善、调整自己的知识结构，以适应国际中文教学的需要。

2022 版的《国际中文教师专业能力标准》详细规定了国际中文教师应具备的知识能力，主要包括教育知识、中文和语言学知识、中华文化与中国国情知识、第二语言习得知识四大模块，具体内容见下表：

专业知识	**教育知识**	1. 理解教育学、教育心理学基本理论，掌握相关基础知识。 2. 理解认知科学、学习科学相关理论，了解不同学习者认知特点和心理发展规律。 3. 能够综合运用教育教学相关知识，分析、解决国际中文教育中的问题。
	中文和语言学知识	1. 掌握中文语音、词汇、语法基础知识，能够描述、分析和解释中文语音、词汇、语法的特点。 2. 掌握汉字基础知识，能够分析汉字字形、解释汉字的特点。 3. 掌握中文语用、语篇基础知识，能够描述、分析和解释中文语用、语篇的特点。 4. 具备语言学基础知识，了解语言普遍性和中文特殊性，能够进行语言对比。 5. 能够综合运用中文和语言学知识，分析语言现象，解决教学问题。

续表

专业知识	中华文化与中国国情知识	1. 了解并能够介绍教学中涉及的历史、哲学、文学、艺术、民俗等中华文化知识。 2. 了解并能够介绍教学中涉及的中国社会、政治、经济、教育、科技、生态等国情知识。 3. 分析常见的社会和文化现象，解决教学与交流中的问题。 4. 能够认识到文化是涵盖古今的，也是在不断变化的。
	第二语言习得知识	1. 了解第二语言习得基本理论及中文作为第二语言习得的主要特点。 2. 了解第二语言习得和母语习得的异同。 3. 了解学习者个体差异对第二语言习得的影响。 4. 了解不同年龄阶段和不同群体学习者中文学习的特点。 5. 能够运用第二语言习得知识，解决教师教学和学习者学习中的问题。

国际中文教师知识素养明细表

由上表可以看出，国际中文教师的知识素养模块涵盖了教育学、文学两大学科门类以及课程与教学论、比较教育学、教育心理学、语言学与应用语言学、汉语言文字学等多个二级学科的相关知识，是新时期多学科、跨学科和交叉学科的典型代表。因此，国际中文教师需要经过长期严格的专业知识的学习和培训，并在教学中持续不断精进。

二、国际中文教师的能力素养

如果说国际中文教师的首要职责是讲对汉语，那么能否讲好汉语，能否巧讲汉语、妙讲汉语，能否综合运用教学资源和信息技术手段驾驭课堂是国际中文教师教学能力素养的集中体现。近些年来，随着国际中文教师研究的深入，教师的课堂管理能力，教师的教学策略，教师的信息素养、测评素养等逐渐被纳入该学科的研究领域，成为传统语言教师研究新的生长点。在具体的教学实践中，也确实发现一些专业硕士、博士的教学知识素养足够，但是却由于不善语言表达，没有教学"手腕"，不会运用教学资源，教学环节安排不甚合理等，客观上影响了教学效果。2022版的《国际中文教师专业能力标准》中涉及与能力素养有关的具体标准如下页表：

专 业 技 能	中文要素教学	1.掌握中文语音教学的常用方法和技巧，帮助学习者了解中文语音的特点，培养学习者的听辨和发音能力。 2.掌握中文词汇教学的常用方法和技巧，帮助学习者了解中文词汇的特点，掌握词汇学习策略，培养学习者的词汇运用能力。 3.掌握中文语法教学的常用方法和技巧，帮助学习者了解中文语法的特点，理解常用语法点的结构与功能，并能够在语境中恰当使用。 4.掌握汉字教学的常用方法和技巧，帮助学习者了解汉字的特点，掌握汉字的形音义知识，培养学习者汉字认读、书写和电子输入能力。 5.理解语言与文化的关系，能够处理语言要素中的文化因素，帮助学习者理解语言中的文化。 6.掌握判断、分析、处理偏误的基本原则与方法，能够有效处理学习者在语音、词汇、语法、汉字等方面的偏误。
	中文技能教学	1.熟悉中文听力教学的目标与内容，帮助学习者掌握听力理解的技巧，提高理解不同类型听力材料的能力。 2.熟悉中文口语教学的目标与内容，帮助学习者掌握交际策略，提高在不同场景中使用中文进行交流的能力。 3.熟悉中文阅读教学的目标与内容，帮助学习者掌握阅读技巧，提高理解不同类型阅读材料的能力。 4.熟悉中文写作教学的目标与内容，帮助学习者掌握写作技巧，提高中文书面表达能力。 5.理解中文翻译教学的目标与内容，帮助学习者掌握基本的翻译方法和技巧，具备相应的翻译能力。 6.理解第二语言主要教学法，能够恰当地运用于中文技能教学。
	跨文化交际	1.理解世界文化的多样性，尊重不同文化，培养学习者文化水平等意识和文化理解能力。 2.理解任教地区人们在思维方式、价值观念、交际规约、行为方式等方面的主要特点，适应不同文化环境。 3.掌握跨文化交际的基本理论，能够运用不同策略，有效解决教学中的跨文化交际问题。

续表

专业技能	**教育技术**	1. 理解并关注前沿技术应用于国际中文教育的最新进展，理解教育技术在中文教学中的本质作用，具有将信息技术与中文教学过程深度融合的意识。 2. 能根据教学目标、教学内容和学习者特点选择合适的信息化教学手段。 3. 理解常用信息化教学设施使用方法，掌握教学所需的信息化技术，具备设计、制作课件等教学资源的能力。 4. 能够检索、采集、选择网络教学资源，具备在教学中运用资源库的能力。 5. 能利用网络平台开展线上及线上线下相结合的中文教学与管理。 6. 在资源建设特别是本土化、职业化建设与应用等方面，具有创新意识。 7. 具备基本信息伦理，包括明确知晓保护知识产权、尊重他人信息、重视信息安全等。
专业实践	**课堂教学计划**	1. 熟悉相关教学标准和教学大纲，掌握撰写教学计划的基本原则与方法。 2. 制定适合学习者年龄、文化背景、中文水平、兴趣爱好、认知特点、学习需求等因素的教学目标。 3. 合理确定中文教学内容，设计与教学目标相适应的教学活动，注重培养学习者自主学习与合作学习能力。 4. 根据教学目标与教学资源，选择教学方法，安排教学环节，设计练习与测试。 5. 合理设计板书，准备教学所需的课件、教具等辅助材料。 6. 具有跨学科意识，能够将中文课程与其他科目、课内学习与课外学习相关联。
	教学资源选择与利用	1. 根据中文教学实际需要，选择合适的教学资源。 2. 根据学习者中文水平和需求，灵活使用和改编教材。 3. 在现有资源无法满足教学需求时，能够开发新的中文教学资源。
	课堂组织与管理	1. 选用合适的教学语言，帮助学习者理解学习内容和学习任务。 2. 采用恰当的教学手段和策略，激发学习者学习兴趣。 3. 组织有效的教学活动，提高学习者参与积极性。 4. 合理安排教学环节和步骤，帮助学习者完成学习任务。 5. 有效管理时间，注重课堂互动与反馈，提高教学效率。 6. 制定课堂管理规则，营造健康、安全、平等的学习环境，采取恰当的方式方法，及时、公正地解决问题。 7. 组织课外活动，拓展课外学习。

续表

专业实践	学习评估与反馈	1. 运用与教学目标相适应的多元评估方式，评估学习者中文学习成效。 2. 指导学习者自我评估，帮助学习者反思，完善学习计划。 3. 理解、分析评估结果，诊断学习者需求，帮助学习者确定新的学习目标。 4. 与学习者及相关人员交流学习者的中文学习情况，提出反馈与建议。

国际中文教师能力素养明细表

国际中文教师的主要工作还是教学，"教书匠"的技艺是教师的基本底色。对于国际中文教师来讲，不但要具备一般教师对于课堂的组织管理能力、教学资源的利用、测试与评估等基本能力，还要具备作为语言教师、外语教师，能结合中文的特殊性，进行语言要素的教学能力，以及具备运用具备中国特色的、教中文才能有的教学方法，在跨文化交际中进行教学的能力。也就是说在具备"普技"的同时还要有"特技"，具备"杂技"才能成为"大国工匠"。

三、国际中文教师的其他素养

李泉、丁安琪（2020）认为，相较于国际中文教师的知识、能力两大模块的专业素养而言，以"性格禀赋、职业情感和职业认知"三大维度为核心的其他素养也同样重要，而且应该成为国际中文教育专业人才培养的起点和常态。他们认为：1. 性格禀赋指性格是否开朗乐观、亲和友善以及善于沟通，语言表达是否清晰准确、口齿是否流利以及普通话是否达标等。能得到肯定回答，则具备做教师的基本条件，如口才好、能说会道、有开放和包容的心态等，便是从事教师职业的先天条件。相反，则不适合做教师，如性格内向而不善于交流和表达的人，可以做别的工作，但不适合做外语教师。2. 职业情感指是否愿意当教师乃至对教书上瘾，是否热爱对外汉语教学工作，是否愿意在备课和批改作业等方面肯投入精力而不计得失。能够得到肯定判断，如敬业乐业、对知识精益求精、对学生认真负责等，则具备做教师的条件。相反，对教学工作没有兴趣、对学生缺乏热情和耐心、不愿意付出时间和精力等，则不具备做教师的资格。3. 职业认知指是否真正把对外汉语教学当作一门学科来看待，对教学、对学生、对教学目标和教学方法等的认知，是否符合第二语言教学规律和要求。能够得到肯定意见，则具备做教师的基本条件，相反则不然，比如，在没有改变"教老外好对付""教汉语啥难事"等观念之前，则不宜做汉语教师，即便做了，也难以成为合格的汉语教师 [①]。

如果说知识素养和能力素养可以通过后天习得，那么性格、情感和认知等这些素养是先天的，是反映世界观的要素，是可以为国际中文教育提供内生原动力价值的要素，因此，专业情感、专业情怀、工匠精神和外语教学视野、洞察国内外形势的敏感和专业研究反思能力是考察优秀国际中文教师的重要指标。甚至相较于知识素养和能力素养，这些品质是选拔、培养国际中文教育专业人才首先要考虑的指标。既入行，能够爱上这行，并能持续保持热情，能持续发力，深情热爱，不断反思、改造执业理念并持续获得工作成就感，才能走得更远。

四、国际中文教师的专业发展

教师专业发展是教师的专业理解、专业能力、专业情感以及专业思维同步发展的过程。有关教师专业发展有很多值得研究的问题，如教师知识与能力、教师信念、教师教学专长、教师学习、教师情感、教师反思、教师合作、教师生涯发展研究等。

国际中文教师有别于其他教师，其特殊性主要表现在：教学对象多样性、教学环境为目的语环境和母语环境、跨文化交际性、教学语言的多模态化、教学情境化、多学科跨界融合性、专业学科事业三重属性、多受国内外形势影响、具有一定的职业风险等，这些特殊性使得教师的专业发展会受制于很多专业学科以外的因素。王添森（2019）认为国际中文教师的专业发展指的是：教师个体对实践进行持续探究的专业不断发展的历程，包括汉语国际教育信念的增强；汉语学科和相关学科知识与技能的更新、拓宽和深化；具有生产实践性知识和与国际汉语教育界同人合作的能力，并最终成长为一名学习型、反思型和研究型的教师。她认为这个含义有几方面需要明确：首先，汉语国际教育信念的增强，包括两方面的信念，一是对汉语国际教育学科的信念，汉语国际教育学科起步较晚，属于"朝阳学科"，甚至在有些学校是边缘学科，但是，随着中国经济的发展和全球影响力的提升，汉语国际教育学科的发展前景越发广阔；二是作为一名国际汉语教师对教师职业的信念，即作为一名教师和国际汉语教师的信念。这两个信念缺一不可。其次，与国际汉语教育界同人的合作，此种合作从地域而言，包括海内外学者间的合作；从学科而言，不仅包括汉语国际教育学科的专家，也包括相关学科的专家，如二语教育学、教育学、心理学、文化学和跨文化交际方面的专家等，

[①] 李泉，丁安琪.专业素养：汉语教师教育的起点与常态——"素养—能力—知识"新模式［J］.云南师范大学学报（对外汉语教学与研究版），2020（5）：3.

与这些专家共同交流学习，开展合作研究；同时，也包括与汉语国际教育相关社会机构的合作，与这些机构合作共同搭建线上线下汉语学习和中国文化传播的平台。基于教育学理论基础，她构建了国际中文教师专业发展的模式图①：

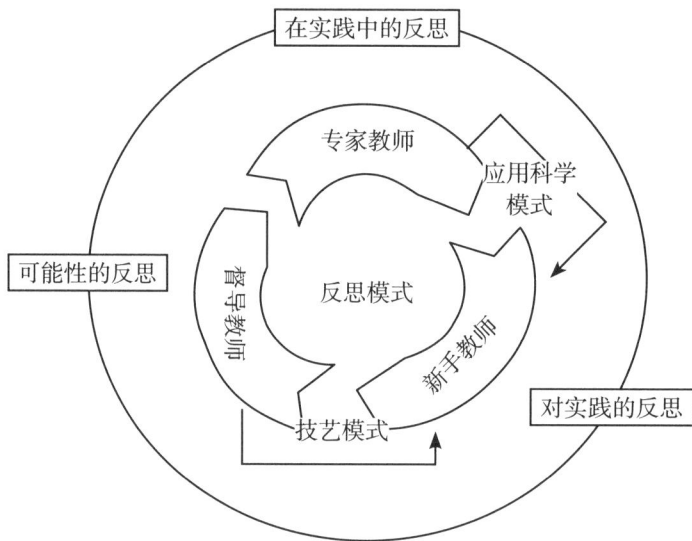

国际中文教师专业发展的模式图

由上图可以看出：反思是教师专业发展的核心要义，教师的专业发展不应只关注表面化的教学"技艺"，或者知识的"应用"，而应进入一种自觉的"内省"和"反思"，因为教师不但是教学者，更重要的是教师还是学习者、实践者和反思者。国际中文教师的实践性知识作为"缄默性知识"，它深藏在教师的教学实践中，在指导教师思想和行为的同时也与它们保持一种"共生关系"，它具有鲜明的个体性和情境性，无法在教学中通过一定的形式外化，但是可以在具体的教学实践中发展和完善。

---

① 王添淼. 国际汉语教师专业发展模式的构建［J］. 国际汉语教育，2019（1）：45.

第四节 国际中文教师的资格认定

职业资格是对从事某种职业所具备的素质、知识、能力和技术的基本要求。教师必须具备教师资格，必须获得教师资格证书，这在全世界发达国家大抵如此。在美国，如果想要获得永久教师资格证书，大部分州要求教师必须有 2—5 年的教学经验，并在规定的时间内获得硕士学位[①]。"持证上岗"在国际中文教育领域起步较晚，即便在目前国际中文教育学科事业发展的提质转型重要时期，是否"持证"也不是"上岗"的必要条件，但是已经成为人才培养和选拔的重要参考要件和优先考虑要件，这与国际中文教育学科和事业起步晚、发展时间短、不够充分、学科有跨学科融合特性、受国家战略和国际形势影响较大的特殊性有很大关系。国际中文教师的资格认定方式也越来越与该职业行业的特殊性相适应，资格认定的内容由原来只考察知识素养变为全面考察知识、能力、性格禀赋等综合素质的具备强针对性的内容，也就是说，国际中文教师想要具备"资格"，应专业知识扎实、教学能力突出、具有教育情怀和品行。随着国际中文教师资格认定制度的逐步完善，专业人才培养人群的逐步扩大，国际中文教育事业的专业化推进，对专业人才的需求会增加，资格的认定会继续完善，准入制度会越来越严格，再也不是是个中国人就可以被拉来"教汉语"的状态了。

侯颖（2012）认为要从事汉语作为外语教学，也必须有教师资格认定证书或教师执照。对外汉语教师职业资格制度是对汉语教师实行的特定职业资格认定的一项法定职业许可制度，是国家对从事对外汉语教育事业人员的知识、能力和素质等基本条件及身份的规定。实施对外汉语教师职业资格制度对提高汉语教师素质与教育质量、吸引优秀汉语教师人才、促进汉语教师专业化、保障汉语教师社会地位、加强汉语教师队伍法制化建设等发挥着非常重要的作用[②]。教师资格的认定也是伴随着教师名称的改变、形势的发展而不断发展变化的，具体来说主要经历了以下几个阶段：

一、资格初认阶段

1990 年 6 月 23 日，国家教育委员会颁布《对外汉语教师资格审定办法》，设立针对对外汉语教师的国家级考试，"其目的是对对外汉语教师应掌握的知识结构和技能

① 何文潮，唐力行.美国汉语作为外语教学的教师证书要求［C].国际汉语教学动态与研究，2006（1）.
② 侯颖.对外汉语教师资格制度的回顾与前瞻［J].语言教学与研究，2012（1）.

进行检测"①。作为对外汉语教师资格认定的第一个办法，规定了申请对外汉语教师必须具有大学本科以上学历或同等学力，并具有一学年（累计学时为 320 小时）以上的对外汉语教学经历，取得了一定的教学经验。同时该办法简单规定了对外汉语教师应该具备的知识结构和能力结构两个方面：知识结构方面主要从教学理论和教学方法、语言学和文字学知识、文学知识、其他文化知识等四个方面做了简略规定，具有浓厚的"理论"色彩和"文学"色彩，完全没有脱离汉语言文学学科特色，教学理论和教学法也只简单强调教育学的基本原理和教学法流派；在能力结构方面，主要从语言文字能力的基本"专业"素质和课堂管理的基本"业务"素质两个方面进行规定。此外，该办法还对对外汉语教师的政治素质也进行了首先约定。该办法仅有八条，具有鲜明的雏形特点。是学科起步阶段、资格认定起步阶段的产物，也是当时学科不发达、事业广度还不够，还无法与国际外语教师资格认定接轨的不成熟的"办法"。

1991 年 12 月 26 日，国家教育委员会在北京、天津和上海的 11 所院校对 108 名教师进行了对外汉语教师资格审定试点考试。从 1991 年到 1993 年的 3 年间，全国共有来自 25 个省区的 1600 多名对外汉语教师提出了资格申请，经过考试共有 1051 名教师获得了对外汉语教师资格证书②。

1994 年，对外汉语教师资格审查委员会讨论修改《〈对外汉语教师资格审定办法〉实施细则》，暂停对外汉语教师资格考试 1 年。1996 年 9 月 3 日，国家教育委员会重新发布《〈对外汉语教师资格审定办法〉实施细则》，其中第二条规定："凡从事对外汉语教学的教师，必须具有对外汉语教师资格证书。"截至 1996 年，全国共有 1272 人通过考试并获得对外汉语教师资格证书。1997 年，新一届对外汉语教师资格审查委员会再次暂停对外汉语教师资格考试 1 年。此后，该考试每年 1 次，一直持续到 2004 年。截至 2004 年底，共有 5366 人获得对外汉语教师资格证书③。按照文件的规定，在当时从事对外汉语教学活动必须取得对外汉语教师资格证书，可是事实上，由于取得证书的人少，而学习汉语的人数又在快速增长，因此在实际操作中也没有严格执行此规定。

从 2003 年 5 月开始，在资格证的报名条件中去掉了 320 个课时对外汉语教学经验的限制，对于报名者的报名条件放宽，只要具有本科以上学历，普通话达到二级甲等以上的都可以报名参加考试。"考试科目包括对外汉语教学理论和语言学、汉语、中国文学和中国文化知识、外语（考试语种包括英语、日语、法语、德语、俄语、朝鲜语、

① 陈昌来主编. 对外汉语教学概论［M］.上海：复旦大学出版社，2011：117.
② 侯颖. 对外汉语教师资格制度的回顾与前瞻［J］.语言教学与研究，2012（6）：36—42.
③ 李祥. 汉语国际推广教师资格证书制度研究［D］.西南大学硕士论文，2009.

西班牙语、意大利语、阿拉伯语，任选一种）"①。单科以 60 分为及格，成绩 3 年有效。该办法于 2004 年 9 月 20 日废止。

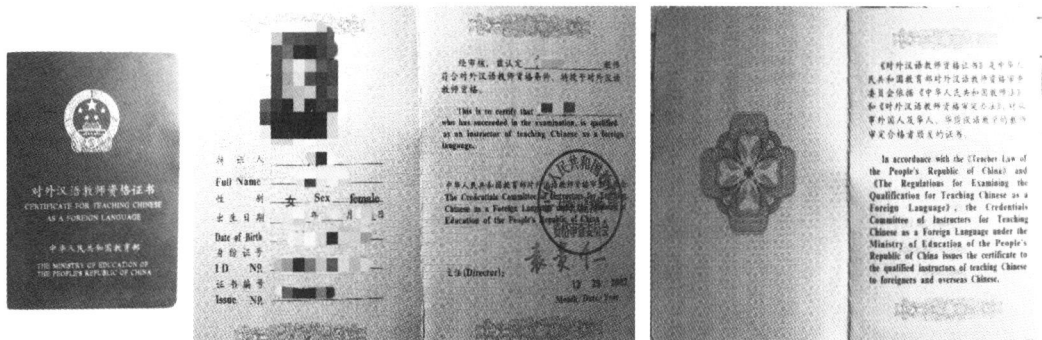

"对外汉语教师资格证书"样本

二、分级考认阶段

2004 年 8 月 23 日，教育部又颁布了《汉语作为外语教学能力认定办法》（下文简称"《认定办法》"），"新颁布的《认定办法》，在认定对象上，对国内外同等开放，只要是符合条件的中国公民、华人华侨或外国公民都可以申请；在教学能力的区分上，确定了初、中、高三种等级的标准，区别不同层次证书的持有者所具备的汉语作为外语教学知识结构及对处于不同阶段的母语非汉语学习者进行汉语教学的能力。《认定办法》规定，初级证书的考试科目为：现代汉语基本知识、中国文化基础常识、普通话水平；中级证书的考试科目为：现代汉语、汉语作为外语教学理论、中国文化基本知识；高级证书的考试科目为：现代汉语及古代汉语、语言学及汉语作为外语教学理论、中国文化。《认定办法》同时规定，申请能力证书的中国公民应具有相当于大学英语四级以上或全国外语水平考试（WSK）合格水平。《认定办法》还规定，对外汉语专业毕业的本科生和研究生可以分别免试直接申请能力证书的中级和高级。同时规定，中国语言文学专业毕业的本科生和研究生，可免试汉语类科目"②。具体认定办法见附录。《认定办法》第九条规定："申请证书者须先通过能力考试，凭考试合格成绩申请证书。"申请人先报名考试，报名条件只有一个：大学专科（含）以上学历。2005 年 10 月 22—23 日，在国内 22 个考点举行了第一次也是唯一的一次"汉语作为外语教学能力考试"，考试未对港澳台地区及外籍人士开放，而且只有中级和高级考试，

---

① 陈昌来主编.对外汉语教学概论［M］.上海：复旦大学出版社，2011：117.
② 参见教育部网站资料：http://www.moe.gov.cn/publicfiles/business/htmlfiles/moe/moe_190/200409/3776.html.

没有举行初级考试。这次考试共有 12593 人报名参加，其中，报考高级考试的有 10593 人，中级的有 2000 人。此后，该考试一次次"延期举行"，直至 2014 年 10 月 31 日，被孔子学院总部 / 国家汉办举行的"'国际汉语教师证书'考试（试考）"取代[①]。

"汉语作为外语教学能力证书"样本

新的《认定办法》与原来的资格审定办法的不同主要体现在：

第一，考试科目不同。《〈对外汉语教师资格审定办法〉实施细则》规定的考试科目有 5 门：汉语、对外汉语教学理论和语言学、中国文学和中国文化知识、普通话、外语。所有申请证书者无论学历是本科还是硕士、博士，也无论所学专业是"对外汉语"还是"语言文学"或其他，都必须参加这 5 门科目的考试。"成绩全部合格者，经审委会审核批准，颁发由审委会主任签署的对外汉语教师资格证书；成绩未全部及格者，其及格成绩保留 3 年。"而《认定办法》第六条规定："申请'汉语作为外语教学能力证书'需通过下列考试：初级证书的考试科目为现代汉语基本知识、中国文化基础常识、普通话水平；中级证书的考试科目为现代汉语、汉语作为外语教学理论、中国文化基本知识；高级证书的考试科目为现代汉语及古代汉语、语言学及汉语作为外语教学理论、中国文化。"和《〈对外汉语教师资格审定办法〉实施细则》相比，初、中、高三个等级都不考普通话和外语。但"汉语作为外语教学能力证书"并不是对普通话和外语水平没有要求，《认定办法》第四条规定："中国公民应具有相当于大学英语四级以上或全国外语水平考试（WSK）合格水平。"第七条规定："申请中级、高级证书者普通话水平需达到中国国家语言文字工作委员会规定的二级甲等以上。"只不过这两项不再统一考试，只需在申请证书的时候提供符合要求的证明材料即可。

---

① 钱道静.国际汉语教师证书制度的变迁与反思［J］.信阳师范学院学报（哲学社会科学版），2019（2）：100.

第二，免试条件不同。《对外汉语教师资格证书》没有免试，对所有的申请者一视同仁。而《认定办法》第八条规定："对外汉语专业毕业的本科生可免试申请'能力证书（中级）'；对外汉语专业方向毕业的研究生可免试申请'能力证书（高级）'；中国语言文学专业毕业的本科生和研究生，可免试汉语类科目。"《认定办法》第十四条规定："2004 年 10 月 1 日起施行""'对外汉语教师资格证书'同时失效，须更换'能力证书（高级）'"。2006 年 5 月，教育部向条件合格者颁发了"能力证书（高级）"和"能力证书（中级）"。同时，2004 年获得"对外汉语教师资格证书"的直接发给"能力证书（高级）"，2003 年以前的"对外汉语教师资格证书"暂不予更换。事实上，随着能力考试的停考，2003 年以前的"对外汉语教师资格证书"一直没有给予更换。

三、民间证书峰出阶段

在 2005 年国家汉办认可的"汉语作为外语教学能力证书"停考以来，在"汉语热潮"的驱动下，在市场经济利益的驱使下，很多非官方的民间机构开始涌向对外汉语教师资格证的培训市场，各种机构认可的证书五花八门，如：

民间各种证书样本

证书名称	发证机构	依托部委	主要报考条件	考试依据	考试内容	成绩有效期	证书要求
对外汉语教师研修合格证书	中国语言资源开发应用中心	教育部、国家语委	大学本科及以上学历（含在读学生）	《对外汉语教师考试实施办法》	1.对外汉语教学基础理论；2.对外汉语教学应用理论；3.模拟课堂教学	考试成绩1年内有效	各科考试均达到60分且普通话、外语合格者，同时获得两种证书
国际汉语教师执业能力证书	国际汉语教育学会（ISCLP）						
国际注册汉语教师资格证书	国际认证协会（IPA）	人事部、人力资源和社会保障部	大学专科（含）以上学历，在校大学生大二（含）以上	《国际注册汉语教师职业资格考试标准》	1.基础综合；2.课堂教学能力测试；3.外语	成绩3年内有效	根据考试分数确认等级，分初级、中级和高级
国际汉语教师资格证书（ICLTA）	国际认证协会（ICLTA）	中国驻美大使馆等	大学专科（含）以上学历，在校大学生大二（含）以上	《国际汉语教师标准》	1.对外汉语教学基础理论；2.中外文化和跨文化交际；3.对外汉语教学应用理论及教学实践	成绩终身有效，每人最多可报考3次	根据考试分数确认等级，分初级、中级和高级
国际汉语教师职业资格证书（ICA）	国际汉语教师协会（ICA）	外交部	大学专科（含）以上学历，在校大学生大二（含）以上	《国际汉语教师职业资格考试标准》	1.中国文化和跨文化交际；2.国际汉语教学语法及教学实践		根据考试分数确认等级，分初级、中级和高级

民间机构相关证书一览表①

　　凡此种种，这些机构有国外的知名民间认证机构，有国内的各种协会、学校等，证书也各式各样。从叫法上来看，无非是从职业的角度、专业的角度、执业的能力等

① 钱道静.国际汉语教师证书制度的变迁与反思［J］.信阳师范学院学报（哲学社会科学版），2019（2）：101.

方面来叫；从培训和考试的内容上来看，主要包括理论考核和实践教学两个方面，培训和考试费用高昂，少则两三千，多则七八千；从培训的师资来看，有中国老师也有外国老师，教师的专业背景和专业水平良莠不齐，培训和教学质量堪忧。造成这样各种培训机构蜂拥而起现象的原因是由于汉办官方的资格证考试自 2005 年停考之后在近十年的时间里没有恢复（2014 年 10 月开始的考试也在试考阶段，因此只在小范围内流行，没有进行大规模的宣传），作为认定汉语作为第二语言的教学能力认定的官方权威机构，它的认定应该是最专业、最具说服力的，加之汉办并未指定或委托任何社会机构参与证书的培训工作，汉办的培训短板在某种意义上也催发了社会民间机构参与资格证书培训的热情。

四、官方认定阶段

2014 年 10 月 31 日，经过近十年的酝酿，汉办认可的"国际汉语教师证书"考试开考，首次开考就吸引了 3100 余人参加。孔子学院总部／国家汉办在其下属 12 个基地院校举行"国际汉语教师证书"考试（试考，笔试），2015 年 4—5 月对笔试合格考生进行了面试。2015 年 10 月 31 日举行首次正式考试（笔试），2016 年 1 月 16—17 日和 1 月 22—24 对笔试合格考生进行了正式面试。2016 年 9 月 24 日举办的笔试又首次增设了符合本土教师实际能力要求的"本土教师版"，非中国籍、母语非汉语的考生可报名参加"国际汉语教师证书本土教师版"考试。"国际汉语教师证书"考试是 2006 年教育部能力证书考试停考以来，目前国际汉语教育领域最权威、最官方的教学能力水平证明，终止了近十年来国际汉语教育领域因缺失官方能力证书、多种民间机构私自办证的市场乱象。"国际汉语教师证书"考试自 2015 年 10 月正式开考以来，截至 2018 年 6 月，已有累计 67000 余名考生参加笔试、面试，9300 余人通过面试获得证书。目前，在中国、英国、美国、西班牙、澳大利亚、泰国、韩国、新加坡、印度尼西亚等全球 12 个需求较多的国家设立了 20 多个考场。孔子学院总部／国家汉办在其官网上也明确说明："国际汉语教师证书"是国家汉办汉语教师志愿者和公派教师选拔和录取的优先与必要条件。

该证书考试分笔试和面试两个部分，笔试 150 分，主要根据 2012 年国家汉办颁布的最新标准设置题目，内容主要考查汉语教学基础、汉语教学方法、教学组织与课堂管理、中华文化与跨文化交际、职业道德与专业发展五个方面的内容，卷面考题分为：基础知识、应用能力和综合素质三个部分。笔试 90 分为及格，只有达到 90 分以上的才能申请面试。面试是对笔试达到要求的考生进行的考官小组面试。面试着重考查考生综合运用各种方法设计教学方案、组织实施教学过程、完成教学任务的能力，同时考查考生的沟通交际、心理素质、教姿教态等基本职业素养。面试采用结构化面试和情景模拟相结合的方法，准备时间 20 分钟，考试时间 25 分钟，包括说课、试讲和答问三个环节。考官根据考生面试过程中的表现，进行综合评分，满分 150 分，其中中文面试 100 分，英语面试 50 分。经过考试，笔试成绩达 90 分以上，中文面试 60 分以上，英语面试 30 分以上为合格，才能颁发相应证书。

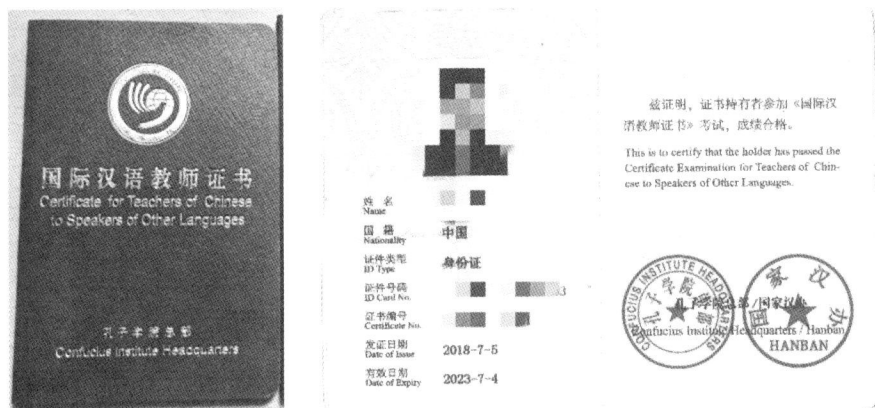

"国际汉语教师证书"样本

（一）通用版笔试

笔试全部为客观题，分为基础知识、应用能力、综合素质三部分，全卷共 150 题，满分 150 分，合格线 90 分。考试时间 155 分钟（含 5 分钟考生填涂答题卡时间）。试题主要采取案例导入式设计，案例源于教学实际，形式多样。

试卷结构	考查内容	题量
第一部分　基础知识	中文教学基础 中文教学方法	50 题
第二部分　应用能力	教学组织与课堂管理 中华文化与跨文化交际 职业道德与专业发展	50 题

续表

试卷结构	考查内容	题量
第三部分 综合素质	教学组织与课堂管理 中华文化与跨文化交际 职业道德与专业发展	50题
总计		150题

通用版试卷笔试结构

（二）通用版面试

面试是对笔试达到要求的考生进行的考官小组面试。面试着重考查考生综合运用各种方法设计教学方案、组织实施教学过程、完成教学任务以及用外语进行交际和辅助教学的能力，同时考查考生的沟通交际、心理素质、教姿教态等基本职业素养。面试采用结构化面试和情景模拟相结合的方法，准备时间30分钟，通用版面试考试时间25分钟，包括说课、试讲、问答和外语能力考查四个环节。考官根据考生面试过程中的表现，进行综合评分，满分150分。

试卷结构		考查内容	时间
第一部分 外语自我介绍		外语能力	2分钟
第二部分 说课		中文教学基础 中文教学方法	3分钟
第三部分 试讲			7分钟
第四部分 问答	中文问答	教学组织与课堂管理 中华文化与跨文化交际 职业道德与专业发展	7分钟
	外语问答	教学组织与课堂管理 中华文化与跨文化交际	6分钟
总计			25分钟

通用版试卷面试结构

（三）本土版笔试

本土版笔试全部为客观题，分为基础知识和应用能力两部分，全卷共80题。全部考试时间为125分钟（含5分钟考生填涂答题卡的时间）。笔试第一部分主要考查语言水平、语言教学知识和中华文化知识。第二部分采取案例导入式设计，主要考查中文教学能力，涉及中文教学方法应用、教学组织与课堂管理和传播中华文化及跨文化交际的能力。案例源于教学实际，形式多样。

试卷结构	考查内容	题量
第一部分　基础知识	中文教学基础 中文教学方法 中华文化	60题
第二部分　应用能力	中文教学方法 教学组织与课堂管理 中华文化与跨文化交际	20题
总计		80题

本土版试卷笔试结构

（四）本土版面试

除考查设计教学方案、组织实施教学过程、完成教学任务以及用外语进行交际和辅助教学的能力，以及沟通交际、心理素质、教姿教态等基本职业素养等内容外，还着重考查考生的中文表达能力及中文教学能力。本土版准备时间30分钟，考试时间20分钟，包括说课、试讲、中文问答三个环节。满分150分。

试卷结构	考查内容	时间
第一部分　说课	中文教学基础 中文教学方法	3分钟
第二部分　试讲		9分钟
第三部分　中文问答	教学组织与课堂管理 中华文化与跨文化交际 职业道德与专业发展	8分钟
总计		20分钟

本土版试卷面试结构

"国际中文教师证书"是新时期顺应国际中文教育学科新发展、学科名称新变化，在原来"国际汉语教师证书"基础上更换了名称和发证主体而出现的最新考试

（CTCSOL），仍然是目前唯一官方认可的国家级考试，由教育部中外语言交流合作中心主办，具体由"汉考国际"实际运行，汉语考试服务网具体操作进行①。面向从事和有志于从事国际中文教育工作的各类人员，包括海内外各类教育机构的教师及相关专业学习者，热爱国际中文教育事业，致力于传播中文和中华文化，具有大学本科及以上学历（含应届本科毕业生）均可报名参加，考试对考生专业背景无限制。该证书是从事国际中文教学工作的能力证明，是中外语言交流合作中心推荐赴外国际中文教师、国际中文教育志愿者的重要条件；是海内外学校、教育机构选聘和评价中文教师的重要参考标准；是评价国际中文教学机构师资水平及教学实力的参考依据。

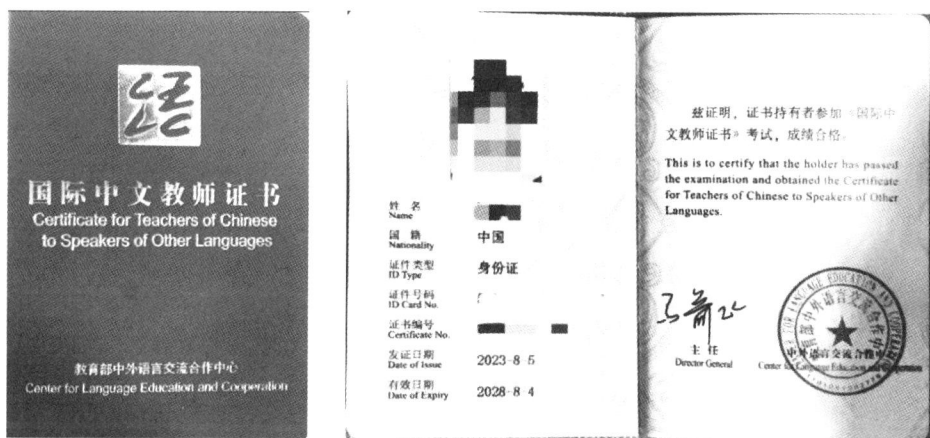

"国际中文教师证书"样本

"国际中文教师证书"考试笔试和面试合格者，凭大学本科及以上学历证明（即毕业证原件扫描和中国高等教育学生信息网〔学信网〕的电子注册备案表）申请"国际中文教师证书"。"国际中文教师证书"有效期为五年，持证人员应在证书有效期内完成指定课程，进行教学实践，可申请换发新证。

■本章思考题：

1. 国际中文教师的主要素养包括哪些方面？

2. 如何理解新时代国际中文教师的信息素养？

3. 你觉得国际中文教师的执业信念可以从哪些方面培养？

---

① 具体网址为：www.chinesetest.cn。

第六章　国际中文教育的施教行为——教学

　　教学是国际中文教育的"三教"问题之一，如果说教师是"三教"的关键，那么教学就是"三教"的核心。国际中文教育内涵丰富，但是中文教学一直都是主业和基业，是教育的常态。教师的综合素养需要在教学中体现，教材的优劣需要通过教学检验，国际中文教育的效果主要靠教学来反映。教育与教学的关系是整体与部分的关系，教育包含教学，教学是教育实践的主要途径之一。邵华（2016）认为："教学"主要指教师和学生共同参与的、有组织有计划地传授和学习有关的知识和技能，从而影响学生的身心发展的一种教育活动，它只是教育系统中的一个组成部分，对教学的研究通常是以教学过程及其规律为对象；而"教育"的内涵则丰富得多，指从德智体美方面培养人的社会活动，主要是学校的活动。对教育的研究，除了研究教学过程和规律，还要研究培养全面发展人才的教育全过程和教育规律。诚然，学校教育目标主要是通过教学活动来实现的，教学论通常是教育学中的主要部分、核心部分。汉语作为第二语言教学，也是本学科研究的主要课题、核心课题。但对教学的研究并非本学科的全部内容，对教学的研究也不能脱离对教育的研究，否则将失去目标和方向。学校作为教育机构所承担的不仅有教学任务，更有教育任务；教师作为教育工作者不仅要教书，还要育人[①]。

　　那么，国际中文教育，针对外籍学生，是否涉及德智体美的教育问题，是否涉及对学习者健全人格的养成、道德的教化等敏感问题，目前在学术界还有分歧。国际中文教育有别于针对国人的母语教育，国别、语别、性别、年龄差、文化差异等如若处

---

① 邵华编著. 对外汉语教学概论［M］. 成都：电子科技大学出版社，2016：5.

理不好，简单照搬母语教育，小到课堂冲突，大至宗教矛盾、文化侵入乃至国际纷争，因此，国际中文的教育应秉承什么样的特殊理念，在具体实践中如何无声浸润，在构筑人类命运共同体中如何发挥作用，是当下该学科需要深入研究的课题。

第一节　课堂教学的基本结构

一、教学与课堂教学

教学既是日常生活中所使用的普通名词，也是作为专业术语使用的一个科学概念。在不同的情境中，人们对教学的理解不同：在日常生活情境中，教学可以指生活中自发、零星、片面的教学现象或行为，也可被理解为与教育等同。在教育教学研究中，研究者从各个角度对教学进行界定。从汉字"教"与"学"的起源来看，教与学具有同源性，"教"可能来源于"学"。"教学"两字连用之初，意指"教学"就是学习[1]。从探讨教师"怎么教"的角度，"教学"与"教授"等同。《现代汉语词典（第7版）》对"教学"的解释是："教师把知识、技能传授给学生的过程。"这里的"教学"强调了教师的教，即教师如何教授教学内容。面对"先生只管教，学生只管受教"的学校教育状况，陶行知先生主张将"教授"改为"教学"，认为教学是教学生学[2]。更多的研究者将教学看成一种活动。在这样的观念下，中外教育学家都从教师教和学生学两方面对"教学"进行了界定：

"教学过程一方面包括教师的活动（教），同时也包括学生的活动（学）。教和学是统一过程的两个方面，彼此不可分割地联系着。"[3] "所谓教学，乃是教师教、学生学的统一活动；在这个活动中，学生掌握一定的知识和技能，同时，身心获得一定的发展，形成一定的思想品德。"[4] "教学是以课程内容为中介的师生双方教和学的共同活动。"[5] "教学就是指教的人指导学的人进行学习的活动。进一步说，指的是教和学相结合或相统一的活动。"[6]

以上是我国教育学或教学论教科书以及教育方面的词典对教学所下的定义。通过这些定义可以知道，教学始终是教师的教与学生的学的统一，教学活动发生于教师与

---

① 施良方，崔允漷编.教学理论：课堂教学的原理、策略与研究［M］.上海：华东师范大学出版社，1999：5.
② 方严编.陶行知教育论文选辑［M］.上海：生活·读书·新知出版社，1947：10.
③ ［苏］凯洛夫总主编.教育学［M］.陈侠等译.北京：人民教育出版社，1957：130.
④ 王策三.教学论稿［M］.北京：人民教育出版社，1985：87.
⑤ 顾明远.教育大辞典（增订合编本）［M］.上海：上海教育出版社，1990：178.
⑥ 李秉德.教学论［M］.北京：人民教育出版社，1991：2.

学生之间。教学活动可以从教和学两方面进行讨论和研究：

第一，教师的教与学生的学是相结合的、相统一的活动。教师的教是为了学生的学。学生的学反映教师教的质量与效果。也就是说，教师的所有努力是为了学生进步，教学的效果主要体现在学生的进步上，而不是体现在教师是否完成了具体的教学任务上。

第二，教与学可以在理性思维中分离[①]。虽然教学是教和学两种活动的结合与统一，但是在教学研究中，可以从教和学两个方面来认识和研究教学活动。研究教的活动，形成关于教的理论，一般成为教学理论。研究学的活动，形成关于学的理论，即学习理论。教学理论关注教师教的行为与活动，主要讨论"教是怎样影响学的"和"怎样的教才是有效的"两大核心问题。本书论述的教学理论主要聚焦于教，讨论教师怎么教的问题。

第三，教学是教师与学生之间开展的教学活动。教师的教学对象是鲜活的人。因此，教师每时每刻面对的情境都是具体的、变化的，需要教师去探究、去解决。虽然教师在上课之前会进行备课，但是教师的具体教学行为要根据课堂上具体的情境进行调整。因此，对于教师而言，教学是一项需要探究的活动。教师是在具体的教育情境中不断探索的研究者。

课堂教学是根据教学单位规定的教学内容和教学时间，在特定的教学场所，教师有计划地向全班学生进行授课的教学组织形式。作为教学的核心，课堂教学是教师开展教学活动，学生进行学习活动的主要场域。对教师而言，课堂教学是将教学理念、教学设计付诸实践的教学实施阶段。在课堂教学中，教师围绕教学目标，根据教学计划、教案开展师生的互动交流、教学活动，传授教学内容，培养相关能力，逐步激励并推进学生的学习。对学生而言，课堂教学是学习知识、锻炼技能的主要途径。在课堂教学中，学生在教师的引导下学习和掌握知识、技能，培养与发展积极的态度、情感与价值观念。

二、国际中文教育的课堂教学

国际中文教学服务于国际中文教育。从早期的对外汉语教学，到国际汉语教学，再到汉语国际教育以及后来的国际中文教育，无论学科名称如何变化，教学对象、教学语言、文化环境、教材等方面出现何种新的现象，国际中文教学的本质仍然是将汉语作为第二语言的教学。《国际汉语教学通用大纲》（2008）对国际中文教学的目标进行了详细的描述：

---

① 施良方，崔允漷编.教学理论：课堂教学的原理、策略与研究［M］.上海：华东师范大学出版社，1999：13.

　　国际汉语教学的总目标是使学习者在学习汉语语言知识与技能的同时，进一步强化学习目的，培养自主学习与合作学习的能力，形成有效的学习策略，最终具备语言综合运用能力。其中，语言综合运用能力由语言技能、语言知识、策略、文化能力四方面内容组成。语言知识包含语音、字词、语法、功能、话题、语篇，与语言技能（听、说、读、写、译）语言综合运用能力的基础。文化能力培养学习者具备国际视野和多元文化能力，更得体地运用语言的必备元素。策略帮助学习者自主学习、自我发展。

　　通俗地说，国际中文教学的目标是帮助汉语二语学习者在特定的文化情境中，准确地理解听到、读到的汉语，并能得体、恰当地进行口头、书面的表达。通过学习汉语，增加文化知识，增进文化理解，提高跨文化能力，打开国际视野。通过汉语学习，学习者不断掌握汉语学习策略，以便进行长期、自主的汉语学习。从这个角度出发，国际中文教学首先承担语言教学的任务，同时还承担学习者学习发展、中华文化的跨文化教育与中华文化传承[①]等相关育人问题[②]。

　　在学校教育中，课堂是教学的主要场所。课堂教学是有目的、有计划、有组织的教学形式。课堂教学是教学的基本组织形式，集中体现了教学过程。任何一门科目的学校教育都要依托课堂教学。传统来看，课堂教学指根据教学计划、教学安排，在特定时间、特定地点进行的教学互动。互联网技术、在线教育的发展模糊了传统课堂的时空界限[③]，课堂教学可以指在特定时间进行的师生之间的教学与学习活动。国际中文教育也可以划分为现实空间的中文教育和虚拟空间的中文教育[④]。其中，现实空间的中文教育还可以分为对外中文教育和海外中文教育。对外中文教育包括传统的来华留学生教育以及国际中学外籍学生的中文教育。而海外中文教育包括海外中文作为第二语言（外语）教育和海外华文教育。海外中文作为第二语言（外语）教育又可以根据教育培训机构的不同分为以孔子学院、孔子课堂为主导的中文教育和本土中文教育。虚拟空间的中文教育指广播、电视及网络中文教育。目前虚拟空间的中文教育与现实空间各类中文教育相对应。本书着重讨论现实空间的中文教育。与之相对，国际中文课

---

① 中华文化的跨文化教育主要针对其他国家的汉语二语学习者，他们学习汉语、中华文化的目的是培养跨文化交际能力。中华文化的传承主要针对世界各国的华裔学习者，他们学习汉语、中华文化的目的是传承中华文化。
② 吴勇毅.我们不再是为习得语言而学习语言：更广阔的视角［J］.国际汉语教学研究，2021（2）：38—39.
③ 刘三女牙，孙建文.人工智能时代的课堂创变：解构与重构［J］.国家行政学院学报，2021（9）：16—22.
④ 对国际中文教育的类型划分参见吴应辉2022年11月10日在首都对外经贸大学中国语言文字学院的讲座《国际中文教育类型划分参考框架构建》。

堂教学也可以划分为在中国境内的来华留学生课堂教学、海外孔子学院、孔子课堂的汉语教学、海外本土中文教学以及海外华文教学四种重要形式。虽然都隶属于汉语二语课堂教学的范围，但是这四类中文课堂教学在地理空间、文化背景、师生状况、课堂文化、教学媒介语等多个方面呈现各自的特色，详见下表：

课堂类型	地理空间	文化背景	师生状况	课堂文化	教学媒介语
来华留学生中文课堂	中国	中华文化	中国教师—留学生	中华文化→多元文化	汉语
孔院、孔子课堂	某国	某国文化	中国教师—本土学生	中华文化→某国文化	汉语
本土中文课堂	某国	某国文化	本土教师—本土学生	某国文化→中华文化	某国语
海外华文课堂	某国	某国文化	华人教师—华人学生	中华文化→中华文化	汉语

国际中文课堂教学类型

其中，来华留学生中文课堂教学发生在中国境内。任课教师是中国籍的中文教师。而学生则是来自世界各地的留学生。从文化背景以及课堂文化的角度来看，来华留学生的中文课堂更像是以中华文化为主场的中华文化与多元文化的交流场所。同样，在中华文化的主场作用下，来华留学生中文课堂的教学媒介语多为汉语。而孔院、孔子课堂、本土中文课堂、海外华文课堂的发生地都在中国境外的某国。那么这些类型的课堂教学都要受到当地文化、教育乃至政治状况的影响。在孔院、孔子课堂中，由于多是中国派出的汉语教师、志愿者任教，课堂文化从师生交流的角度呈现出中华文化与当地文化的交流。而在本土中文课堂任教的教师多为海外本土教师，因此，中华文化在课堂文化中呈"客场"地位，师生多以本国母语为教学语言进行汉语的教学与学习。海外华文课堂的教学对象是当地的华裔学生。任课教师以当地华人、旅居华侨以及当地的中国留学生为主，因此，课堂教学的语言以汉语为主，又因师生双方都具有中华文化的背景，课堂文化以中华文化为主。

课堂教学为任何一种类型的教学提供了目标明确、循序渐进、持续性的教学。尽管地理空间、文化背景、师生情况、课堂文化、教学媒介语存在差异，但是作为国际中文教学的分支，各种类型的课堂都是学习者学习中文／汉语的主要场所。系统的汉语知识通过课堂讲授传递。汉语知识向汉语技能的转化通过课堂完成。跨文化交际能力通过课堂中的各种交际活动逐步形成。对汉语以及中华文化的接触、认识、理解、接纳也通过课堂逐步展开，所以，国际中文课堂教学是国际中文教育的前沿阵地。学习者通过课堂教学学习汉语知识、培养汉语语言能力，并在汉语学习中认识、理解中华文化，形成自己对汉语及中华文化的独特的情感、态度、价值观。

三、国际中文课堂教学的特点

（一）实践性

国际中文课堂教学的实践性体现在两个方面：首先，国际中文课堂教学的目标是帮助学习者掌握实际的汉语交际能力；其次，课堂教学是通过组织学生"实践"来帮助学生掌握这种能力的。培养汉语学习者运用汉语的能力是国际中文教学的出发点，培养学习者运用汉语进行交际的能力是国际中文教学的根本目的，国际中文课堂教学是达到这一根本目的的最重要的环节之一。因此，国际中文课堂教学的目的是使学习者掌握实际的汉语交际能力。换句话说，学习者能够使用汉语与中国人或他国人进行交际。那么，中文的学习就不仅仅是知识的学习，还包括语言技能的训练、交际能力、交际策略的培养，总而言之是使学生具备运用汉语进行交际的能力。因此，运用汉语的实践是国际中文课堂教学的目标。然而，语言技能的训练，交际能力的培养，或者说汉语的实践能力都需要让学生在"实践"中学习，即"在游泳中学习游泳"。因此，课堂教学必须是实践性的。通过与语言实践、交际活动相结合，让学生在语言实践中学会语言实践。这要求教师在备课的时候，将教材、教学内容实践化。通过教学情境设置、教学设计将教材上的语言知识转化为生动的教学内容、教学活动，使学生在交际情境中接触交际实例，在交际实例中理解语言点的意义和功能，在交际练习中掌握语言点的相关知识。

（二）互动性

如前文所述，教学是教师教和学生学的统一活动。教学活动必然发生在教师与学生的互动之中。因此，互动是任何类型的课堂教学的主要特点。对语言教学来说，互动更是课堂教学的基本特征。"互动"是一个从社会心理学引入教学领域的概念。它最早出现于 G. H. 米德对"符号互动"的阐述[1]。当"互动"概念被引入语言教学领域之后，龙（Long，1983）提出的"互动假说"[2]认为在沟通理解发生困难的时候，交谈的双方依据对方理解与否的反馈进行重复、释义、改变语速等语言上的调整，使语言

---

[1]　Charles W. Morris. *Mind Self & Society* [M]. Chicago: the University of Chicago Press，1962.

[2]　M. Long. Native speaker/non-native speaker conversation in the second language classroom[A] // M. Clark and J. Handscombe. *On TESOL'82: Pacific perspectives on language and teaching.* Washington, DC: TESOL, 1983.

输入变得可以理解，从而促进了语言的习得。瑞凡斯[①]（Rivers，2000）认为即使交际过程中没有出现困难或障碍，只有学生的注意力集中于真实信息的传递和接受时，才能达到对一门语言的真实使用。那么，只要交际涉及的信息是真实的，这个交际过程就是互动。兰道夫[②]（Lantolf，2000）从社会文化的角度将互动看成社会交往。在社会交往这种互动中由于共同参与任务，共同建构意义，学习者可以互相帮助和支持，从而学习到一些自己尚未掌握的语言项目。如果说龙强调意义的协商，瑞凡斯强调真实的信息传递，兰道夫则从建构主义理论出发，强调互动对学习者语言学习的启发与作用。布朗[③]（2001）认为："互动是两者或者多者进行思想、感觉、观点的相互交换并彼此产生影响的过程。"这一观点融合与发展了三位学者的思想和观点。由此，布朗认为互动是在真实交际或者类似真实交际中让语言学习者学会语言的最好方式之一。互动对于提高语言学习效率，培养学习者的语言交际能力大有裨益。可以增加可理解输入，增加可理解输出还可以促使学生关注语言形式、提高学生的参与成功度。

作为语言教学中互动发生的主要场所，国际中文课堂教学中存在多种类型的互动。根据课堂互动的参与者，可以将课堂教学的互动分为：教师与学生、教师与教学内容、学生与学生、学生与学习内容之间的互动。教师与教学内容、学生与学习内容的互动发生在教师备课、学生练习等教学过程中。而教师与学生、学生与学生之间的互动是课堂教学中互动的主要形式，也是教学研究者、教学实践者关注的焦点。其中教师与学生的互动可以分为教师与学生个体的互动、教师与全班学生的互动、教师与学生小组的互动[④]。学生与学生的互动可以分为全班互动、两人互动、小组互动。

（三）情境性

学习发生在具体的情境之中。学习者在情境中与其所处环境中的物质、信息、概念资源进行交互[⑤]。在这种广泛交互中，学习者原有的体验、知识、价值体系与情境中的新信息发生链接，有意义的学习才能发生，新知识才能被纳入学习者已有的知识结构，引起知识结构的改造和重组。此外，情境还是语言学习的重要内容。学习者学习汉语的过程就是不断在其母语知识体统的基础上建立汉语知识系统的过程。汉语知识系统不仅包括汉语的语音、词汇、语法，同样也包括汉语使用的情境即语境。汉语语境的

---

① M. Rivers. *Interactive Language Teaching* [M]. Cambridge: Cambridge University Press, 2000:1–3.
② J. Lantolf. *Sociocultural Theory and Second Language Learning* [M]. Oxford: Oxford University Press, 2000.
③ H. Brown. *Teaching by Principles: An Interactive Approach to Language Pedagogy* [M]. Beijing: Foreign Language Teaching and Research Press, 2001:47–56, 157–162.
④ 吴康宁. 教育社会学 ［M］. 北京：人民教育出版社，1998：54.
⑤ Greeno & James. The Situativity of Knowing, Learning, and Research [J]. *American Psychologist*, 1998, 53(1):5–26.

建立是国际中文学习者运用汉语进行准确、得体表达的前提。在学习汉语之前，学习者已经建立了母语的知识体系以及相应的情境体系。在学习汉语时，如果只注重词汇、语法知识的学习，忽视了其相应情境系统的建构，那么这些词汇、语法知识所对应的语境信息则会由其母语系统进行补充。学习者将在其母语情境体系中运用汉语，这会导致达意但不准确、不得体的现象发生①。因此，在国际中文教学的课堂上，情境既是任何学习不可或缺的要素，也是中文学习必不可少的内容。当然，课堂教学中的情境并不能与真实情境完全等同。这需要国际中文教师对词汇、语法项目所使用的真实情境进行描写和分析，抽取目标项目的典型情境，并采用多种方法在课堂上构拟目标项目的典型语境，为学习者接触、感知、理解目标项目提供情境、材料，为学习者练习和掌握目标提供条件、机会和任务。

四、国际中文课堂教学的基本结构

作为一种活动，教学活动与其他活动呈现出不同的特点。一般认为，引起学生学习意向的、明释学生所学内容的、采用易于学生觉知的方式开展的活动才是真正的教学活动②。与传统以教师讲授为主的课堂教学不同，国际中文课堂教学更加强调以学习者的活动为主，通过多种形式的语言操练活动和交际活动，有目的地引起学生的学习。除引起学习者的学习意向之外，国际中文课堂教学还需要在教学目标的指导下通过说明、演示、描述、解释等明释性方式，或者以情境设置、故事讲述、角色扮演等暗示性方式向学生呈现需要学习的内容。在引起学生学习意向、明释学习内容的时候，国际中文课堂教学还需要注意采用符合学生汉语发展水平、认知水平讲解方式和练习方法。

（一）课堂教学的基本过程

从第二语言教学的特点，国际中文课堂教学的过程可以分为感知、理解、巩固和运用四个阶段③。每一个阶段都需要引起学生学习的意向、明释所学的内容，并采取易于学生觉知的方式开展教学活动。

感知阶段是感性的语言材料通过视、听、读、参与等途径被学习者感知，进入大脑形成表象的过程。在这个阶段，教师在符合学生认知水平、汉语发展水平的前提下，采取易于学生接受的方式对学生要学习的内容进行处理，将需要明释的教学内容形象

---

① 王初明. 论外语学习的语境［J］. 外语教学与研究（外国语文双月刊），2007（3）：190—198.
② 施良方，崔允漷. 教学理论：课堂教学的原理、策略与研究［M］. 上海：华东师范大学出版社，1999：16.
③ 刘珣. 对外汉语教育学引论［M］. 北京：北京语言大学出版社，2000：338.

化、趣味化地与学习者的知识储备、生活现实相联系，激发学生产生对所学内容的兴趣。感知是认识的开始，是理解的基础。在感知阶段最大程度地调动学生的注意力、观察力甚至是记忆力，能为后续的学习奠定基础。

理解阶段是从感知的表象中进一步认识语言现象的内部结构和内在联系。教师通过推动学生运用综合、分析、概括、推理等方法，联系自身已有的知识对所感知到的语言材料进行意义、结构、用法的理解和归纳。在理解阶段，与已有知识的联系、恰当的讲解方式能够激发学生探索、理解语言材料的积极性，从而真正理解所学的内容。

巩固阶段是将感知、理解的知识内化并向技能转换的过程，也是从理论到实践的过程[①]。通过对语言现象、语言材料的总结归纳以及以有意义的操练为主的练习活动和交际活动，帮助学生内化语言规则，形成言语技能。在这一阶段，清晰、适当的总结以及参与程度高的课堂活动能够较好地被学生接受，从而产生学习的兴趣。

语言学习的目的在于语言的运用。课堂教学的运用阶段既包括学生在真实的语言情境中进行言语交际的活动，也包括学生在课堂情境中的模拟交际练习。为学生提供适切的交际任务和典型的交际情境，能够帮助学生进入记忆的再认阶段，激发他们将所学内容运用于日常交际的积极性。同时，学习者的语言运用情况是对教学效果的反馈，为教学评价提供了丰富的材料。

（二）课堂教学的基本环节

课堂教学的主要环节以教学过程的感知、理解、巩固、运用四个阶段为基础。虽然不同类型的国际中文课堂教学的教学环节安排可能存在其独特性，应用不同教学方法、教学理念的国际中文课堂教学也会在教学环节的安排上略有不同，但是一般而言，国际中文课堂的基本教学环节包括：组织教学、复习检查、讲练新内容、巩固总结和布置作业。

1. 组织教学

组织教学是课堂教学的第一环节，体现了教学的情感因素。通过开始上课的师生问候、话题讨论、出勤检查以及其他教师与学生约定的上课之前的程式，帮助学生从课间松散的状态调整为适度紧张的上课状态，将注意力转向学习。同时，在讨论相关话题、检查出勤的过程中，增加了对学生学习状况的关心，有利于创造积极、和谐的学习氛围。在组织教学的最后，教师还可以宣布本节课的教学目标、教学内容，帮助学生对当天的学习有一个概括性的了解。组织教学在整个教学过程中所占的时间比较

---

① 刘珣.对外汉语教育学引论［M］.北京：北京语言大学出版社，2000：339.

短，一般不超过 5 分钟。

2. 复习检查

国际中文教学中，新旧知识的联系非常紧密。复习旧知识是学习新知识必不可少的基础。复习检查体现了教学活动的延续性。一般来说，复习检查能够帮助教师了解学生对已学内容的复习、掌握情况，对新内容的预习情况，为下一个教学环节打下基础。复习检查可以通过多种形式进行。如果上一堂课布置了作业，那么在复习检查环节可以检查学生完成作业的情况，如有必要还可以进行集体讲评和订正。也可以对上一课的重点内容进行口头、书面的复习。还可以用小测验的形式对上一课所学的内容进行诊断测试。如果上一堂课的学习内容与本堂课的教学内容相关，还可以借由复习检查环节引出本课的新内容。复习检查环节是教学的基本环节。但是在一些特殊情况下，如新课程的第一课，复习检查环节可以省略。需要说明的是，复习检查也是教学过程中经常运用的教学手段。复习和检查可以在教学中随时进行以及时了解学生的掌握情况，调整教学方法、教学步骤、教学进度。

3. 讲练新内容

讲练新内容是课堂教学的重点环节，是学生接触和获得新学习内容的环节。教师在这一环节展示和练习新的教学内容。学生在这一环节跟随教师的教学设计，逐步感知新的语言现象、理解新的语言知识，并且进行相应的技能练习。一般而言，生词、语法和课文等语言教学的新内容的教学都有这一环节。在这一环节中还包括导入、讲解和练习三个主要的教学步骤。导入可以引起学生的兴趣、优化课堂教学的氛围、帮助学生将新知识与已有知识建立联结，提高新知识的效果。一堂课的导入设计得如何，体现了授课教师对新知识的理解和把握、教学的水平与艺术。国际中文课堂教学中有多种导入的方式。旨在引起学生兴趣的导入可以使用故事、音频、视频等更为形象化的材料。也可以通过对话、游戏等方式营造积极、热烈的课堂教学氛围。如果关注将学生的新旧知识相联系，还可以通过听写、回答问题、小测试等方式进行导入。作为新内容"出场"前的预热阶段，导入的方式多种多样。但是在选择导入范式、设计导入活动的时候，需要注意：

（1）明确教学目的，聚焦教学内容，提炼导入的切入点。导入的目的是服务于后续的教学。因此，在明确目标的前提下，对教学内容进行分析，找到最恰当的导入切入点才能充分发挥导入的作用和效果。

（2）关注学生，加强导入的内容与方式和学生已有知识、生活经验的联系。人们对新知识的吸收与内化依赖于其自身的原有知识。与先前知识建立联系更有利于新信息存储至长时记忆[1]。当学生发现所学课堂内容对其自身具有人生价值的时候,会具有更强的学习动机[2]。因此,根据学习者的具体情况选择导入的内容与方式有利于学习者对新知识进行接纳与消化。

（3）注重导入的趣味性、启发性。导入可以在教学内容与学生之间制造某种"不协调",将学生引入一种与问题有关的情境。通过设置悬疑使学生的注意、记忆、思维凝聚起来,达到学习的最佳状态。因此,新颖且充满趣味性的导入更有利于激发学习者的学习动机,保持学习兴趣。

国际中文课堂教学具有实践性特点。因此,讲解与练习是紧密结合的。有时候会将新内容的讲解与练习合二为一,成为新内容（新课）的讲练。在这一环节,教师要注意将适当的讲解与学生的练习相结合。教师要谨记不能长篇大论,而要精讲。在精讲的基础上进行机械性的操练以及有意义的交际练习。具体而言,可以分为先讲后练、先练后讲和边讲边练。先讲后练使用的是演绎法,先将词语或语法的形式、意义、使用规则讲清楚,然后再进行替换扩展、多种形式的练习。先讲后练适合刚开始学习汉语,更为依赖教师讲授的初级汉语学习者。先练后讲使用的是归纳法。先通过各种练习方式,让学生就某一学习内容进行实践。实践的过程就是深入感知语言材料的过程。在感知的基础上,教师和学生一起对语言材料进行分析、归纳,增进学生对该学习内容的理性认识。一般来说,先练后讲较为适合已经具备一定的汉语知识、汉语技能,能够对语言现象进行初步分析的中高级学习者。先讲后练和先练后讲多针对具体的教学内容而言,比如某个具体的词汇、语法以及某个具体的篇章、语段。而边讲边练则是国际中文课堂教学的主要特征。尤其是一些强调"做中学"的教学方法,如任务型教学法、产出导向法,奉行的都是边讲边练的讲练模式。这些教学法会在后文中进行详述,这里不再赘言。

4. 巩固总结

巩固总结与讲练新内容紧密相连,是对初步获得的新内容的巩固和提炼。这一环节可以分为两部分。首先是巩固。巩固的主要方法是练习,是在新课讲练的基础上进一步将知识转化为技能的练习。因此,在巩固总结的环节,练习更多的是有意义的交际练习。这一环节并不要求学生具有高度的熟练度和灵活度,而是能够掌握所学内容,初步应用即可。因为,通过课后作业中的应用练习以及课外学生在真实环境中的使用,

---

① ［美］简妮·爱丽丝·奥卢罗德. 学习心理学（第6版）［M］. 汪玲, 李燕平, 廖凤林, 罗峥译. 北京: 中国人民大学出版社, 2015: 138.
② ［美］简妮·爱丽丝·奥卢罗德. 学习心理学（第6版）［M］. 汪玲, 李燕平, 廖凤林, 罗峥译. 北京: 中国人民大学出版社, 2015: 375.

以及后续课程中的复习检查等多个情境的复现，该学习内容会得到进一步的内化。除了巩固，在本环节还需要完成的是对新内容进行归纳和总结。这一步对新内容的学习非常重要。工作记忆的工作原理表明将信息进行复述和编码的程度影响其进入长时记忆[①]。如果说在新内容讲练的过程中的讲解是对新内容进行初次编码和复述，那么巩固总结环节就是对新内容进行的再次复述。而且再次复述突出了新内容的重点和难点，提高了学生理解、记忆的效率。总结的方法多种多样，既可以是言简意赅的总结，也可以是一目了然的图标或公式，还可以是学生易犯错误的提醒。总结既可以是教师的陈述，也可以是师生的问答，还可以将总结的主动权交给学生，引导学生自己进行总结。

5. 布置作业

布置作业是课堂教学的最后一个环节。课外作业可以巩固课堂所学内容，促使学生将所学内容应用于语言生活的实践之中。课外作业可以包含两个部分，一是对所学内容的巩固、复习与应用，二是对新内容的预习。作业的内容与当天讲解的内容相匹配，与第二天的教学内容相联系。作业的形式是学生所熟知的，包括口头和书面两种。需要注意的是，作业量和作业难度应该适中。并且应有对应的作业检查方式，可能是第二次课的当堂检查，也可能是在规定时间提交给老师，还可能是同学、小组之间的互相检查与订正。

组织教学、复习检查、讲练新内容、巩固总结、布置作业是国际中文课堂教学的基本环节，与教学过程相对应，给教师提供了课堂教学最基本的行动指南。但是在教学实践中，这五个教学环节并不是严格按照顺序线性排列的。不同课型、不同情况的教学中可能会有所增减，也可能会循环出现。我们以综合课的教学为例，说明课堂教学中教学环节的选择与安排。综合课是国际中文课堂教学的主要课型，是包含了语音、汉字、词汇、语法以及语篇多个要素，融合了听力、口语、阅读、写作乃至翻译多种语言技能的中文教学。因为综合了中文教学的多个要素、多重技能，顾名思义称之为"综合课"。现行综合课教材多由生词、课文、语法点、课后练习等几个主要部分组成。与之相应，综合课的教学也多划分为生词教学、语法教学、课文教学和练习讲评四个主要版块。根据语言课堂的特点，一堂综合课中可能会涉及生词、语法、课文多个版块的内容。教师在组织教学、复习检查环节之后会展开多个版块的新课讲练。比如，先讲生词，再讲语法。那么，生词教学版块就包含新内容讲练和巩固总结的环节。语法教学版块也包含新内容讲练和巩固总结的环节。这样，整堂课的教学环节安排就

---

① ［美］简妮・爱丽丝・奥卢罗德. 学习心理学（第6版）［M］. 汪玲，李燕平，廖凤林，罗峥译. 北京：中国人民大学出版社，2015：151.

可能是：

组织教学→复习检查→生词讲练→生词总结→语法讲练→语法总结→整节课的巩固与总结→布置作业

以上是以传统综合课堂为例，对教学环节的选取与安排进行讨论。在以任务为中心或语言产出活动为中心的中文课堂中，这些教学环节依然能够帮助教师推进课堂教学。只是教学的新内容由传统的词汇、语法、课文变换成各种任务与活动。无论是传统的教学内容，还是新兴教学法观照之下的教学活动，每个新的教学内容都可以遵循导入、讲练、总结的顺序进行教学。整堂课由多个新内容教学循环组成。课堂教学随着多个教学循环不断推进。在这个循环推进的教学过程中，教师根据教学内容之间的联系设计相关的导入、讲解、练习等教学活动。学生跟随教师不断地进行感知、理解、巩固、运用，循环推进，螺旋上升，最终完成整堂课的教学与学习任务。国际中文课堂教学的过程详见下图：

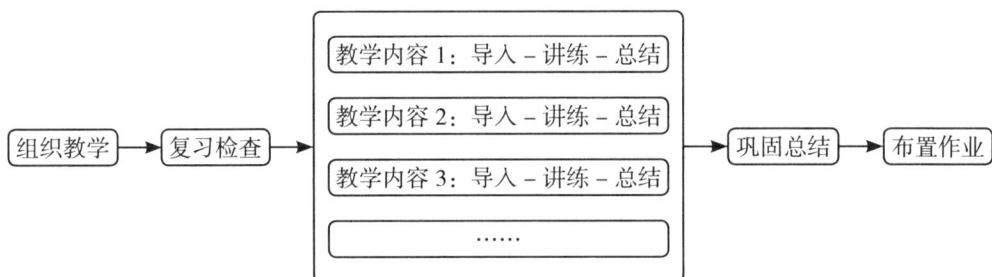

教学过程图

第二节 课堂教学的主要课型

如前文所述，现实空间的国际中文教育可以分为对外中文教育和海外中文教育。海外中文教育的种类比较复杂，既包括海外本土汉语教学和海外华文教学，既涉及孔子学院等培训机构，又与各个国家、地区的高等教育机构、基础教育机构紧密相连。因此，海外中文教学的课程设置呈现出地区、国家的特色。在华的中文教育中，国际中学外籍学生的中文课程也与其学校的整体课程设置密切相关。因此，本节以来华留学生的中文教育为例，讨论国际中文课堂教学的教学类型和课程类型。

一、来华留学生中文教育的教学类型

教学类型是根据不同的教学内容、教学期限、授课方式等划分出来的教学组织形式的类别[①]。在中国高等院校进行的对母语非汉语的汉语教学旧称"对外汉语教学"。在国际中文教育的新语境下，我们将其称为"来华留学生中文教育"。来华留学生中文教育事业从 20 世纪 50 年代初开创至今已有七十多年的历史。这七十多年，来华留学生中文教育的教学类型和课程类型都处于发展的过程中。初创阶段，来华留学生中文教育是中文预科教学。以清华大学的"东欧交换生中国语文专修班"为典型代表，为捷克斯洛伐克、波兰、罗马尼亚、匈牙利、保加利亚、朝鲜等友好国家的交换留学生进入相关院校进行专业学习提供中文教学。一般而言，留学生来到中国先学一至两年的汉语，然后进入有关学校学习专业。

1978 年，北京语言学院正式创办了外国留学生四年制现代汉语本科专业。南开大学、南京大学、复旦大学等院校也相继设立现代汉语本科专业。该专业以培养汉语教师、翻译和汉语研究人才为主。自此，来华留学生中文教育出现了学历教育。1986 年，北京语言学院开始招收现代汉语专业外国硕士研究生；1999 年，北京语言文化大学开始招收攻读对外汉语教学方向博士学位的留学生。北京师范大学、中山大学、上海师范大学等院校开始招收该方向的外国学生。这样来华留学生中文教育有了从学士学位到博士学位的完整学历教育。来华留学生中文学历教育中的中文教学主要集中于本科、研究生阶段的中文教学。对接受中文学历教育的留学生而言，中文教学不是他们要学习的全部内容。在专业教学中，还包括非汉语课程，如文化课程、中国国情课程、文

[①] 吕必松.汉语和汉语作为第二语言教学［M］.北京：北京大学出版社，2007：87.

学课程等。这里主要讨论中文学历教育中的中文教学。

除了学历教育，非学历教育也有了新的发展。除了中文预科教学，还出现了非学历的中文教学、短期中文教学等教学类型。1978 年，北京语言学院创办短期汉语进修班。从 1980 年开始，短期汉语教学迅速发展到全国。期限多则半年、少则一两周不等，根据学生的汉语程度、项目的计划要求，进行相应程度的汉语教学，也有教学与旅游相结合的游学。非学历的中文教学主要通过正规的中文教学提高学习者的中文交际能力。教学期限长于短期中文教学，一般是半年到两年不等。教学对象的构成复杂，有学生、职员、自由职业者、家庭主妇、退休人员。他们的学习目的多种多样，有的是为了解决日常生活中使用中文的基本需要，有的是为了满足在华旅行、工作、生活的需要，有的是为了学习中华文化。总体来说，非学历的汉语进修教学以提高学习者汉语交际能力为主。学习时长是半年到两年不等。

时至今日，来华留学生中文教学依然可以分为中文学历教学、中文预科教学、非学历中文教学和短期中文教学四种类型。

中文学历教学主要是指本科专业的语言教学。中国对外国人的汉语本科专业教育始于 1976 年北京语言学院设立的对外国人的现代汉语专业。现在这个专业定名为"汉语言文学"专业。随着国际中文教育的发展，许多高校还设立了面向外国留学生的"汉语国际教育"专业。中文学历教学主要是针对"汉语言文学""汉语国际教育"两个专业开设的系列汉语课程：初、中、高级综合汉语课，汉语听、说、读、写分技能课[①]。一些院校根据学校的特色还开设报刊阅读、新闻阅读、新闻听力等课程。

中文预科教学是为帮助准备在中国境内高等院校接受汉语以外专业（理工农医及其他文科专业）教育的本科、硕士、博士层次的外国留学生顺利进入专业学习而开展的语言教学。教学期限一般为一年。经过一年系统的学习，学习者具备相关的听力和阅读能力，能就日常生活、社交进行简单交谈，能够基本满足在华日常生活需求，具备在中国高等院校进行专业学习的基本能力。中文预科教学的课程设置主要以中文教学为主，一般分为汉语综合课和听、说、读、写分技能课程。

非学历中文教学是指既不以学历教育为目标，也不为接受专业教育做准备，单纯以提高汉语水平为目的的语言教学。与中文预科教学相似，主要以提高学习者汉语交际能力为主要目标。根据学习者的语言水平，可分为初级、中级、高级三个阶段的教学。课程设置以语言课程为主，一般以综合课与技能课相结合的方式设置课程。一些院校

---

① 关于课型的相关知识见下一节。

还根据自己的特色开设一定的文化课程。

短期中文教学也是中文非学历教学的一种。但是在教学对象、教学目标、教学原则、课程设置方面都具有自己的特点。一般来说，开展短期中文项目的院校会根据项目的具体情况设置课程。以游学为主的短期中文项目主要以一门综合性质的汉语课为主。以短期强化提高语言水平的短期中文教学则可能沿用综合课＋技能课的课程设置模式，力求在短时间内强化、提高学习者的汉语能力和汉语水平。

二、来华留学生中文教学的课程类型

国际中文教学的根本目的是培养运用汉语进行交际的能力。汉语交际能力的培养既涉及汉语的基本要素（语音、词汇、语法、汉字），也涉及汉语的基本技能（听、说、读、写、译）。一般而言，语言要素的教学是为了培养语言技能。同时听、说、读、写、译这五种基本技能是可以在教学中进行侧重训练和强化的。因此，按照技能划分的，旨在强化某种技能的语言技能课程是二语教学的常见课型。在技能强化的二语教学观念的指导下，国际中文教学可以分为综合课和技能课等不同的课型。需要注意的是，当国际中文教学的课程设置以一门汉语课为主时，可以不区分综合课与技能课。因为一门汉语课程中就囊括了听、说、读、写甚至译等多种技能。而我们日常所提及的综合课和技能课，则是在综合＋技能的课程设置中才会出现。综合课是相对技能课而得来的命名。技能课也是与综合课相区别的注重某项技能训练的课程。当然，国际中文教学的课程设置、课型安排需要与不同的教学目的、教学内容、教学对象、教学对象的语言水平以及不同的教学手段有关。例如在来华留学生的中文教育中，中文学历教育、中文预科教育一般都使用综合课与技能课相结合的教学思路。而短期中文教学则根据实际情况选择一门汉语课或综合课与技能课相结合的设置。

（一）综合课

综合课（又称"精读课"）是中文教学的主干课程，主要特点是综合教学。综合课的主要任务是对语言要素、语用规则以及相关的文化背景知识进行全面的教学。在综合课的教学中，听、说、读、写、译等多项语言技能都要得到全面的训练。对于开设一门汉语课程的中文教学而言，中文教学就是综合教学，将语音、汉字、词汇、语法、语篇等多方面的语言知识，以及听、说、读、写、译多类型的语言技能融合于一门课程的汉语教学之中。对采用综合＋技能课程设置的中文教学而言，汉语综合课虽然必然涉及上述各类要素和技能的教学，但因为还有技能课程的协助，综合课程更多承担了语音、汉字、词汇、语法、语篇等方面的综合教学。

（二）技能课

技能课又称为"专项技能课"，是为专门强化训练某项语言技能而设置的课程。它可以是单项技能课，如听力课、口语课、阅读课（泛读）、写作课，也可以是几项技能结合起来的专项训练课，如听说课、读写课等。有时候，根据培养院校、培养机构的特点，还会开设报刊阅读、新闻听力、外贸口语、文学阅读、应用文写作等课程。技能课的主要特点是专注于某一项或两项技能进行的强化训练，一般与综合课同时开设。技能课的教学中也涉及语音、汉字、词汇、语法、语篇等偏重于语言要素的内容，但是根据不同技能课的训练重点，这些语言要素在各个技能课中的教学方式、重点各有不同。

1. 听力课

听力指听别人说话的能力，也可以说是一种话语理解能力。语言学习中，"听"必然先于"说"[1]。"听"是语言学习的起始。只有先听到别人说话，才能跟别人说话。因此，语音、词汇、语法的学习都要始于"听"。从言语交际的角度说，学习者"听"是输入的环节。如果听不懂，就无法做出反应，也就无法与人进行交际。第二语言教学中对"听"的训练（听力训练）指专门进行话语理解能力的训练。听力课就是专门进行话语听力理解训练的技能课。听力课的教学通过听说结合、听写结合、听读结合、听做结合等多种方式，通过对听力材料以"听"为主的输入理解处理，对听力相关技能[2]有目的、有针对性地专门训练。因此，从教学侧重点来看，听力课以"听"为主，课程中所涉及的语音、词汇、语法知识以及说、读、写、译等技能都是为听力技能的提高做准备。

2. 口语课

语言是思维的工具，也是表达思想的工具，更是交际的工具。口语表达是语言学习必不可少的核心技能。口语课是集中对口语表达能力进行强化和训练的技能课。口语表达能力包含语音能力、造句能力、成段表达能力等多个方面。口语课的主要教学目标也围绕这三大能力展开。语音能力主要是针对初级阶段的学习者，通过语音教学阶段对语音、语调的严格训练，为学习者后续的语言学习打下语音基础。造句能力是由字到词、由词到句层层组合的能力。成段表达能力是连续说一段话、一篇话的能力，将句子组成语段、语段连成语篇的能力。语音能力、造句能力、成段表达能力是对言

---

① 吕必松. 汉语和汉语作为第二语言教学［M］. 北京：北京大学出版社，2007：208.
② 杨惠元将听力微技能归纳为辨别分析能力、记忆存储能力、联想猜测能力、快速反应能力、边听边记能力、听后模仿能力、检索监听能力以及概括能力进行训练。参见：杨惠元. 听力训练理论研究的回顾与展望［J］. 世界汉语教学，1997（02）：82—85.

语技能的训练。口语课还要承担在言语技能的基础上发展言语交际能力的任务。言语交际能力是说话者能够根据具体的交际情境，恰当地选择语言形式进行表达的能力。言语交际能力与交际对象、交际场合、交际内容、交际意图都有关系，还要涉及语用规则、背景文化等知识。这是口语课程教学的最高目标，也是最难达到的目标。可以说，言语交际能力的训练贯穿于口语课语音能力、造句能力、成段表达能力的训练全过程。

3. 阅读课

阅读是对书面文字符号构成的篇章的理解活动。与听力一样，阅读是语言输入的环节，通过书面符号对语言信息进行解码。阅读课是专门训练学生阅读理解能力、阅读技巧的专项技能课。阅读课的目的是培养和提高学习者阅读理解能力，积累相关文字知识、语言知识以及文化知识的课程。阅读课是技能课的重要组成部分。通过阅读课可以巩固学过的字、词和语法，并且在阅读的同时吸收新的字、词和语法。不同教学阶段的阅读课承担的教学任务不同。初级阶段的训练重点是识字和语汇理解训练。中高级阶段的阅读课程在继续进行字词积累、语汇理解教学的基础上培养阅读推断能力、训练阅读技能并通过阅读扩大语汇量，提高阅读的质量和速度。

4. 写作课

写作是人们用文字表达和交流思想感情的过程。与口语表达相似，都是通过语言形式将信息输出。与口语表达不同，写作是将信息以书面形式输出的过程。写作课是集中强化学习者书面表达能力的技能课程。从发生学的角度，口语的产生是第一性的，书面语言的产生是第二性的。从语言学习的角度，口语表达是语言学习的必选项，书面写作在某种意义上是语言学习的可选项。但是，如果学习者想要获得较高的语言水平，那么写作技能的训练是必不可少的。因此，写作课程的设置与安排一般集中在中高级[①]。此外，写作课的教学内容还可以分为普通写作与应用写作。普通写作一般包含记叙文、议论文、说明文、应用文的写作。应用写作则可以细化为商务写作、公文写作、学术写作等主题。一些观点中，商务写作、公文写作、学术写作可以作为单独开设的课程，不纳入综合课＋技能课的范畴。

5. 翻译课

翻译课在早期对外汉语教学时代本科专业的语言教学中曾占有一席之地。1976年，北京语言学院设立针对外国人的现代汉语专业的目的就是培养汉语教师以及翻译人才。此外，在教育教学等培养活动中，还曾开展翻译比赛等活动，促进学生翻译技能的发

---

① 这里的写作课不包含教学实践中的汉字读写课。汉字读写中的"写"专注于汉字的书写。

展 ①。但是随着语言教学理论的发展，语法翻译法逐渐式微，作为语言技能的翻译课也逐渐受到忽视。许多本科专业的中文教学、中文预科教学也都不再将翻译课作为必开的技能课程。但是，随着国际中文教育的发展以及中文日益广泛地应用于国家之间经济贸易、文化交流之中，全球汉语学习者在学习、工作以及生活的情境中也会大量地使用到翻译的技能。《国际中文教育中文水平等级标准》（2021）将语言技能界定为"听、说、读、写、译"五个维度。《国际中文教育中文水平等级标准》是由教育部与国家语委一起出台的有指导意义的文件，为全球国际中文教学提供指导。现实的需求以及国家标准的导向让我们重新审视并思考翻译课的设置与教学。《国际中文教育中文水平等级标准》对"译"的要求从四级开始 ②。这说明作为语言技能的一种，"译"对学习者的语言水平要求相对较高。与之相应，翻译课同样应开设在中级及以上的语言教学阶段。关于作为技能教学的翻译课应该如何设置、教材如何编写、教法如何，应该是技能教学实践、研究关注的问题。

综合＋技能的课程设置是当前来华留学生中文教学的主要形式。在进行课程设置的时候，要考虑课与课之间纵向与横向的关系。纵向指教学的阶段性，如"初级汉语""中级汉语""高级汉语"是不同的教学阶段。横向指同一教学阶段各课之间的配合。从纵向的角度看，不同的教学阶段各类课程的设置以及教学中的配合都会影响到教学的效果。如，语音教学、汉字教学是初级阶段尤其是零起点的初级汉语教学阶段的重要内容。阅读、写作和翻译的技能在汉语学习之初无从训练。因此，许多院校在初级汉语教学阶段开设读写课、听力课、口语课配合综合课的教学。其中，读写课专注于汉字的认读和书写，听力课专注于语音的听辨，口语课专注于语音的输出练习。初中级阶段，将读写课的重点逐渐转为汉语语段的阅读与写作。随着学习者语言水平的提高，语言教学也逐渐由日常口语会话转向了书面语篇的教学。因此，中、高级阶段技能课的设置则会将听力、口语合并，而将阅读和写作分离。这样的设置既符合语言学习听说不分家的规律，也突出了中、高级阶段书面语的阅读与写作能力的提高。

从横向的角度看，同一语言阶段的综合课与技能课的配合需要从教学目标、教学材料、教学方法等多个方面进行考量。如初级阶段，学习者的语言水平有限，综合课与各个技能课中的教学内容的重合程度会影响学习者的学习。如果综合课、技能课的教学内容彼此没有关联，势必增加初级阶段学习者的学习负担。简单来说，综合课的

---

① 崔永华.对外汉语的教学研究［M］.北京：外语教学与研究出版社，2005：84.
② 中华人民共和国教育部国家语言文字工作委员会.国际中文教育中文水平等级标准［M］.北京：北京语言大学出版社，2021：4.

词汇与口语课的词汇完全不同，学习者需要同时学习两门课程不一样的词汇。这大大增加了初级学习者的负担，会出现"贪多嚼不烂"的后果。综合课的词汇与口语课词汇完全吻合。初级学习者的学习负担减轻了，但是否会出现因"吃不饱"而出现的学习动力不足，或因内容重复导致的学习倦怠？因此，课程的设置要充分考虑学生类型、学生的水平以及教材的选用等问题。同时，在现有课程设置的情况下，加强各个课型的任课教师对课型的认识和各课型协作的意识。

第三节　课堂教学的主要方法

　　教学方法在使用中存在多重含义 ①，既可以指整个学科的理论和实践，比如外语教学法，也可以指某一教学法流派，如"语法翻译法""听说法"，还可以指教学中采取的具体方法，如"角色扮演""句型替换"等。本章的主题是课堂教学的主要方法，旨在向大家介绍国际中文课堂教学中常用的教学方法。但是，课堂教学中对教学方法的选取、使用与教师对国际中文教学的认识关系密切。作为二语教学的一个蓬勃发展的分支，国际中文教学的方法源自二语教学法。梳理和认识第二语言教学法流派的演变与发展，有助于认识第二语言教学发展的脉络，认清第二语言教学的特点、性质。同时，第二语言教学法流派也为国际中文教师提供了宏大的背景，有助于国际中文教师发展根据教学情境选择相适应的教学方法进行教学实践的教学能力。我们首先对第二语言教学法流派进行简单梳理，以期给大家一个宏观的大背景。然后重点讨论广泛应用于国际中文课堂教学的教学方法以及课堂教学中教学法的选择与使用。

　　教学法流派是在一定的理论指导下在教学实践中逐渐形成的，包括理论基础、教学目标、教学原则、教学内容、教学过程、教学形式、教学手段、教学评估等多方面的教学体系 ②。经历了百年的探索，二语教学在语言学、心理学、教育学的指导下，不断进行理论和实践的探索，出现了各种各样的教学方法以及教学法流派。不同的教学法流派从不同的角度出发，探索二语教学的本质、特征以及相应的教学方法。一般来说，谈及"发展""脉络"，大家都会根据直觉将其与时间发展顺序相联系。诚然，任何教学法的流派的萌芽、发展与形成都与其所处的时代有密切的关系。但是，我们的目的不是向大家展示二语教学发展的历史，而是希望通过不同的二语教学法流派引发大家对二语教学以及二语教学中教学方法选择的思考，从而为自己以后的教学做准备。因此，我们从二语教学方法形成发展的影响因素出发，对二语教学法流派进行简单梳理。

　　影响二语教学法发展的第一个因素是语言观。我们如何形容语言是影响我们选择教什么的决定因素 ③。语言教育家戴安·拉森－弗里曼从过去一百多年的文献中挑选并转述了十种对语言的定义，每种定义都可以看成是一种特定的语言观。每种语言观都

---

① 刘珣. 对外汉语教育学引论［M］. 北京：北京语言大学出版社，2000：235.
② 刘珣. 对外汉语教育学引论［M］. 北京：北京语言大学出版社，2000：235.
③ A. L. Becker. "Toward a post-structuralist view of language learning" [J]. A short essay. *Language Learning*, 1983, 33 (5): 217–220.

能从二语课堂教学中找到与之相对应的教学方法①。例如，将语言看作传播文化的手段催生了古老而经典的"语法翻译法"（Grammar-Translation Teaching Method）②。将语言看作一套表达意义的声音和句子的模式是结构主义语言学家尝试使用的"听说法"（Audiolingual Method），并使其成为经典的二语教学法流派之一。而将语言看成人们谈论事情的工具、互动的方式、交流意义和信息的工具等观点与"交际法"（Communicative Approach）的关系密切。在语言是交流意义和信息工具的基础上，将语言看成做某件事的手段与"任务型教学法"（Task-based Language Teaching，简称"TBLT"）密切相关。如果将语言看成是人们可以学习其他事物的媒介，就更可能选择"沉浸式教学法"（Immersion Approach）或"基于内容的教学法"（CBI）。

影响二语教学法发展的另一个因素是学习观。我们如何认识学习、如何认识二语学习，会影响我们选择什么方式进行教学。影响二语教学的学习观念可以分为一般意义上的学习理论和专注于第二语言学习的二语习得理论。一些教学法流派的形成与发展既受到语言学理论的影响，同时也受到心理学关于学习理论的影响。如"听说法"就建立在行为心理学的基础之上。而"交际法"则受到人本主义心理学和心理语言学的影响。二语习得与二语教学关系密切，是专注于第二语言学习的研究。二语习得理论在二语教学法的产生和发展中扮演重要的角色。传统的 3P（Presentation-Practice-Production）教学法就源自德凯伊塞尔的技能学习模型（skill learning theory）③。而原创于中国的产出导向法（POA）也建立在"输出假说"的理论基础之上。此外还有"三一语法"。

一、语法翻译法

"语法翻译法"是所有教学流派中具有最悠久历史的教学方法。早在 18 世纪和 19 世纪初，欧洲的一些学校开设"现代"外语课程。那时人们学习外语的主要目的是希望能够阅读希腊文和拉丁文的书籍，能够交流，能够著书立说。以阅读和翻译为目的的"语法翻译法"应运而生。一种教学法的产生总是基于一定的语言学理论基础和外语教学实践的。18 世纪和 19 世纪的斯多葛学派（Stoics）和亚历山大学派（Alexandrian）确立了基本的语法范畴和词类范畴，这些对词和语法类别的划分确立了外语教学的基

---

① 戴安·拉森-弗里曼.语言教学：从语法到语法技能［M］.北京：外语教学与研究出版社，2005：2.
② 这里我们不讨论语法翻译法的语言学理论基础，而是从语言教学的角度讨论语言观对教学法的影响。
③ DeKeyser, Robert. Beyond focus on form: Cognitive perspectives on learning and practicing second language grammar[A]. In Catherine Doughty and Jessica Williams(eds.), *Focus on form in classroom second language acquisition* [C]. Cambridge: Cambridge University Press, 1998: pp. 313-348.

本单位，另外，语言学认为的书面语——当时的拉丁文和希腊文——是语言精华的观点也确立了外语教学的基本内容。

顾名思义，"语法翻译法"是以讲解语法为核心、以翻译为手段的一种教学方法。语法翻译法的主要特点是：

（一）在语法翻译法中，翻译既是教学手段，又是教学目的。既然是翻译，必然离不开母语。因此，语法翻译法强调学生的母语在教学中的重要作用。通过对母语和目的语的对比分析，学生可以了解到两种语言的共性和差异。

（二）语法翻译法认为二语学习的核心是语法学习。语法有助于理解、翻译目的语。注重在完整的体系中进行词汇和语法的系统教学。

（三）语法教学采用演绎法，对语法规则进行详细的分析，要求学生熟记并通过翻译练习进行巩固。

（四）出于阅读典籍的目的，语法翻译法强调对书面语的分析①。注重典籍、文学名著等原文的阅读。教学模式可以概括为阅读—分析—翻译—讲解—背诵。

（五）由于强调对原文的书面理解、强调两种语言书面形式的互译，考试的形式以目的语与母语的互译为主。

语法翻译法是二语教学法发展史上第一个完整的教学法体系。它强调对语法规则的掌握，能够较好地培养学习者的阅读能力和翻译能力。语法能力作为外语能力的重要组成部分，不能因为对听说能力的强调而与语法能力对立起来。事实上，语法能力贯穿在听说读写中，是外语高阶能力的重要体现。语法能力可以使得学习者能对陌生的语言现象快速地进行解码，自我分析和理解不熟悉的语言现象。是教学者"授人以渔"的重要内容。另外，语法可以沟通抽象的概念和具体的语境，语法规则强调在特定的语境下的正确使用，语法翻译法强调规则的重要性也客观强调了对语境的重视。

通过两种语言的对比和翻译，较好地体现了外语学习的本质功能，即两种语言形式的转换，一定程度上达到语际信息的转换。语法翻译法注重精细的语法规则、广泛的词汇知识，使语言输入更容易理解，帮助学习者有效辨别母语与目的语的异同②。

但是语法翻译法也有其严重的不足。不重视口语教学、忽视学习者的口语表达能力；过于依赖母语和翻译手段；过于强调语法规则的记忆，忽视了语义内容；强调教师的主导，忽视学习者的实践；由于教学形式较为单一，以语法翻译法为主的二语课堂气

① 桂诗春.应用语言学［M］.长沙：湖南教育出版社，1998：51.
② H.D. Brown. *Principles of Language Learning and Teaching* [M]. London: Longman Inc, 2000:15.

氛沉闷，不利于激发学习者的兴趣[1]。

　　语法翻译法形成至今已经有几百年的历史。作为一个二语教学法的流派，它的形成和发展是当时社会的必然产物，也是人们认识语言的一种必然结果。也许在交际教学法几乎成为主流、各种以交际为核心的新教学法不断出现的今天，作为教学法流派的语法翻译法可能稍显"落伍"，但是作为处理教学实践中遇到的问题和挑战的教学方法，语法翻译法仍然在我国的英语教学以及国际中文教学中具有其他教学法不可比拟的优势。例如，海外本土汉语教学属于汉语作为外语的教学。与来华留学生汉语教学不同，海外本土汉语教学缺乏汉语语言环境，本土汉语教师不可避免地借助母语进行汉语教学。在这种教学情境中，某些具有抽象意义的词汇教学就可以使用语法翻译法。以"和平"为例，《现代汉语词典（2002年增补本）》中的释义是："没有战争的状态。"[2] 这样的释义很难用汉语给学生解释清楚。但是，如果教师可以使用学生的母语，通过直接翻译，就能帮助学生快速、清晰地掌握其意义。许多汉语教材的词汇表都会添加英文或相应母语的翻译，也是语法翻译法的一种体现。如《泰国人学汉语》教材主要是在泰国使用的针对泰国人在本国学习汉语所用的常用教材[3]，该教材的编写语言为中文和泰文，语言点的解释均使用泰语，这类教材尤其是本土初级中文教材，用母语辅助语言点解释类的情况最多。

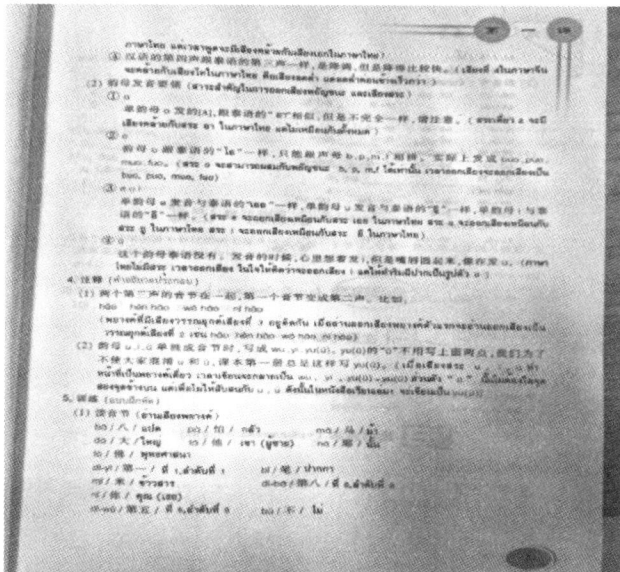

《泰国人学汉语》教材

①　罗立胜，石晓佳.语法翻译教学法的历史回顾、现状及展望［J］.外语教学，2004（3）：84—86.
②　中国社会科学院语言研究所词典编辑室编.现代汉语词典［Z］.北京：外语教学与研究出版社，2002：786.
③　徐霄鹰，周小兵编著.泰国人学汉语［M］.北京：北京大学出版社，2006：5.

二、听说法

听说法是 20 世纪 40 年代产生于美国的一种第二语言教学方法。听说法强调通过反复的句型结构操练培养听说能力，又称"句型法"或"结构法"①。听说法兴起于二战后期的美国。二战之前的很长一段时间，美国并不重视外语教学，在有限的语种教学中，大都采用传统的语法翻译法，注重学生阅读能力的培养而忽视了口语交际能力。二战后期，美军部队要向海外派遣大批军队，需要在短期内培养出受过基本外语口语训练的人员。布龙菲尔德等语言学家受政府委托，为军队定制特别的培训课程。其中，赵元任先生主持了项目中的中文培训。美国战争时期的语言训练方案改变了人们对传统语言教学方法及其效果的看法。二战后，这一方法被二语教学研究者继续总结和深入研究。弗里斯根据结构主义语言学理论批判了语法翻译法，倡导了口语法（Oral Approach），战后通过总结，形成了"听说法"②。当时为了应急，美国的陆军学校在短期内用此方法培养了 1.5 万能说 29 种外语的军事人才，该法 60—70 年代在日本和中国非常盛行。

听说法的直接理论基础是结构主义语言学。以布龙菲尔德为代表的美国结构主义语言学家通过对印第安人口语的研究，发现口语与该语言的传统语法存在不一致。于是，他们提出口语是活的语言。语言学习主要应该学习口语③。通过对语言结构形式的分析，他们认为语言是一套表达意义的声音和句子模式。那么，语言的学习就是对声音的模仿记忆、对句子模式的强化训练以及口语会话实践。听说法的心理学基础是 20 世纪 30 年代在美国兴起的行为主义心理学。行为主义强调用客观的态度观察和研究人的心理。行为主义将人类的学习看成一个刺激—反应的过程。当刺激不断，学习和操练得到强化。当某种行为形成习惯，也就学习成功。语言的学习也是如此。教师不断给出刺激，学生在持续的操作中得到强化，最终形成目的语的语言习惯。结构主义语言学给听说法提供了语言教学的基本理念和基本内容。

（一）听说法注重口语学习，强调听说领先。语言是说出的话，而不是写出的字。语言教学是教语言，而不是教语言知识。口语是第一位的，书面语是第二位的，读写是听说的辅助。语言是一套表达意义的声音／符号以及句子模式。

（二）句型是语言的基本结构。句型教学是语言教学的基本内容。行为主义心理学为听说法提供了教学的基本方法。句型教学是通过对一组声音和句子模式的反复操

---

① 刘珣. 对外汉语教育学引论［M］. 北京：北京语言大学出版社，2000：248.
② 刘珣. 对外汉语教育学引论［M］. 北京：北京语言大学出版社，2000：249.
③ 郭莲. 听说法——英语教学最基本的方法［J］. 四川外语学院学报，1993（4）：93-9.

练实现。在句型的反复操练中，通过模仿、重复、记忆的方式形成新的语言习惯。语言的学习就是操练、再操练，实践、再实践。对句型的大量操练在目前国际中文教学中仍然被大多数教师使用，如句型的操练可以分为替换练习、扩充练习和转换练习。

替换练习指的是在保持句子语法结构不变的前提下，替换句中的某些成分，如《成功之路·顺利篇（第一册）》第 2 课的练习 [①]：

根据所给词语进行替换练习：

A：他买什么了？	三件	衬衫
B：他买<u>香蕉</u>了。	两个	苹果
A：他买了几斤<u>香蕉</u>？	两瓶	啤酒
B：他买了<u>三斤香蕉</u>。	一本	英汉词典

替换练习可以使习得者在短时间内快速地掌握某个语言点的语法结构，并能在类似的语境中通过类推运用于语言实际交际中。

扩充练习也是在不改变基本句子结构的前提下，通过扩充句子中的修饰和限定成分，如定语、时间状语、地点状语、结果补语、程度补语等，帮助学生理解并掌握在什么地方可以添加修饰性成分，如：

我买了一条裙子。
昨天我买了一条裙子。
昨天我在商场买了一条裙子。
昨天我在商场买了一条花裙子。
昨天我在商场买了一条漂亮的花裙子。

转换练习是训练学生在不同句型间进行转换，改变句子结构和功能的练习。如在国际中文教学中，"把字句"和"被字句"经常被用来进行相关的转换练习。

（三）听说法排斥或限制母语的使用，尽量使用直观的方式进行目的语的理解和表达。

---

① 张莉编著. 成功之路·顺利篇（第一册）［M］. 北京：北京语言大学出版社，2008：19.

听说法的教学过程可以分为认知、模仿、重复、变换、应用五个阶段[①]。

认知阶段。教师向学生展示新的语言材料，借助于实物、情境、手势、图片、动画等帮助学生感知目标句型的形式特征，理解目标句型的意义。

模仿阶段。教师通过教师示范、学生模仿的方式帮助学生准确模仿目标句型。

重复阶段。重复是对学生模仿目标句型例句的强化。通过教师领读、学生"合唱"、学生"独唱"及其他多种练习方式，引导学生不断模仿、重现目标句型的例句，达到熟练乃至背诵的效果。

变换阶段。通过词语替换、句型转换、句子扩展等方式给学生提供替换、扩展的机会，为学生的活用做好铺垫。

应用阶段。通过对话、角色扮演、讲故事等方式，让学生应用所学的目标句型进行产出练习。

听说法是第二语言教学法发展史上的一个里程碑。听说法将最基本的听说能力放在语言学习的突出地位，提出了许多合乎第二语言教学规律的重要原则，建立了一套完整的教学法体系，至今仍然被人们遵循和使用。听说法的听说领先、句型教学、操练强化等教学理念对国际中文教学的影响延续至今。作为一种教学法体系，听说法对国际中文教材的编写产生了影响。对外基础汉语教材《汉语课本》就引入了句型替换练习，至今，句型替换练习仍然被汉语教材广泛使用。《汉语教程》《汉语会话301句》等教材都受到听说法的影响。听说法尤其在口语教学中被广泛应用。听说能力总是先于读写能力而发展，听说法主张仿照儿童习得二语的方法，要求学生在听懂之后马上进行重复和模仿，特别是对于一些人数较多的班级来说，具有较大的可操作性，如30—40人的教学班级，在教师进行简单的解释之后，学生通过分组的方式进行练习，每个学生在组内均可以获得练习开口的机会。

每一种教学方法都有其不足，听说法也不例外。一是过于强调反复的模仿、重复、记忆，忽视了学生内在认知能力的调动。以机械训练为主的教学容易枯燥，挫伤学生的学习积极性。二是过分关注语言的结构形式，忽略语言的内容与意义。学习者能够流利地说出正确的句子，但却不能够在具体的情境中进行得体的交际。三是片面强调听说能力，忽视读写能力。听、说、读、写是语言学习必不可少的四项基本技能，缺一不可。听说法将读、写视为听、说的辅助，在语言学习的初期确实可以帮助学习者

[①] 关于听说法的教学过程，外语教学以及汉语教学的相关文献中都引用W. F. Twaddell的归纳：认知、模仿、重复、变换、选择。本书认为应用更符合听说法在国际中文课堂的教学实践，因此在借鉴的基础上进行了修改。

迅速开口说话，培养基本的语感，满足日常交际的需求。但是除了日常会话交际，语言的使用发生在多个领域、多个主题之中。正式场合的书面表达能力必须以读、写能力的发展为基础。一味采用忽视读、写的听说法进行教学，很难帮助学习者持续提高语言水平。

三、交际法

交际法又称"功能法"（Functional Approach）、"意念—功能法"（Notional-Functional Approach），以语言功能和意念项目为纲，培养在特定的社会语境中语言交际能力的教学法。交际法产生于20世纪70年代以英国为代表的西欧共同体国家。70年代的西欧各国为了加强政治、经济、文化、科学和军事等各方面的交流合作，迫切需要掌握语言交际能力的人才。而听说法将注意力局限在语言结构上，忽视了交际技能的训练。改革二语教学、建立新的教学方法势在必行。而此时，语言学研究的重点也由语言形式结构转向语言的使用和语言的社会功能。社会语言学家海姆斯（Hymes）提出了交际能力理论，认为社会交际功能是语言最本质的功能。系统功能主义语言学家韩礼德（Halliday）的功能语言理论、话语分析理论也为交际法提供了理论基础。语言是表达意义的系统，基本的功能是社会交际。语言的结构反映语言的功能和交际用途。因此语言的功能与语言结构具有同等重要的地位。人们用语言形式表达意念，实现交际功能。不同的人群对语言的要求和需要不同，教学内容也会不同。在心理学方面，交际法受到人本主义心理学和心理语言学的影响。心理语言学认为在言语交际中，人们首先确定表达内容，即交际的意念及其功能，然后才能选择语言的形式进行教学。交际法主张采用从功能意念到表达形式的教学思路，明确提出以语言的表意功能为纲，针对学生今后使用二语的需要选择学习的功能和形式。这样的教学思路与一般以语法或句型结构为纲的传统做法不同，明确提出了以意念功能为纲。意念是人脑中用语表达的时空、区间、处所等的理念与思想，俗称"念头"。功能指语言用以表达念头的作用[①]。通俗地讲，说话人首先产生说话的"念头"，这个"念头"需要通过语言形式表达出来，同时语言形式表达出来又会有一定的作用。例如，说话人清晨走出门，见到邻居，就会打招呼说："早啊！"说话人晚上六七点钟在小区见到邻居向家的方向走，也会打招呼说："回来啦！"一早一晚两个情境中，说话人都产生了打招呼的念头，只是根据话语产生的具体环境，选用了不同的语言结构。但是这两个句子的功能都是表达问候。

---

① 黄泰铨. 交际教学法述评［J］. 四川师范大学学报（社会科学版），2001（6）：41—46.

语言功能大体可以分为六类：传达与了解实际情况、表达或了解理智上的态度、表达或了解道义上的态度、表达或了解感性上的态度、请人做事、社交。意念又分为普通意念和特殊意念。普通意念指与功能相关的时、空、数量等关系，如表示存在、空间、时间、数量、质量等，适用于各种话题和背景，属于学习者必须掌握的"共核"。特殊意念是由话题直接决定的，如个人身份、住处、业余爱好、旅行等。以"邮局在哪儿？"为例，功能是询问，普通意念是位置，而特殊意念是邮局[1]。语言的功能、普通意念、特殊意念是语言交际的三大要素。当然，在这三大要素之外，人们的交际活动还会涉及多个方面的因素。如语言方面涉及词汇、语法、语体、语域、声调、重音以及语言的辅助手段。社会、心理方面包括社会身份、职业、性别、双方关系等因素。同一功能意念在不同的社会地位、身份、性别的对话者之间会有不同的表达方式。

在言语交际中，交际双方总是在具体的情境中，根据具体交际内容、双方的身份、双方的关系等多种因素选择特定的语言结构完成交际任务，实现交际功能。交际法并不排斥语言结构的教学，而是主张语言教学要在意念功能的基础上讨论语言结构教学。换句话说，语言结构的教学要服从于语言功能。交际法的教学目标是培养学生的交际能力。交际能力包括语言知识能力，也包括用语言恰当做事的能力。交际法强调语言的流利性、可接受性和得体性。交际法强调根据学生的需要选择应学的意念—功能项目，再由此选择相应的语言结构。教学方法从一开始就鼓励交际活动。虽然不排斥句型操练，但主张通过交际活动掌握目的语系统。在课堂教学中，交际法以学生为中心，教师作为课堂活动的引导者、协调者、参与者和资源提供者，为学生创造学习条件，激励学生主动自由地运用语言。

在二语教学法的发展历史上，交际法可谓博采众长，既有着语言学、心理学研究的雄厚基础，又汲取多种教学方法的长处，并注意观察之前教学法存在的问题，且尝试克服。交际法明确地提出培养学习者的交际能力这一二语教学的根本目标，并通过制定意念—功能教学大纲、课堂教学过程交际化等多条路径努力实现对学习者交际能力的培养。这些理念对二语教学乃至国际中文教学产生了巨大的影响。20世纪50年代受语法翻译法的影响，对外汉语教学以语法为纲，强调在实践中掌握语法规则。60—70年代，受听说法影响，强调句型操练。80年代，交际法进入我国，对外汉语教学汲取其优点，提出了"结构与功能相结合"的教学思路。90年代末期，又在"结构—功能"的基础上发展出"结构—功能—文化"相结合的综合法。与教学理念相应，编写出版

---

① 刘珣.对外汉语教育学引论［M］.北京：北京语言大学出版社，2000：275.

了一系列以功能为纲的教学大纲和中文教材。汉语水平考试（HSK）大纲中也列出了功能大纲①。课堂教学实践中也大量出现游戏、讨论、角色扮演、辩论等多种课堂练习的方式，以培养学习者的交际能力。与此同时，在交际法的宏观框架下，还发展出许多新的教学方法，如任务型教学法、活动教学法、平衡教学法等②。

交际法注重学习者语言交际能力的培养，与当代二语教学的目标相一致。这是交际法成为当下语言教学主流的基本原因。但是在将教学理念落实到教学实践的过程中，还存在着许多尚未解决的问题。首先，语言功能和意念是非常广泛的概念。这方面的基础研究还不足，如何按照交际的需要和教学的需要，对功能和意念项目进行确定的分类和排序，为教学提供明确清晰的意念—功能大纲是需要解决的问题。其次，语言的功能和语言结构如何有效地结合。在以意念—功能为纲的教学中，语言结构的教学只能跟随功能和主题进行随机选取，很难进行系统的、渐进的教学。从功能出发的教学容易忽视语言结构的教学。已有的二语习得研究发现，一味使用交际法、忽视语言结构的教学并不能带来良好的教学③。因此，语言的功能教学与结构教学如何有机结合是交际法没有解决的问题。再次，课堂教学的交际化很难真正做到。课堂教学中的交际与真实情境的交际有很大差距。如何通过课堂教学中的交际培养学习者在社会交际活动中的交际能力仍然需要进一步的研究。

四、任务型教学法

任务型教学法是由龙（1985）提出，并在 20 世纪 80 年代开始兴起一种强调"做中学"（learning by doing）的语言教学方法。作为交际教学法的一个重要变体，任务型教学法以完成交际任务为教学目标。通过任务的设计与实施，任务型教学法为语言学习提供了真实、鲜活的语境，激励学习者在完成任务的基础上学习语言的使用，已经成为国内外备受关注的主流教学方法。任务型教学法的核心是用语言做事情。通过模拟人们在社会、学校、生活中运用语言所从事的各类活动，把语言教学与学习者的日

① 参见：国家对外汉语教学学会汉语水平等级标准研究小组. 汉语水平等级标准和等级大纲（试行）[M]. 北京：北京语言学院出版社，1988。赵建华. 对外汉语教学中高级阶段功能大纲 [M]. 北京：北京语言文化大学出版社，1999。国家对外汉语教学领导小组办公室. 高等学校外国留学生汉语言专业教学大纲 [M]. 北京：北京语言文化大学出版社，2002。国家对外汉语教学领导小组办公室. 高等学校外国留学生汉语教学大纲（长期进修）[M]. 北京：北京语言文化大学出版社，2002。孔子学院总部／国家汉办. 国际汉语教学通用课程大纲 [M].北京：北京语言大学出版社，2014。孔子学院总部／国家汉办. HSK考试大纲（一至六级）[M].北京：人民教育出版社，2015。
② 黄泰铨.交际教学法述评 [J].四川师范大学学报（社会科学版），2001（6）：41—46.
③ M. Swain. Communicative competence: Some rules of comprehensible input and comprehensible output in its development[A]. In S. Gass & C. Madden(eds.). *Input in Second Language Acquisition* [C]. Rowley, MA: Newbury House, 1985.

常生活结合起来。"任务"是任务型教学法的核心。对"任务"可以从多个角度进行界定。从非语言学专业化的角度看，"任务"是为自己或他人，以获得某种回报或无回报而做的一些工作。例如刷墙、给孩子穿衣服、填表格等[①]。从教学法角度看，"任务"是一些以理解语言、处理语言为结果的活动或行动，例如听录音画地图、听指令行动等[②]。交际任务是一系列涉及学习者对目的语的理解、生成和互动的活动。但是在这些活动中，学习者的注意力集中在意义之上[③]。简言之，"任务"就是带有某种目的性的活动。在这一活动中，学习者运用语言达到某个真实的结果。任务型教学法通过计划、设计学习者的某种任务，在学习者完成任务的过程中，给学习者提供相应的语言资源、学习指导，支持并引导学习者完成任务，并获得语言学习。但是，在任务型教学法中，任务是以意义为第一的，关注的是任务的完成与否。任务重视的是如何沟通信息，而不强调学生使用何种语言形式。

需要注意的是，任务与传统的"练习""活动"是不同的。首先，从目的的角度看，任务具有非语言和语言双重目的。非语言目的指任务本身的设计并不是以完成某个语言教学内容的巩固、应用为直接目标的。任务的目标是指向生活的。语言目的是在完成生活目标的基础上获得某个教学内容的训练与掌握。而练习只具有语言教学的目的，即对某个语言教学内容的巩固和应用。第二，从结果的角度看，任务产生非语言性结果和语言结果。而练习通常只产生语言结果。例如，根据出行的时间成本、金钱成本，选择从 A 地到 B 地的出行方式。任务的非语言目标是选择出行的方式，语言目标涉及与出行方式相关的句型，如汉语中的"连动句"[④]。任务的结果也包含两重：一是根据具体情况选择出的出行方式，二是对前一结果的语言表达。但是练习往往只针对语言内容开展，只存在一个语言性的结果，如造句、填空等。第三，从程序性来看，任务具有开放性，没有一个统一的模式获得途径。而练习一般具有统一的程式。第四，从开展方式看，任务通常是集体性、合作性的活动。任务以交际、互动的方式进行。而练习，虽然也可以是集体性的，但在完成练习的过程中，其互动性、交际性远小于任务。

任务的类型可以从多个角度进行分类。皮卡等人（Pica，1993）根据完成任务过程中所产生的影响将任务分为：拼板式任务（Jigsaw tasks）、信息差任务（Information-gap tasks）、解决问题式任务（Problem-solving tasks）、做决定式任务（Decision-making

① Long, M. A role for instruction in second language acquisition[A]. In K. Hyltenstam and M. Pienemann（Eds.），*Modelling and Assessing Second Language Acquisition* [C]. Clevedon Avon: Multilingual Matters, 1985.
② Richards, J., J. Platt and H. Weber. *Longman Dictionary of Applied Linguistics* [M]. London: Longman, 1986.
③ Nunan, David. *Designing Tasks for the Communicative Classroom* [M]. Cambridge: Cambridge University Press, 1999.
④ 任务中涉及的语言教学内容常常是复杂的。本案例既涉及"连动句"，还涉及与时间、金钱相关的内容。

tasks）、交换意见式任务（Opinion exchange tasks）①。理查德（2001）将任务分为：单向式或双向式、收敛式或发散式、合作式或竞争式、一种或多种结果、具体语言或抽象语言、简单过程或复杂过程、简单语言或复杂语言、具有现实或非现实意义的任务②。我们认为皮卡等人对任务的分类与教学设计的联系更加紧密，可以直接指导教师设计任务。拼板式任务要求学生把散乱的若干条信息拼成一个整体。例如，小组分工学习课文的几个部分，然后将各部分有机地组合在一起。信息差任务是在不同小组之间设置信息差。小组之间需要进行意义协商，获得其他小组的信息，最终完成任务。例如，通过在初级汉语教学阶段，让学生以个人或小组的形式展开调查，最后确定班级中"最有钱的人"。解决问题式任务给学生一个问题及一系列信息，让他们找到解决方案。例如，给出"一日游"的资金预算和景点安排，让学生给出"一日游"的日程安排。做决定式任务给学生提供一个可能有多重结果的问题，让他们通过协商和讨论选择一种结果，达成一致。如集体制订班级出游计划。而交换意见式任务的设计较为松散，仅让学生参与讨论，交换意见，但无须达成一致。任务类型的选择与教学目标、教学内容的关系密切。教师可以根据具体的教学内容、预期的教学目标进行选择。

任务型教学的基本框架包括三个步骤：前任务（pre-task）、任务环（task-cycle）和后任务（post-task）③。其中，前任务环节主要是教师引入任务的环节。教师介绍并定义任务的主题，激活学生的相关知识、图式，帮助学习者进行进入任务的准备。这一阶段既可以帮助学习者回忆需要的词汇和短语，也可以学习一些完成任务所需的词汇和短语。任务环节是学生执行任务的环节。在这一阶段，教师要向学生下达明确的任务，对任务的目标进行精确描述，让学生从课堂教学初始就明确所要完成的任务。在接到任务之后，学生需要对任务的完成进行计划，然后通过任务学习相关的知识，进行技能训练，最后完成任务，并进行报告。后任务环节主要起到评估和巩固的作用。学生通过任务完成情况的汇报进行评价和分析。并且根据任务的完成情况，对相关语言点进行巩固和练习。在任务型教学中，语言知识和技能的训练始终贯穿任务的各个阶段。但是对于新的语言教学内容的教学主要集中于任务环和后任务环两个环节。任务环的语言点教学主要给学生完成任务提供语言知识和技能的支持。后任务环节则是

---

① T. Pica, R. Kanagy & J. Falodun. Choosing and using communicative tasks for second language instruction[A]. In G. Crookes & S. Gass（eds.）. *Tasks and Language Learning: Integrating Theory and Practice* [C]. Clevedon: Multilingual Matters, 1993.

② J. C. Richards. *Approaches and Methods in Language Teaching* [M]. Cambridge: Cambridge University Press, 2001: 234—235.

③ J. A. Willis. *Framework for Task-based Learning* [M]. Addison Wesley Longman, 1996:55.

对存在问题的语言点进行复习和巩固。

平庸的教师传达知识，普通的教师解释知识，好的教师演示知识，而伟大的教师激励学生去学习知识。任务型教学法通过使用语言完成任务。任务的驱使正是为了激发学生的学习动机，提高学生的兴趣和参与程度。激发学生动机，将语言学习与生活结合是任务型教学法突出的优点。但是任务型教学法依赖源源不断的课堂任务。无论是教师的任务设计还是学生的任务实施，都需要充裕的实践和丰富的资源。因此，将任务型教学法真正应用到课堂教学实践，既需要以任务型教学法理念编写的教材，又需要以任务型教学法为主题的师资培训，还需要学校课程的设置、课时安排的配合。就目前的国际中文课堂教学现状而言，体系化地开展任务型中文教学的案例还比较少。但作为课堂教学的一种方法，任务型教学法并不是"高不可攀"，一线的国际中文教师完全可以利用现有教材提供的教学内容，运用任务型教学法的思路，对相关内容进行任务化的设计。

五、产出导向法

产出导向法（Production-Oriented Approach，简称"POA"）是北京外国语大学文秋芳教授团队为解决中国外语教学中"学用分离"问题而创建并积极推广的先进教学方法。产出导向法提倡输入性学习与产出性运用紧密结合，主张改变传统课堂输入为主的教学模式，强调课堂教学的产出导向[1]。经过十多年的理论探索和教学实践，产出导向法应用于中国英语教学的成效初步显现[2][3]。文秋芳（2018）[4]明确提出产出导向法适合中高级水平的汉语二语学习者。国际中文教育领域陆续出现应用产出导向法进行国际中文教材编写、师资培训、语言技能课程教学的研究[5][6][7][8]。

产出导向法的创建是为了解决我国外语教育中存在的"学用分离"和"文道分离"两个问题。具体而言就是"输入与输出的分离"和"语言技能训练与人格塑造分离"。

---

① 文秋芳. 构建"产出导向法"理论体系［J］. 外语教学与研究，2015，47（4）：547—558，640.
② 张伶俐. "产出导向法"在英语通用语教学中的应用研究［J］. 外语教育研究前沿，2020，3（03）：3—10，90.
③ 张文娟. "产出导向法"应用于大学英语教学之行动研究［D］. 北京外国语大学硕士论文，2017.
④ 文秋芳. "产出导向法"与对外汉语教学［J］. 世界汉语教学，2018，2（3）：387—400.
⑤ 鲁文霞. 产出导向法在汉语口语教材编写中的应用研究［J］. 华文教学与研究，2022（2）：42—48.
⑥ 季薇，桂靖，朱勇. "产出导向法"教学中输入促成环节的设计与实施［J］. 语言教学与研究，2020（3）：33—40.
⑦ 鲁文霞，朱勇. "产出导向法"在海外本土汉语师资教学法课程中的应用［J］. 外语教育研究前沿，2021，4（1）：47—53，89.
⑧ 许希阳，吴勇毅. "产出导向法"理论视角下的对外汉语写作教学模式之探索［J］. 华文教学与研究，2016（4）：50—60.

针对这两个问题，文秋芳教授及其团队历经十余年的时间，经历了产出导向法的萌芽期、雏形期、形成期、修订期以及再修订期五个阶段，从 POA1.0 版发展至 POA3.0 版。POA3.0 版的理论体系包含教学理念、教学假设、教学流程三个部分[①]。其中，理念为指导思想，为教学指明方向，决定教学过程中的教学方法、教学内容和教学目标。教学假设需要经受教学实践的检验，也为教材练习编写、活动设计与安排提供依据。

POA3.0 理论体系包含"学习中心说""学用一体说""文化交流说"和"关键能力说"四个教学理念。这些理论用于指导教学流程的设计、教学内容的选择以及培养目标的确定。"学习中心说"和"学用一体说"用于指导教学流程。"文化交流说"遵循文化交流互鉴的理念，提倡不同民族互相尊重。这一理念是选择教学内容的依据。"关键能力说"将培养目标进行聚焦，增强其可测性。

POA3.0 理论体系提出了输出驱动、输入促成、选择学习和以评为学四个教学假设。输出驱动假设针对的是接受正规外语教育，具备一定外语语言基础的学习者[②]。输出驱动假设认为输出比输入对外语学习的内驱力更大，既可以促进知识的运用，又可以激发学生的求知欲。此外，与输出相关的说、写、译等表达性技能能丰富社会的需要。作为一个二语教学假设，输出驱动与二语习得理论中的"输出假设"既有联系，又有区别。首先，二者出发点不同。"输出假设"关注的是习得理论，而"输出驱动假设"则关注二语教学的效率问题。其次，"输出假设"挑战的是克拉申的"输入假设"，而 POA 中的"输出驱动假设"更强调逆转"先输入，后输出"的传统教学顺序，通过学习者的尝试输出，意识到自己的困难和不足，营造学习"饥饿感"而激发其学习欲望。

"输入促成假设"主张在输出驱动的条件下适时提供能够促成产出的恰当输入，以此取得更好的教学效果。课堂教学中，在输出驱动之后，教师要提供有针对性的输入，以促成输出的顺利完成。

"选择学习假说"认为以目标为导向的重点学习比"全面精学"的效率更高。因此，根据达成产出目标的需要，在输入促成环节选择学习所需要的内容、语言和结构进行重点教学，有利于学生输出目标的达成。

"以评为学假设"认为课堂教学中，评学结合比评学分离能够取得更好的教学效果。评与学、评与教应该有机结合。评价是学生学习得到强化和提升的关键节点，教师应该充分注意教学评价、反馈对学习的促进作用。

① 下文对POA3.0理论体系的介绍参见：文秋芳.产出导向法：中国外语教育理论创新探索［M］.北京：外语教学与研究出版社，2020：45—52.
② 文秋芳.输出驱动假设与英语专业技能课程改革［J］.外语界，2008（2）：2—9.

在教学理论、教学假设的支撑之下，POA3.0 形成了驱动—促成—评价组成的多轮循环链条。在大的循环之中，还可以有机融入多个小的循环，在不断的驱动、促成、评价循环中实现大型、小型甚至是微型的产出目标。其中，驱动环节的主要任务是尝试产出，让学生知不足。促成环节则从产出所需要的内容、语言、话语结构三方面给予学生多种形式的有效支持，给学生完成产出提供脚手架①。评价环节既可以是对促成活动的即时评估，也可以是对产出成果进行即时或延时评估。即时评估发生在教学过程中，对学生的产出做出实时反馈。延时评估针对学生提交他们在课下完成的产出活动进行评价。同时，POA 提倡"师生合作评价"，强调学生要在教师的专业指导下进行评价，以保证评价能够抓住主要问题，促进学习。

需要指出的是，产出导向法创生于我国高校的外语教育中存在的"学用分离"和"文道分离"问题。大学外语教学对学习者学习外语的历程与发展而言，处于中高级阶段。因此，产出导向法更适用于有一定语言基础的中高级外语学习者。与之相对，产出导向法适用于中高级的国际中文学习者②。所以，在选择使用产出导向法的时候，教师需要充分考虑学习者的语言水平。根据学习者的具体水平，或者是根据对相关教学内容的储备，选择使用产出导向法。

六、沉浸式教学法

沉浸式教学又叫"双语教学"或"双语教育"，是在学校里运用第二语言或外语教学知识性科目③。沉浸式教学首创于加拿大。加拿大是一个英语、法语均为官方语言的双语国家。但是，英语和法语的使用状况并不相同。相对而言，英语的使用更加普遍，即使是在法语区，也可以通过广播、电视、电影等渠道接触到英语。因此，讲法语的学生学习英语更加容易。而讲英语的学生学习法语则主要集中在课堂上。在 20 世纪 60 年代的蒙特利尔，一些英裔家长想把自己的孩子送到法语学校学习法语，但是遭到了许多法裔家长的反对。他们害怕英裔孩子的加入让自己的法裔孩子"丢掉法语"。于是，英裔家长考虑创建自己的"法语学校"。1965 年，蒙特利尔郊区的圣兰伯特（St. Lambert）初级学校正式开始沉浸式法语教学的实验。随后，这种法语教学方法被逐步推广至其他语言的教学。

---

① 季薇，桂靖，朱勇. "产出导向法"教学中输入促成环节的设计与实施［J］.语言教学与研究，2020（3）：33—40.
② 参见：文秋芳. "产出导向法"与对外汉语教学［J］.世界汉语教学，2018，2（3）：387—400.
③ ［英］里查兹，［英］史密特.朗文语言教学与应用语言学词典［Z］.管燕红，唐玉柱译. 北京：外语教学与研究出版社，2005.

随着沉浸式教学项目在北美地区的推广与发展，汉语沉浸式教学也开始发展、壮大。以美国为例，从 1981 年建于旧金山的中美国际学校（Chinese American International School）开始，汉语沉浸式项目飞速发展，截至 2021 年 4 月，全美开设汉语沉浸式项目的学校已达 331 所[①]。在开设汉语课程的中小学中，有的州有超过 50% 的中小学开设汉语沉浸式课程[②]。汉语沉浸式教学的迅速发展与中国快速发展引起的汉语教学发展迅速有关，但也与沉浸式这种教学方法的特有优势有关。根据 20 世纪 70 年代加拿大安大略教育科学院现代语言中心的研究结果，沉浸式教学法在法二语教学方面比一般的语言教学效果更加显著。法语沉浸式项目中的学生对法语和法语民族文化的态度更加积极。而在学科成绩方面，常规教学和沉浸式教学对学生的学科成绩具有同等效力。在第二语言以及学科知识双重收获的激励下，汉语沉浸式教学得到北美地区教师、学生乃至家长的认可和支持。许多家长将孩子送到汉语沉浸式项目中学习，认为孩子掌握汉语后，将来会有更好的就业前景。汉语沉浸式项目可以为学习者提供未来找到工作、得到好的位置的语言技能，并加深学习者对语言和文化的理解[③]。

沉浸式教学既将培养学习者的第二语言能力作为其教学目标，又将学科内容的教育教学作为另一重要的教学目标。沉浸式项目的目标可以总结为：1. 第二语言能够达到实际需要的语言能力；2. 保持和发展学生的英语语言技能；3. 掌握所在地区要求的学科内容知识；4. 跨文化的理解[④]。沉浸式项目中，第二语言具有双重身份，既是教授学科课程的工具，也是教学目标之一。汉语沉浸式的课堂中，教学语言全部使用汉语。每天都会上一定时长的汉语课。除了汉语课，学生也用汉语学习科学和数学。汉语沉浸式教学注重学习者的汉字水平发展，通过汉语的书面产出、常规性的朗读测试等内容，帮助学习者进行字词的掌握。在沉浸式教学中，汉语不仅是教学的目的，还是学科知识的教学媒介语。在汉语作为教学媒介的前提下，通过基于学科内容的教学，从而达到习得双语的培养目的。但是在沉浸式教学中，汉语的地位和作用远高于"第二语言"，因为它是学习者实际运用的学科和日常语言。因此，一些学者认为汉语沉浸式教学是介于母语教学和外语教学之间的教学模式[⑤]。也有一些学者认为汉语沉浸式教学是一种

---

① Mandarin Immersion Parents Council. https://miparentscouncil.org/2021/04/17/mandarin-immersion-school-in-the-united-states-1981-2021-an-undate/.
② 惠天罡. 基于CBI的美国汉语沉浸式教学的分析与思考［J］. 世界汉语教学，2020（4）：532—545.
③ 崔永华. 美国小学汉语沉浸式教学的发展、特点和问题［J］. 世界汉语教学，2017（1）：116—127.
④ ［美］海伦娜·柯顿，［美］卡罗尔·安·达尔伯格. 语言与儿童——美国中小学外语课堂教学指南［M］. 唐睿等译. 北京：外语教学与研究出版社，2011.
⑤ 崔永华. 美国小学汉语沉浸式教学的发展、特点和问题［J］. 世界汉语教学，2017（1）：116—127.

基于教学内容的外语教学[①]。无论是哪种划分与界定，汉语沉浸式教学的设计都要注意其外语性、汉语的特殊性，还要考虑其"双语双文化"以及多科目综合的特点。因此，汉语沉浸式教学中，教师承担的是汉语教学和学科知识教学的双重任务。沉浸式的汉语教师一方面向学生传授科学、数学、音乐、社会等学科知识，另一方面要提高学生的汉语水平。因此，教师不仅要具备熟练的汉语和英语技能、扎实的学科知识，还要具备教学设计、教学实施、课堂组织管理等一系列的能力。因此，汉语沉浸式教学对师资队伍的培养和建设提出更加具体、多方面、多层次的要求。

沉浸式教学法的选用依靠的是学校、培训机构教学理念的选择。作为个体的教师并不能将沉浸式教学法应用于自己的汉语课堂。但是沉浸式教学法的一些理念和做法却可以用于常规的汉语课堂之中。沉浸式教学法为学习者提供了沉浸于汉语的语言学习环境。许多沉浸式项目会在具体的教学楼层中采取一定的"语言誓约"，保证学生处在一个完全的汉语环境之中。在各种类型的汉语课堂上，教师也可以根据学生的具体情况与学生拟定具体的"语言誓约"。比如，进入课堂之后，教师与学生、学生与学生之间都只使用汉语交流。课下也尽量使用汉语与同学对话。通过在一定空间、时间范围内有效的"语言誓约"，鼓励、督促学生使用汉语进行日常交际，学以致用。此外，沉浸式教学法主张使用汉语进行学科知识的学习。这种以内容为基础的教学理念同样可以在常规的汉语教学中得到借鉴。在汉语学习者能够胜任日常口语会话之后，可以根据学习者的具体情况提供一定量的学科知识。以来华留学生为例，为在中国进行本科、硕士、博士学习的留学生提供相关专业的汉语资料。为以了解中华文化为目的的留学生提供文化、文学相关的汉语读本。以专业学习为目的的留学生通过专业资料的阅读与学习，提高其专业汉语的水平。而以文化理解为目的的留学生则可以通过大量文化资料、文学作品提高其普通汉语的能力和水平，并为文化的理解和交流奠定汉语以及文化知识的基础。

将教学方法的范围扩得足够大，可以出现各种各样的教学方法。尽管这些方法所基于的语言理论和有关语言能力本质的观点各不相同，但它们拥有同一种方法论的思想：认为有一种方法客观上是最好的，理论上也是可以证明的。然而，在实际的教学中，却往往是"教无定法，贵在得法"。教师是在具体、丰富、动态、变化的教学情境中根据具体的教学内容、教学对象进行教学方法的选择和应用的。而教师在教学情境中所做的决定来自很多方面，与他们作为学生的经历、教学经历、培训收获、同行交流

① 惠天罡.基于CBI的美国汉语沉浸式教学的分析与思考［J］.世界汉语教学，2020（4）：532—545.

甚至是为人父母的感悟都有关系。带着这些经历的养成，教师们走进课堂，用自己的经历、喜好、热情和创造感染、引领、激励学生进行学习。在这个过程中，对教学方法的理解和学习为教师的课堂教学提供了更多样化的选择，为他们进行更有效的教学提供了理论和技术的支撑。但，在教学面前，教师才是选择教学方法、教学手段的主体。教师应将诸多教学方法看成为我所用的资源，根据需要选之、用之，而不是跟在教学法之后亦步亦趋地模仿。

七、三一语法（Trinitarian Grammar）

如果说前面介绍的外语教学法大部分都是西方舶来品，主要是基于印欧语系语言的外语教学方法，那么"三一语法"就是一种基于汉语作为第二语言教学实践的教学语法体系。它不是本体的语法研究，是在汉语作为外语教学的实践中总结出来的涵盖了语法归纳和语用归纳的一种教学语法。三一语法是"教学语法"，不是"教学法"，也就是说三一语法的三个方面都可以通过不同的教学法来实现和完成。

三一语法最早是由冯胜利于1998年在哈佛大学主持中文部的教学及在哈佛北京书院时提出来的，最初叫"三维语法"，后经冯胜利和施春宏几年的反复总结、研究和讨论，逐渐形成了一种新型的"三位一体"的二语教学语法理论，改名为三一语法这一更有学术意蕴的说法。三一语法自提出以来，不断有论文基于三一语法的理论观照对一些词汇、句型、语境进行相关研究，也有关于三一语法的相关专著出现，值得关注的是冯胜利、施春宏撰写《三一语法：结构·功能·语境——初中级汉语语法点教学指南》[①]、施春宏等著《汉语教学理论探索》[②]、郭莉莎等著《基于"三一语法"和本体研究的对外汉语教学——以"被"字句和"了"为例》[③]。三一语法基于当代语言学（如构式语法、语体语法、韵律语法、功能语法、形式语法、结构主义语法等）和语言习得与教学的基本理念，从汉语二语教学的实际出发，将语言自身以及语言（二语）习得过程中形式结构、功能作用、典型语境三个相互关联而又彼此不同的维度有机结合起来，进行二语教学，形成一种新型的"三位一体"二语教学语法体系。三一语法的三个"一"

---

① 该书是第一部"结构—功能—语境"相结合的教学手册和工具书。广泛参考国际汉语教学／对外汉语教学教材和语法大纲、词汇大纲，结合教学实践，选择260余条初中级汉语语法点作为分析对象："形式结构"以常用格式的归纳为主，采取"符号格式＋标记词"的描写策略；"功能作用"主要是概括条目的语法功能或语法意义；"典型语境"指该条目适应的学习者常规语境，同时用丰富的用例来说明。该书还包括"注意"和"比较"两项内容："注意"项扼要提示一些需要特别说明的地方；"比较"主要包括相近、相关条目用法的比较。相关介绍参见：冯胜利，施春宏.三一语法：结构·功能·语境［J］.语言教学与研究，2016（1）：112.
② 施春宏等著，2021年8月商务印书馆出版。书中的理论探索中提到了三一语法，并且有大量经典的汉语教学实际案例演示和解析，具有理论的启发意义和实践的示范意义。
③ 本书由郭莉莎、赵艳梅、胡佩迦著，由四川大学出版社于2017年出版。

是：句子的形式结构、结构的功能作用和功能的典型语境。

（一）形式结构

冯胜利（2011）认为，一个句型的"形式结构"应当包含两个部分：一是该句型的结构形式（符号简明）；二是该结构的特征的说明（要求清楚、明了）。这里"结构"要点所关注的是根据该结构的教学的一般要求来决定的，因此该结构的特殊用法或变形的用法，都不是基础教学语法所要涉及的对象，这种做法在海外叫"地滚球"式的教学法[①]，也就是说形式结构要简洁明了，展示该语言点最典型、最常见的基本样态，如"太＋形容词＋了"这个结构一般表示评价、赞叹，形容词在这个结构中是最典型最基本的用法。在日常的实际交际中，一些特殊的情况下，如文学修辞的需要、特殊表达的需要，特殊情境的偶发表达也会出现"太＋名词＋了"的用法，如网络用语"太man了""太女人了"，不管是省略冗余成分的表达，还是用名词取代形容词的刻意为之，都是对该结构的一种特殊变形用法。

也就是说，形式结构只能代表大多数情况，并且具有能产性，在二语学习者的初级阶段，学习者通过对照、模仿结构可以快速"生产"出合乎语法规范的"标准"句子，如可能补语肯定式的结构是"动词＋得＋动词或形容词"，学习者通过简单替换结构中的相关词语，就可以快速地"创造"出类似于"吃得饱""听得懂""看得清楚"之类的结构。

（二）结构功能

在三一语法中，不但要展示语言点的典型结构，还要解析该结构的基本功能、基本用途、其所表达的基本意义。所谓"结构的功能作用"和布拉格学派提倡的"句法、语义和语用的交际功能"虽有学术的因承关系，但在领域和系统上有着本质的不同（教学语法和本体语法的差异）。后者（交际功能）所注重的"干什么用"的"用"，一般以交际对象的"人"（如跟谁说时所用的）或语言形式的"义"为中心；而三一语法所注重的"干什么用"的"用"，严格限制在所用的"事"上（虽然也涉及人）。例如"把字句"，三一语法探讨的是"把字句用来做什么事"的"事"[②]。每一种结构都有其相应的功能，如果说形式结构是"体"，那么结构功能就是"用"，也就是说在具体的交际事件中是怎么用的，带有明显的语体色彩。汉语中有些动词如"尝""看""试"等可以AA式重叠，重叠后的主要功能是表示动作持续时间短，或者尝试一个动作，主要用于口语语体，表示说话人轻松、随便的语气。这种结构功能

① 冯胜利，施春宏.论汉语教学中的"三一语法"[J].语言科学，2011，10（5）：466.
② 冯胜利，施春宏.论汉语教学中的"三一语法"[J].语言科学，2001，10（5）：464.

的表述是基于其使用的场合中所具备的作用而言的,具有浓郁的实用主义色彩。

(三)典型语境

语境是三一语法在理论上的一大创新,三一语法强调语境,其实是强调语言的结构在实际的交际场景中如何发挥其功能作用,因为语言总是在一定的场景下使用一定的结构,结构也只有在特定的场景中才能发挥其功能和作用。"三一语法的语境与一般理解的语境和教学语境有所不同,是基于学习者的认知经验和习得阶段而确定的、与特定语法项目的结构形式和功能作用相匹配的、最典型与/或具代表性特征的教学语境。因为,语法知识本质上是在语言使用过程中浮现、概括出来的知识,生于语境,用于语境,变于语境,故教语法离不开教语境。……语境也是语法,用法是语境知识的结构化概括,教语法本质上是教用法,教语境化的语法知识。语境知识既是语法知识形成的依据,也是语法知识的具体化表现"[①]。

从层次上看,三一语法的语境分为三个层次:概括性语境、场景性语境和用例性语境。概括性语境指的是对一个结构发挥其功能的抽象的具有概括性特征的语境;场景性语境指的是概括了场景类别的语境;用例性语境指的是运用具体的案例展示结构功能的语境。例如,"被字句"的概括性语境是"跟承受某种结果有关的"语境,场景性语境设置为"东西遭到损坏、偷窃等""受到欺骗、批评等""被吵醒、召回等"三种,与场景性语境相对应的用例性语境分别如"昨天我的自行车被(人)偷走了""她被男朋友骗了""我一大早就被外面的鸟叫声吵醒了"等用例体现出来的具体语境[②]。

也就是说无论哪个层次的语境,必须具有典型性。何谓典型的语境?

1. 该句型出现频率最高的场景;

2. 代表该句型结构功能最典型的场景;

3. 描述该场景的词语为习得者已学;

4. 所描述的场景与习得者的生活有关;

5. 该场景便于/适于课堂教学。

首先,语境的高频出现说明语境的选择应该是基于使用的基本原则,一定的语言结构经常使用的场景的选用是该语言结构教学有用性的重要保证,如"把字句"的基本功能是表示对于特定的人或事物施加一定的动作,使其发生一定的变化,如位置的移动、所属关系的转移或形态的变化等。位置的移动应该是"把字句"使用较多的场景,

---

① 施春宏,陈振艳,刘科拉.二语教学语法的语境观及相关教学策略——基于三一语法的思考[J].语言教学与研究,2021(05):1—16.

② 施春宏,陈振艳,刘科拉.二语教学语法的语境观及相关教学策略——基于三一语法的思考[J].语言教学与研究,2021(05):1—16.

因此，在教学中，经常设置收拾房间、布置房间等需要处置物体的场景。如下页图所示：

其次，语境要典型。一般来讲，频次高的语境往往就是典型的语境。典型指的是它能充分完全代表该语言点使用的场景要素。如"把字句"语言点的关键要素是动作的施事者、确定的受事者、动作、结果的变化这四个要素，而且这四个要素要具体、可感、可看、可触、可演。有时典型语境并不好归纳，或者归纳出来未必适合教学场景，这时例句所提示的语境功能就显得特别重要。例如语体问题一直没有引起汉语作为二语教学的关注，功能语法也未曾关注"使用中的语体问题"，但语体却是三一语法的"典型语境"中不可或缺的成分之一。实际上，语体是相关语境的进一步抽象概括。不同的词项（语法点），有时功能基本一致，但语体并不相同（使用的场所、对象和内容不同）。我们可以通过不同的例子（这是语境的体现）来展示其差异，以强化学生语体语法的感觉①。

再次，在设置场景时还要充分考虑学习者的语言水平，场景要素的表达须是学生已学过的相关词汇、结构。如将"把字句"场景设置为"洗衣服"，那么谁、洗、什么衣物、怎么了，如"妈妈把我的衣服洗干净了"这句话中涉及的词、名词结构、动补结构等须是学生以前已经习得的。

以及，场景是学习者熟悉的，与学习者的生活有关。对二语学习者而言，校园、银行、大使馆、超市、旅行、租房等都是常见的留学生需要应对的场景，因此语言点的场景提取可以充分利用，一来学习者熟悉，可以快速调取相关周边信息的相互关系，帮助学习者对语言点的快速掌握；二来学习者习得后可以在类似的场景中快速提取并使用。

① 施春宏，蔡淑美，李娜. 基于"三一语法"观念的二语词汇教学基本原则［J］. 华文教学与研究，2017（1）：61.

最后，场景要便于适合课堂教学，也就是说场景的设置要方便在课堂中看到。在课堂展示是合适的、具体可感的。同样"把字句"，在汉语中也有"你把我的心伤透了"这样的句子，但是在课堂上无法展示这样的场景，过于抽象，因此无法展开。常见的"把字句"教学中，教师需要充分利用课堂的常见"教具"，如课本、水杯、词典、书包、桌子、椅子等，课堂的物理环境是教师和学生最为熟悉的，也是最方便拿来设置语言点的场景的，如：

1. 我把课本放到桌子上了。

2. 我把椅子搬到桌子前面了。

3. 我把水杯里的水喝完了。

4. 她把词典放到书包里了。

教师一般采用动作演示的方法分层教学："教师演示—教师说"→"教师演示—学生说"→"学生演示—学生说"。

三一语法强调的语境具有结构性、生成性、对象性、语体性和模拟性。其秉持大语法观，把词汇和语法看成一个连续统，与当下流行的构式语法的理念有相通之处。三一语法是教学语法，因此其意义首先是有利于教师。对教师而言，顺序必须是先弄懂结构（有无形式句法学或结构语言学的训练关系到结构的对否），然后搞清楚该结构的功能（懂不懂功能语言学关系到能否概括出准确的用途），最后是典型语境（有无课堂操练的经验关系到能否找到典型可用的语境）。在实践中，教学语法直接方便老师，直接受益学生。三一语法的初衷直接源于让学生受益的考虑。从学生的习得角度来看，三维的顺序与教师的教学角度相反。学生学习某一句型的程序是：先（明显地）从语境开始，再（隐示）功能，最后（明确地）点明结构。毫无疑问，这种次序符合一般教学的原则，亦即：场景具体、范畴内省、教学明确。不仅如此，它还是二语操练课堂上的典型程序：以情景导入句型，用问题喻示功能，用答案点明结构①。

---

① 冯胜利，施春宏.论汉语教学中的"三一语法"［J］.语言科学，2001（5）：468.

第四节　课堂教学的教学评价（HSK等）

一、什么是教学评价

教学评价是教育研究的三大主题之一[①]。在实际的教育研究中，教学评价常常与教学评估交替使用。我国教育界常常将"evaluation"译为"评价"，将"assessment"译为"评估"。艾伦·戴维斯等（Alan Davis，2002）对语言教学中的"评价"和"评估"进行了明确的定义。评价是为做出决策而系统地收集信息。就语言教学而言，对语言教学的评价是为了向语言教学的涉及者，比如教师、学生家长、管理者等提供信息，以便对未来的教学做出决策。广义的评估既包含语言测试，又包含更加广泛的收集数据的途径，如面试、个案研究、调查问卷、课堂观察等方法和途径。而狭义的评估指不涉及测试的评估。严格来讲"评估"类属于"评价"。但由于二者的含义非常接近，因此，在教育文献资料中，二者经常被大家交替使用。也有观点认为上级教育管理部门在检查教学情况时经常使用"评估"，而在教学研究中，研究者更倾向于使用"评价"。国际中文教学界也出现类似的混用情况，一些教师习惯使用"教学评估"，也有一些教师习惯使用"教学评价"。我们在这里讨论的是国际中文课堂教学，所以倾向于使用"评价"这一术语。课堂教学评价是评价者为了做出决策而系统地收集信息，并对课堂教学中教师的"教"和学生的"学"的任意元素的价值做出判断的过程[②]。在这里，课堂教学评价的目的是为了做出中文教与学的决策，课堂教学评价的方式是系统、科学、全面地收集和分析信息，对中文教学任意元素进行价值判断。课堂教学评价的根本目的是改善和优化汉语教或学的质量。国际中文课堂教学评价是国际中文课堂教学的一部分，能为教师和学生提供更好的教学和学习决策，还能提供教学实施环节的教育评价。

在讨论国际中文课堂教学评价之前，我们先认识一些在教育评价领域广泛使用的既有联系又有区别的几个概念："评价""评估""测量""测验""测试"和"考试"。其中，"评价"与"评估"在前文已经进行了讨论，在这里不再赘述。"测量"（measurement）是根据一定的规则，对客观事物的属性用数字进行量化描述的过程[③]。换句话说，测量就是客观事物的特定属性指派数字，用数字来解释被测属性[④]。这个定义概括了物理测

---

① 杨翼. 汉语教学评价 [M]. 北京：北京语言大学出版社，2008：29.
② 杨翼. 汉语教学评价 [M]. 北京：北京语言大学出版社，2008：2.
③ S. S. Stevens. *Handbook of Experimental Psychology* [M]. New York: John Wiley & Sons, 1951.
④ A. J. Nitko. *Educational Tests and Measurement: An Introduction* [M]. New York: Harcourt Brace Jovanovich, 1983.

量、社会测量、心理与教育测量的共性。在社会科学中，测量是按照严格的程序和规则对人的特性进行量化的过程①。其中，测量的对象是人的物理特性或心理特性，而不是人本身②。人的物理特性往往可以直接进行测量，如长度、重量、温度等。而人的心理特性却无法进行直接测量，而是需要设定一些概念，然后对这些概念进行量化，如学习者的"语言能力""语言交际能力""语言的流利度"等。需要注意的是，测量需要遵循严格的程序和规则，随意地对某个特性指派数字并不是测量。比如关于一段旅途的长度，有人用坐火车的时长表示，有人用开车的公里数表示，这不能算是测量。因为两个人得出的数字没有共同的基础。再如，任何人都可以对一个人的语言水平进行评价。甲认为这个人的发音很标准，乙认为这个人的词汇量很大。这也不是测量。因为这两个评价都是个人的大致估计。而真正的测量可以由不同的人，在不同的场合，对不同的对象重复进行。因此，测量要求测量人按照一定的程序和标准实施。

"测验"与"考试"在英语中都与"test"对应。而"test"在译为汉语的时候，有人喜欢使用"测验"，也有人喜欢使用"测试"。一般来说，从事语言测试研究的专业人员在学术研究中使用"测试"。此外，"测试"在科技领域也非常常见，比如"测试软件的性能"等。但是在学校场域中，教师和学生更常使用"测验"。比如"今天我们开展一个随堂测验"。测试和测验在概念内涵上非常接近，几乎没有使用界限，常常交替出现。在教学评价领域，它们都是一种测量工具。我们将"测验"和"测试"视为同一概念，用"测试"来代表。中文测试可以被定义为：中文教学评价中收集信息的一种形式，通常是由一组要求在固定时间内完成的中文题目组成，并在相同的条件下，对所有应试的学生施测③。

考试是日常教学情境中更加常用的术语。考试与测试有时候指同一件事，有时又有区别。不同的人对二者的看法不同。一般认为考试在形式上更正规、在程序上更严格、在规模和题量上更大，比如期中考试、期末考试、汉语水平考试等。而测试较为随意、松散，题量和规模上都比较小，比如随堂测试、小测试等④。也有人按照主观与客观进行划分，主观的叫"考试"，客观的叫"测试"。还有人根据时间限制进行区别，考试的时间较长，一般在两三个小时以上；测试的时间较短，一般是半个小时到一个小

① L. F. Bachman. *Fundamental Considerations in Language Testing* [M]. Oxford: Oxford University Press, 1990.
② ［美］罗德，［美］诺维克. 心理测验分数的统计理论［M］. 叶佩华等译. 福州：福建教育出版社，1968／1992.
③ 杨翼. 汉语教学评价［M］. 北京：北京语言大学出版社，2008：5.
④ 杨翼. 汉语教学评价［M］. 北京：北京语言大学出版社，2008：5.

时①。人们对"测试"和"考试"的理解基于日常生活中的约定俗成。特定的测试才被看成是考试。因此，测试的概念比考试的概念内涵更加宽泛。考试是测试的一种特定形式，也可以为汉语教学评价收集信息。

前文我们分别介绍了评价、评估、测量、测试和考试这些基本概念。它们在概念含义上存在着交叉的关系，也有着区别。它们之间的关系可以用下图②来表示：

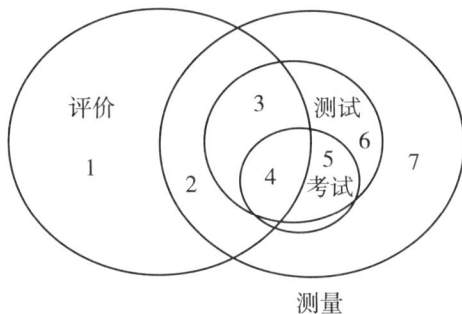

评价、测量、测试、考试关系图

可以看出，考试从属于测试，而测试从属于测量，但测量和评价存在交集，但彼此独立。评价是评价者为了做出决策而系统地收集信息，并对语言教学的任意元素的价值做出判断的过程。而测量则是依据一定的程序与规则用数字对事物的属性进行量化描述。评价的本质是价值判断，重视分析和判断，是根据所收集的信息进行"好"与"坏"、"优"与"劣"的评判；测量的本质是事实判断，强调数量化和客观性。但是价值判断的基础是事实判断，测量的结果是评价的重要依据，因此二者既互相独立，又存在交集。比如，某个留学生在初级汉语综合课期末考试中得了 80 分，全班有 65% 的人得分比他低。到这里，我们完成的任务是测量。用考试分数描述了这名留学生当前的汉语水平。如果要对他的汉语水平进行评价，可能就需要将这一次的成绩与他之前的成绩进行对比，也可能需要将他的成绩与全班其他学生的成绩进行对比，才可以评价该留学生的汉语水平是提高了还是下降了，并且分析他汉语水平提高或下降的原因，找出继续激励或补救措施。所以，评价不但要描述结果，还要考察其发展的过程，探寻原因，提出相应的措施。相比之下，测量是单一性的活动，仅限于对被测量对象

① 王佶旻. 语言测试概论［M］. 北京：北京语言大学出版社，2010：57.
② L.F. Bachman & A.S. Palmer. *Language Testing in Practice* [M]. Oxford: Oxford University Press, Shanghai Foreign Language Education Press, 1997:23.

的定量描述，结果总是用数字体现。而评价则是综合性的活动，可以对被评价对象进行定量描述、定性描述，此外还包括对结果的价值判断。

评价与测量相互独立且存在交集。从属于测量的考试与测试也与评价存在交集。上图中圆圈覆盖的区域可以被划分成 7 个，分别用数字 1、2、3、4、5、6、7 来表示。这 7 个区域可以代表七种不同的情况：

1. 无测量、测试和考试的评价。不通过测试、考试的方式，不进行数量的陈述，而是定性地对学生的行为表现进行评价。

2. 通过无测试和考试的测量进行的评价。测量的方式不仅限于测试和考试，还可以通过课堂观察、问卷调查等方式进行。比如教师通过问卷调查对留学生学习某一语法结构的状况进行量化描述，可以为该语法结构的教学评价提供量化的数据支撑。

3. 通过有测试的测量进行评价。

4. 通过有考试的测量进行评价。

5. 通过考试进行的测量。

6. 有测试无考试的测量。这种测量可能不是为了评价，而是为了进行科学研究。比如，教师想对留学生习得汉语趋向补语的情况进行研究。为此，他设计了汉语趋向补语的测试试卷，并让相关的留学生完成试卷。他的目的不是为了评价留学生学习趋向补语的效果，而是为了发现留学生学习趋向补语的特点和规律。

7. 无测试无考试的测量。这种测量一般不是为了评价，而是为了某种研究主题而开展的测量。比如，为了研究的需要收集留学生的书面作文，根据作文的语法复杂度、流利度等数据，对留学生的书面产出进行量化，以研究留学生的语法能力与写作能力的关系。

对上述 7 种不同的情况的梳理，可以帮助我们认识评价与测量以及测试和考试的关系。不是所有的评价都会涉及测量、测试和考试。不是所有的测量都是测试和考试。也不是所有的测试和考试都是评价。虽然测量、测试和考试都可以成为评价的工具，但评价也可以借助于定性描述型的非测量工具进行。

二、评价的主体

任何评价都离不开评价的主体。所谓评价的主体是指评价活动的设计者、组织者和实施者。与课堂教学工作相关的"利益关系人"都是课堂教学评价的主体。简单来说，可以分为教师、教学督导人员和学生三方教学评价的主体。下面，我们分别介绍课堂教学评价的三方主体。

（一）教师

课堂教学中，教师作为教学计划的设计者、教学行为的实施者，对课堂教学的评价有第一位的发言权。教师普遍受过较高程度的教育和专门训练，具有根据教学对象和教学环境变化以及各方面的评价信息，自觉调控教学行为的能力，因此教师对课堂教学的评价直接指向了教学效果的得失、教学内容的调整以及教学方法策略的改进。教师对课堂教学的评价可以分为教师自评和同行评价。教师自评是教师进行课堂教学的一部分。应该说，教师在进行课堂教学的同时也对课堂教学的各个元素、各种情境进行实时自评，同时教师也根据实时评价的结果不断调整自己的教学行为。教师的自评往往具有自发性，是教师在课堂教学过程中有意识和无意识对自我教学情况评价的结合，可以分为教学过程中的无意识自评与对教学效果的有意识自评。教师自评的对象非常广泛，既包括对学生在课堂上的学习表现、学习动机、学习策略、学业成绩等，也包括对自己教学设计、教学安排、教学实施、教学活动组织、布置作业等与课堂教学相关的各个环节的评价，还包括对教学材料、教学环境等内容的评价。

除了教师自评，同行评价也是课堂教学评价的重要组成部分。同行评价是教师对同事的课堂教学行为、教学业绩进行的评价。常见的同行评价在同行听课、评课活动中进行。同行教师通过听课、评课，对任课教师的课堂教学情况进行反馈、评价。在更加民主的同行评价中，听课教师还可以与任课教师就课堂教学的相关问题进行讨论，旨在达到改进教学的目的。同行评价中，评价者和被评价者有相近的专业背景、教学经历，对彼此的工作有着共同的宏观认知。因此，同行评价可以为教师的课堂教学提供更具专业特征的建议，在教师的形成性评价中起到较大的作用，也有利于创造学术与专业的发展氛围。

（二）教学督导人员

教学督导人员既包含教学管理部门的专职教学管理人员、院系领导，也包括以专家为主体的教学督导人员。一般而言，教学管理部门包括学校教务处、各院系教学管理部门的专职教学管理人员以及各院系的领导。专职教学管理人员在行使管理职能的过程中，对课堂教学的实施环节进行评价，主要是对按时开课、按时上课、教案、作业批改、考试阅卷、成绩上报等教学环节进行管理与评价。同时，还要对以专家为主体的教学督导人员、教师、学生三大评价主体的评价活动进行组织与实施。从院系的角度看，院系领导对本院、本系教师以及在本院系上课的外院系教师的课堂教学进行评价。院系领导对教师课堂教学的评价一般通过随堂听课、期末成绩分析等方式进行。以专家为主体的教学督导人员是最有权威的评价主体，一般由教学经验丰富、具有高级职称的离退休或在职的资深教师组成。教学督导人员的教学评价与同行教师评价有一定的相似性。作为资深的同行教师，教学督导人员与教师的专业背景、教学经历比较相似，对教师的知识、能力比较了解，可以为年轻教师的教学成长提供指导性评价，切实帮助教师进行教学的改进、专业的发展。但同时，由于教学督导人员都是某个教学领域的专家，他们对相同领域的课堂教学的过去、现在有着历时性的深刻认识，因此教学督导人员可以从纵向的维度，对教师的过去和现在的发展对比进行评价，为教学管理、教学改革提供更加宏观的评价结果。

（三）学生

学生是课堂教学评价的另一个重要的主体。虽然在传统的教学评价中，学生一直处于被评价的一方，但是随着教学评价的发展变化，学生评教已成为教学管理的必要环节。学生评教是指学生对教师的课堂教学质量的评价，为教师教学水平评价、教育教学管理以及教学改革提供重要的依据。作为教学活动的主体和教学效果的直接体现者，学生参与了课程教学的全部过程。他们对教学目标是否达成、教学活动是否有效、师生关系是否良好都有深刻的了解。全程参与教学活动的学生对教学活动、教学环境、教学效果、教师的教学态度等内容有着深刻的感受、全面的认识。学生评教可以最大限度贴近教师的平常状态，反映教师课堂教学的状况。与其他评教主体相比，学生评教数据采集面大，评价结果从统计学的角度看具有较高的可信度，总体上能够较好、较客观地反映教师的课堂教学活动。

教师、教学督导人员、学生是课堂教学的利益相关者，也是教学评价的三大评价主体。通过教学评价提升课堂教学质量是课堂教学评价的根本目标。围绕提升课堂教学质量的总体目标，教师、教学督导人员、学生三方各司其职，展开互动，才能实现教学评价改进教学、赋能教学的目标。

教师是教师自评活动中的评价者，通过对学生、对自我的评价，改进完善教学。同时，教师也是教学督导评价活动和学生评教活动中的被评价者，接受教学督导人员和学生的监督和评价。但教师也是评教的需要者、评教结果的使用者。通过评教结果的反馈，可以帮助教师改进教学、提高其教学水平，有利于教师的专业发展。

教学督导人员是教学管理评价和课堂教学评价的评价者。教学督导人员对教师的课堂教学以及学生的学习表现、学业成绩的评价将反馈给任课教师，旨在帮助任课教师改进教学，发展专业技能。

学生既是课堂教学评价的被评价者，也是课堂教学的评价者。学生在教学管理部门的指导下对教师的课堂教学进行评价。学生评教的目的是改善教学质量。教学质量的提高直接关涉到学生的利益。因此学生还是学生评教的直接受益者。与之相对,如果因评教活动的偏颇影响教学,学生还是评教活动间接的受害者。

而在实际的教学评价活动中,教学管理部门是教学督导人员评教、学生评教活动的代理人。教学督导人员和学生的评教活动都由教学管理部门进行组织、开展和实施。同样,教学督导人员、学生的评教结果也交至教学管理部门。教学管理部门根据教学督导人员、学生的评教结果对课堂教学行为、教学质量进行监督和管理,同时也将教学督导人员、学生的评教结果反馈给被评的教师,帮助他们改进教学,提高教学质量。

因此,在课堂教学评价活动中,同行教师、教学督导人员、学生对课堂教学进行客观、全面的教学评价。教学管理部门则发挥组织和枢纽的功能,认真组织各类课堂教学评价活动,并将教学评价的结果即时传递给任课教师。而任课教师在专业发展的过程中,积极开展教师自评、虚心接收其他多方教学评价,在自我反思、批判继承的基础上客观、全面对待多方的教学评价结果,并将之应用于教学改进活动,最终达到教学评价赋能教学的终极目的。

三、评价的信息收集方法

课堂教学评价是评价者为了做出决策而系统地收集信息,并对课堂教学中教师的"教"和学生的"学"的任意元素的价值做出判断的过程。对教学评价而言,收集信息是最关键的环节。如果缺乏相关评价的信息,我们就没有客观依据进行判断和决策。因此,要进行教学评价,就要了解收集评价信息的方法。评价信息可以分为两类:定量的评价信息和定性的评价信息。定量的评价信息常常来源于考试、测试和测量。定性的评价信息来源于量化之外的观察、访谈、个案研究等更广泛的收集途径。从教学评价信息的收集方式来看,国际中文课堂教学的评价信息主要来源于对学习者实施的汉语测试,对学习者、教师就某些问题、某个方面情况的调查以及对课堂教学的观察。本部分将从国际中文课堂教学评价信息的常用收集方式的角度,介绍四种国际中文课堂教学评价信息的收集方式:测试法、观察法、调查法、访谈法。

(一)测试法

测试法指利用对学习者实施的中文测试来收集汉语教学评价信息的方法[①],可以收集中文学习者的中文学业成绩、中文技能水平等方面的信息。国际中文课堂教学的效果最终体现于学习者的中文使用或中文行为表现。中文测试是最直接、简单、便捷的

---

① 杨翼.汉语教学评价[M].北京:北京语言大学出版社,2008:177.

课堂教学评估方法，因而得到了广泛的运用。中文测试指国际中文教育领域的各种类型的中文测试、汉语考试，既包含全球性的汉语水平考试（HSK）、商务汉语考试（BCT）、少儿汉语考试（YCT），也包含日常教学涉及的期中、期末考试，分班测试，随堂测试等。中文测试可以从不同的角度进行分类。

根据测试目的，可以分为成绩测试、水平测试、诊断测试、分班测试和能力倾向测试。成绩测试（achievement test）也叫"成就测试"（attainment test），考查的是先前的学习内容，只关心先前的学习内容[1]，因此成绩测试的内容以教材、教程或教学大纲为主。一般来说，教什么就测什么，学什么就考什么。日常教学中常见的单元测试、期中测试、期末测试或结业测试都是典型的成绩测试。水平测试（proficiency test）又叫"能力测验"，测的是人的语言能力，不考虑学习者的学习内容、学习方式等个体因素，因此不以任何课程、教材或教学大纲的内容为基础是水平测试的显著特点。国际中文教学领域的汉语水平考试（HSK）、商务汉语考试（BCT）、少儿汉语考试（YCT）都是典型的水平测试。分班测试（placement test）的作用是测量学生现有的语言水平，并据此将学生安置到适当的班级或课程中去。分班测试可以使用特定的教材或教学大纲为内容标准，也可以不依据教材为标准，而是参照通用的水平测试成绩来分班。入学前的摸底考试、面试都属于分班测试。诊断测试（diagnostic test）是在教学和学习过程中的测试，主要是发现学生学习中存在的问题，以便教师对下一步教学进行调整。诊断测试的形式比较广泛，既可以是精心设计、结构演进的试卷，也可以是针对某个语言点的练习题，还可以是重点词汇的听写，甚至是学生的口头、书面产出。无论是何种形式的诊断测试，其测试内容一定是以教学内容为基础，并且具有明确的针对性。能力倾向测试（aptitude test）是一种预示性测试，目的是预知中文学习者学习中文的潜力和天赋。能力倾向测试属于前瞻性的测试，被试者很可能从未接触过中文，因此与水平测试、成绩测试相比，能力倾向测试的设计更加困难[2]。能力倾向测试注重与语言学习相关的几种能力，如语音编码能力、语法编码能力、综合归纳能力、短时记忆能力和口头表达能力[3]。

按照测验方式可以分为分离式测试和综合式测试。中文分离式测试将中文知识和技能分解为若干个较小的单位，在每道题里逐个测量这些分解后的汉语知识技能点，

[1]　Davies, *Principles of Language Testing* [M]. Oxford: Basil Blackwell, 1990: 20.

[2]　Davies. *Principles of Language Testing* [M]. Oxford: Basil Blackwell, 1990: 21.

[3]　高兰生，陈辉岳. 英语测试论［M］. 桂林：广西教育出版社，1996：57.

每个试题只考查一个汉语知识技能点，如 HSK（初、中等）中的语法结构部分[①]。分离式测试中，题目多采用选择题的形式，客观性强。每道题提供的信息明确、具体，不掺杂其他因素。学生答题和教师讲评时可以非常明确地知道该试题的考点。但是分离式测试将语言分成一个个独立的没有联系的考点，又缺乏上下文语境。对考点的掌握能否反映一个人运用语言的能力是人们对分离式测试的质疑。综合式测试是一次同时考查多种中文知识和技能的测试。汉语综合式测试注重考查中文的意义而非形式，强调中文整体的熟练程度。常常在一定的上下文语境中考查中文知识和技能。如新 HSK 六级的书写部分，既要求学生具备相当的中文阅读能力，又考查学生的书面写作能力。综合式测试更加全面地考查学生的中文能力，受到诸多好评。但是综合式测试经常使用主观性试题，也带来了评分标准不易把握、评分不一致的问题。

按照评分方法可以分为主观性测试和客观性测试。主观性测试的答案具有开放性和灵活性，其评分需要评分人员做出自己的判断。那么评分员给出什么样的分数，不但与答案本身有关，还与评分员的好恶、心理状态有关。中文测试中的写作、翻译、口语产出类的试题都属于主观性测试。主观性测试的优点是可以有效地测量学生的语言使用能力，但评分比较费时费力，还可能出现评分标准不一致的问题。客观性测试的答案具有唯一性和排他性，其评分不需要评分人员做出自己的主观判断。中文测试中的多项选择题、是非题都是典型的客观性测试。客观性试题的题量很大，覆盖的测验内容比较广泛，且针对性强，可以实现大样本、等距量表等统计学上的一些要求，并且答案明确、评分简单方便，省时省力。但是可观性测试对听、读等理解能力的测量比较有效，但很难对说、写等输出表达能力进行测量。此外，客观性测试允许学生靠猜测得分，不能客观如实反映学生的语言能力。此外，客观性试题的编制费时、费力，对命题人员的专业能力、出题经验有较高的要求。

我们知道，中文测试可以从不同的角度分类。在进行教学评价的时候，需要根据评价的目的确定测试的类型。如教师使用诊断测试对自己的课堂教学状况进行自我评价。学校的教育管理部门使用成绩测试对该校的中文教学情况进行评价。而上级教育管理部门则可以使用水平测试对某一地区、某一类别的中文教学情况进行评价。此外，不同的测试类型也可以对教学评价中的不同内容提供相关的评价信息。如以客观题为主的分离式测试更适合收集学生对中文词汇、语法知识，听力、阅读技能的评价信息。

[①] HSK（初、中等）是由北京语言学院于1984年开始研制，并于1992年正式命名的汉语水平考试（HSK）的一个等级。1997年，HSK形成了包括HSK（基础）、HSK（初、中等）和HSK（高等）在内的比较完整的考试体系。

以主观题为主的综合式测试可以收集学生对中文的实际运用情况，如书面写作、口头表达。那么在使用测试法进行教学评价的时候，首先需要明确测试的目的。测试目的不同，采用的测试形式以及测试的内容就不同，题目的编制和数量也不同。第二，在明确测试目的的前提下，确定测试的内容、测试的题型、题目的数量、计分方法以及试卷结构。第三，在小范围进行测试，收集试测中被试的意见与感受，以便对测试试题进行修订。第四，筛选测试题目。根据测试的结果对试卷结构、试卷题目进行调整。第五，对测试试卷进行信度、效度检验。第六，编制测试说明书。测试说明书包含测试的编制者、编制时间、测试目的、对象、范围、试卷结构、标准答案、阅卷方法以及评分标准等与测试相关的重要信息。测试说明书能够为测试的实施提供明确清晰的指引，为测试的评分提供统一稳定的标准。

（二）观察法

观察是评价人类技能和行为的基础。观察法是国际中文课堂教学评价的重要方法。在国际中文教学领域，观察不仅是对课堂教学事件、课堂教学活动、师生和生生之间的互动以及师生与教学材料之间的互动，还包括对汉语学习者口头和书面表达的"产品"、学习者学习相关资料如试卷、作业等的观察。

教学评价依据评价目的、评价内容确定所收集的评价信息。不同的教学评价内容、教学评价目的、教学评价需要的观察对象不同。根据观察对象的不同，国际中文课堂教学观察可以分为：中文课堂观察、中文产品观察、档案资料观察①。

中文课堂观察指在中文课堂教学期间，对中文教学事件、中文教学活动、师生互动、师生与教学材料之间的互动情况进行观察以获得中文教学评价信息的方法。中文课堂观察适用于任课教师的自我评价，也适合同行教师、教学督导人员、教学管理人员的第三方评价。在中文课堂教学过程中，中文教师要不断观察学生在教学活动中的各种表现和反应，包括：学生对中文教学材料的反应和使用，教学活动中学生的参与度、合作度、相互影响的情况，等等。中文教师通过对课堂教学过程中学生的反应和表现对自己的教学效果进行评价，确定并调整更适合于学生的中文教学活动和材料。同行教师、教学督导人员、教学管理人员通过听评课活动对中文教师课堂教学中的多种情况进行观察。大到教师的教学设计、教学方法、教学实施，小到教师的教学语言、活动组织、板书设计、时间管理以及学生在教师引导下开展的各种学习活动的情况，都是同行教师、教学督导人员、教学管理人员在听课时可以观察的对象。许多中文教

① 杨翼.汉语教学评价［M］.北京：北京语言大学出版社，2008：208.

师在行课过程中无法关注的信息可以通过其他教师的课堂观察进行收集，为中文教师的课堂教学提供第三方的专业评价与反馈。中文课堂观察将课堂教学的真实情况作为观察对象，能够为教师提供一手的、真实的评价信息，有利于课堂教学的评价与改进。

中文产品观察指对中文学习者输出的口头或书面表达的语篇、文本进行深入细致的观察与分析，从而获得中文教学评价信息的方法。中文学习者的产出可以分为口头和书面两种形式。观察不同形式产品的方式有所不同。对学习者的口头表达产品的观察可以在课堂上进行，也可以在课外进行。在课堂上进行的学习者口头表达产品的观察主要用于对学习者口头表达的实时评价与反馈。而在课外进行的口头表达产品的观察既可以是对课堂教学录音、录影的观察，也可以是课外口头作业、口语考试的录音录像的观察。课外口头表达产品的观察既可以用于评价课堂教学的过程与情况，也可以用于评价学习者的口头表达水平、口语学习效果等。对中文书面表达作品的观察多在课外进行。中文书面表达产品既可以是学生的课后作业，也可以是中文考试的试卷。观察的内容包括中文学习者的感受与看法以及中文学习者书面输出产品的特点和偏误。对中文产品的观察可以直观地帮助中文教师评价学生的学习状况，也可以通过学生的产品反观中文教学的过程、方法、策略的合理性和有效性。

档案资料观察是将与中文教学相关的档案资料作为考察对象，进行观察分析，获得教学评价信息的方法。其中，与中文教学相关的档案资料既包括学校的相关文献资料如中文教学大纲、中文培养方案等，也包括学习者个人的背景资料和学习样本。学习者的背景资料包括性别、国籍、中文学习经历、成绩记录、受教育情况、中文学习需求等。中文学习样本则包括作业、论文、报告乃至试卷。与学习者中文产品以实时性的信息收集为主不同，中文学习样本多以档案资料的方式保存并收集，具有一定的历时性。因此，对中文教学档案资料的观察多用于国际中文教育教学的评价，对更加注重实效性的国际中文课堂教学评价的作用相对有限。

观察法的选用与实施首先需要确定评价的目的、评价的内容和评价的对象。不同的评价目的、内容和对象所采用的观察方式会有所不同。如教师为实时改进其教学设计、改善教学行为，多采用中文课堂观察。而评价学生语法学习效果可能使用到中文产品观察。对某个班级中文教学情况的评价可能综合使用中文课堂观察、产品观察和档案资料观察。无论使用哪一种观察方式，确定明确的评价目的、评价对象、评价内容是进行观察的第一步。在确定了评价目的、对象和内容之后，对不同的观察对象可以采取不同的观察方式和工具。

如中文课堂观察中，按照观察者是否直接参与被观察者的活动，可以分为"参与性"

和"非参与性"观察。按照观察内容范围大小，可以分为完全观察和取样观察。在观察的同时，需要对观察到的信息进行记录和保存。中文课堂观察主要有三种记录方式：逸事趣闻记录、清单记录和等级量表记录。其中，逸事趣闻记录是观察者记录所观察到的教学现象或中文学习事件。可以用于中文教师对日常课堂教学情况的观察和记录。逸事趣闻记录有较大的开放性和自由度，观察者可以定期对观察记录进行整理、提炼主题，以便有明确、清晰的评价对象和内容。清单记录则由一些描述教学和学习的特定项目组成。这些项目规定了观察者的观察对象、观察内容，能够更加清晰明确地指导观察者围绕特定评价目标收集信息。等级量表也是记录观察的工具。形式上，等级量表与清单记录非常相似，也有一些特定的项目类别。不过，等级量表提供了更加准确、清晰的评价标准。观察者在等级量表的引导下，对特定的观察对象、观察内容进行观察并评价。在进行中文课堂观察的时候，需要首先明确评价目的、评价对象、评价内容，然后确定观察的方式、观察的范围以及观察的工具和记录方式，制订观察计划。最后，在清晰、明确的观察计划下对特定对象、内容进行观察，收集信息，完成特定的教学评价。

观察法依靠观察的感官和思维，以亲临中文课堂教学现场、接触中文产品、档案资料的方式收集评价信息。这种亲自感受、亲自接触、亲自处理给观察者带来了直接的、深刻的切身感受，可以获得一手的评价信息。但是，由于观察法依赖于观察者的直接考察，很难获得大规模的样本信息，因此观察所获的评价结论的推广运用存在较大的局限性。此外，观察法依赖于观察者的感官和思维。观察者的理论修养、实践经验甚至个人的文化背景、偏好都会影响观察信息的真实度。这些影响评价结论的因素是在使用观察法收集评价信息时需要关注和考虑的问题。

（三）调查法

调查法是在自然条件下运用问卷、访谈等方式收集有关教学评价事实信息的方法。调查法在国际中文课堂教学评价中的应用广泛，常见的学生评教多使用调查法中的问卷法收集学生对教师教学的意见和反馈。访谈法也被广泛使用于教师自评、教学管理人员对课堂教学进行的教学评价之中。

调查法经常被应用于学生评教、教师评教之中。问卷法通过书面文字形式提出问题，要求中文学习者或中文教师群体按照要求回答。问卷的答案反映了中文学习者或中文教师对中文课堂教学中特定问题的看法、意见和态度等方面的信息。这些信息为教学评价提供相关的事实依据。根据回答问题的形式，调查问卷可以分为封闭型和开放型两种。封闭型问卷只允许被调查者从已提供的答案中选择一个或几个。答案的形式可以为肯定／否性式、量表式、排列顺序式以及选择式。封闭型问卷易于回答，回收率高，答案完整独立，被调查者只需要选择答案即可。这增加了被调查者回答所有问题的机会。封闭型问卷的答案是有限的，更容易进行统计和分析，不同被调查者之间的调查结果可以比较，更适于大规模的调查。开放型问卷要求被调查者用汉语或母语以自由陈述的书面形式回答问题。开放型问卷所提供的答案可以分为填空式和问答式。开放型问卷适用于调查者尚未掌握所有答案的问题或本身具有多种答案的复杂问题。开放型问卷不预设问题的答案，被调查者可以充分、自由地表达自己的意见，可以避免被调查者拒绝回答预设答案的问题。当一个问题有多种答案的时候，开放型问卷可以为封闭型问卷提供预设的答案选项。但是开放型问卷的答案带有很强的主观性，汇总、归类、整理的难度比较大。同时开放型问卷的回答更困难、更耗时，出现不确定、无价值答案的概率比较高，问卷的回收率比较低。在实际工作中，常用的问卷多采用混合型，一份问卷中包含大量的封闭型的问题，也包含少数的开放型的问题。

（四）访谈法

访谈法是通过对中文学习者或中文教师的交谈收集教学评价信息的方法。访谈可以从不同的角度进行分类。根据访谈实施的严格程度可以分为正式访谈和非正式访谈。正式访谈中，访谈者要根据统一设计的访谈计划进行询问和交谈，并进行认真、详尽的记录。被访谈者根据访谈者的问题进行一一回答。非正式访谈中，访谈者只准备粗略的访谈范围。访谈双方可以进行自由的问答。访谈者不一定进行现场记录，可以采用事后记录的方法。这样双方交谈的氛围比较轻松和谐，被访谈者的防卫心理被大大降低，能够提供更多真实的想法。中文教师可以通过对学生开展正式和非正式访谈收集课堂教学评价的信息。在课堂教学过程中，非正式访谈是教师自评、改进教学非常便利的工具。教师可以在课前、课中、课后就某一具体问题对学生进行访谈，以获得相关问题的反馈，并直接用于教学的调整与改善。

按照被访谈的人数，访谈可以分为个别访谈与集体访谈。个别访谈中，双方能够就特定问题进行比较深入的交谈。因为是一对一，双方的互相倾听更加仔细，互相理解更加深入。访谈者能够更直观和具体地观察被访谈人细微的情感变化。集体访谈中，访谈者与被访谈者是一对多的关系。在访谈者的组织协调下，众被访谈者共同谈论同一个问题。集体访谈中，被访谈者可能会相互沟通，相互启发，从而得到更多角度、更完善的信息。

访谈法灵活性强，可根据具体情况决定要询问的问题。通过访谈双方的近距离沟通，可以通过被访谈者的表情、神态判断其回答的真实性。无论是个人访谈还是集体访谈，都可以在交谈互动之中深化对问题的认识，从而完成较复杂问题的调查。但是访谈法需要花费的人力、时间较多，应用范围限于小样本，答案的个性化程度强，难以进行统计处理。

四、评价的类型

国际中文教学评价既包括中文教学全领域、涉及中文教学宏观决策方面的宏观教学评价，也包括学校内部中文教学工作为主要评价客体的中观教学评价，还包括汉语教学的参与者或某一因素为客体的微观教学评价[①]。国际中文课堂教学评价包含对中文学习者、中文教师、中文教材、中文教学条件的评价等。针对国际中文课堂教学评价中的具体问题，我们可以认为国际中文课堂教学评价属于微观教学评价的范围。下文针对国际中文课堂教学评价所关注的具体问题，分类讨论国际中文课堂教学评价的类型。

（一）按评价内容分类

国际中文课堂教学可以从教学条件、教学过程、教学结果三个方面进行评价。教学条件评价是对中文教学方案达到教学目标所需要的条件的评价。教学条件的评价包括对师资情况、教学设备、教学环境等"硬"条件的评价，也包括教学理念、教学材料、教学设计等"软"条件的评价。教学过程评价是对中文教学方案实施情况的评价。这是国际中文课堂教学评价的一个重心。这种评价常常将中文教学方案的执行过程与预定过程相比较，考查中文教学方案的执行情况、中文教学资源的利用情况等，教学过程中师生互动情况、学生对教学实施的反馈情况等。教学过程评价一般不涉及中文教学结果，重视对中文教学实践中存在问题的诊断以及修正。教学结果评价是测量、解释、判断中文课堂教学效果的主要方式。通过测试、调查等方式收集与中文教学效果有关的描述与评判，如中文学习者的学业成就、中文学习者对教学的满意度测评等，并据此对中文教学效果进行评价。

（二）按评价功能和时间分类

国际中文课堂教学评价贯穿于国际中文课堂教学的全过程。不同阶段、不同时间的教学评价承担了不同的功能。根据评价功能和时间，可以将课堂教学评价分为安置性评价、诊断性评价、形成性评价和终结性评价。

安置性评价。安置性评价发生在教学活动之前，是对学生的中文学习现状做出判断，旨在使中文教学计划有效地实施。安置性评价关注学生是否具备进行下一步中文学习所需的知识和技能，学生的学习习惯、个性特征是否适合某种教学模式、教学方法和

[①] 杨翼.汉语教学评价［M］.北京：北京语言大学出版社，2008：20—21.

教学技术手段。安置性评价的目的是确定学生在中文教学进程中的位置以及找出适应于学生的最有效的教学模式、方法和策略。在实践中,安置性评价常常体现为入学面试、分班测试,通过收集学生的中文学习经历、中文水平等信息进行分析与判断。

诊断性评价。诊断性评价是在某项中文教学活动进行前、进行中、进行后,对中文学习者的难点、错误进行判断。其目的是通过发现问题及时调整教学计划,保证中文教学活动有效进行。诊断性评价可以使用针对性的诊断测试进行,同时也可以通过观察学生的学习状况、访谈学生的学习感受等多种方法进行。诊断性评价与中文课堂教学的联系非常紧密,随着教学活动的不断推进,教师和学生都需要反馈信息,以便决定是否对教学活动做出调整。诊断性评价为教师和学生提供了反馈信息,帮助教、学双方发现障碍和困难,以便教学活动进行实时调整与改进。

形成性评价。形成性评价是在中文教学活动中,对中文学习活动本身的效果进行的价值判断。形成性评价可以为教师和学生提供连续的反馈,从而达到调节教学活动、实现教学目标的目的。形成性评价伴随教师的教和学生的学全过程。正向的形成性评价可以对师生产生激励,坚定他们按照教学计划推进教学的信心。负向的形成性评价可以帮助师生发现中文教学中的困难和问题,帮助他们及时调整教学计划,改进教学。形成性评价既可以通过对具体教学内容的测试进行,也可以通过其他的非测试性任务进行。在形成性评价中,测试以及非测试的任务多由中文教师自行编制,目的是用于改善教学,因此对测试或非测试任务的评分不是形成性评价关注的重点。

终结性评价。终结性评价又称"总结性评价"。是在某项中文教学活动完成时,对学习者最终的中文学习成果进行价值判断。终结性评价可以以预先设定的教学目标为基础,对学习者是否达到教学目标或者达到教学目标的程度进行评价。终结性评价一般在一个完整的教学过程结束之后进行。常见的终结性评价发生在一个学期的期中或期末,关注的是中文学习者的学业表现。测试是终结性评价常使用的测试方式,但是在任务型教学法等以交际法为基础的中文教学中,也经常使用非测试性的任务作为评价信息的收集方式。

上述四种评价贯穿于国际中文课堂教学的全过程,虽然有阶段与功能的划分,但是在教学及评价工作中是相互联系、相互渗透的。例如,诊断性评价专注于发现问题与缺陷。但是安置性评价、形成性评价和终结性评价都带有发现问题的"诊断"性质。如果将国际中文教学的时间跨度拉长,那么,常规意义上的终结性评价如期中考试、期末考试也可以看成是中文学习者学习过程中的形成性评价,同样也具有预测、诊断、反馈等多种促进学生学习的作用。总之,教学评价是基于证据做出教学决策的教学过程,可以起到验证教学效果、促进教学的作用。国际中文教师通过课堂评价可以不断采集、分析、利用学生的学习信息，验证学生的学习效果与学习目标所期待的学习结果之间的差距，从而诊断学生存在的问题，确定补救的对象，在恰当的补救时机选择方法进行补救。因此，国际中文课堂教学的过程就是一个不断评价、不断教学、不断学习的过程。"教、学、评一体化"可以帮助我们认识课堂中的教学与评价。"教、学、评一体化"是有目标导向的学、教一体，教、评一体，评、学一体三因素组成的整体性的理论模型①，是一个"教与学—教与评—再教与学"的相互融通的循环过程②。"教、学、评一体化"的课堂不再局限于教师传输的流线型课堂，呈现出一种教、学、评围绕目标达成度互相反馈、相互促进，螺旋上升的形态。在这个过程中，课堂教学遵循了"始于目标的课堂设计"，按照学习目标的设定、评价任务的确立、教学活动的设计顺序开展课堂教学设计。清晰的教学目标决定了教学评价的方式和内容。在教学目标与教学评价的共同作用下，进行教学设计，开展教与学的活动③。"教、学、评一体化"是一种有效教学的理念，在教学目标的引领下，评价始终关注学生的学习信息，评价始终指导教师的教学设计与实施，评价始终伴随着课堂教学的推进，评价用其特殊的方式实现其对教与学的促进价值。

五、评价的标准

课堂教学评价给什么样的课是一堂好课提供了依据。课堂教学评价中存在不同的评价对象。简单归纳起来，课堂教学评价中存在教师、学生、教师的"教"和学生的"学"、教学过程及效果、教学活动等多个评价对象。不同对象的评价标准存在侧重点的不同。国际中文课堂教学评价中也存在多个评价对象。同样，评价对象不同，其评价的侧重点也不同。国际中文课堂教学是多种类型课堂教学的统称。特定对象的评价标准受到地区、国家、教育机构、教育层次等多维度的因素的影响，难以用统一、恒定的标准进行衡量。但是，对于任何一个国际中文教师、国际中文学习者而言，国际中文教育中文水平等级标准和汉语水平考试都可以为国际中文课堂教学提供统一、恒定的评价标准。下面，我们对国际中文教育中文水平等级标准和汉语水平考试进行介绍。

（一）国际中文教育中文水平等级标准

新中国的国际中文教育从 1950 年开始，经历了对外汉语教学、汉语国际教育和国

---

① 崔允漷，雷浩. 教—学—评一致性三因素理论模型的构建［J］. 华东师范大学学报（教育科学版），2015（4）：15—22.
② 丁丽云. "教—学—评一体化"实施过程中的问题及其解决对策［J］. 中国教育学刊，2018（3）：66—68.
③ 张菊荣. "教—学—评一致性"给课堂带来了什么？［J］. 中小学管理，2013（1）：7—9.

际中文教育三个历史阶段。早在对外汉语教学阶段，就开始探索具有中国特色的汉语水平等级标准和等级大纲。1987 年，中国对外汉语教学学会会长吕必松提议组建研究小组，首度开启汉语水平等级标准和等级大纲"学科基础建设"和"开创性系统工程"课题的研究和应用[①]。1988 年，《汉语水平等级标准和等级大纲》出版，并在全国试用。这是第一代汉语水平等级标准。在总体设计五级标准的基础上完成了前三级标准的建构，并且完成了甲、乙、丙、丁四级词汇等级大纲和前三级的语法等级大纲。1992 年，首部系统完整的以词汇为中心，"汉字跟着词汇走"的"二位基准"等级大纲——《汉语水平词汇与汉字等级大纲》出版。1996 年，国家汉办汉语水平考试部出版了《汉语水平等级标准与语法等级大纲》，这是中国第一本系统完整的汉语水平五级标准和四级语法等级大纲。2010 年，国家语委语言文字规范（标准）审定通过了《汉语国际教育用音节汉字词汇等级划分》。《汉语国际教育用音节汉字词汇等级划分》首次引入音节作为突破口，以汉字为核心，开创了我国第一个音节、汉字、词汇的"三维基准"国家标准。2018 年，孔子学院总部和汉考国际组建专家组，开始着手制定符合全球化需求的新时代汉语国际教育水平等级标准。2019 年，首届国际中文教育大会在长沙举办。汉语国际教育正式更名为国际中文教育。2021 年 7 月 1 日，《国际中文教育中文水平等级标准》（GF0025—2021）（下文简称《等级标准》）正式实施。这是历经七十多年的积淀与总结之后，教育部和国家语言文字工作委员会面向外国中文学习者发布的首个全面描绘、评价其中文水平和语言技能的规范标准[②]。《等级标准》规定了中文作为第二语言的学习者在生活、学习、工作等领域运用中文完成交际的语言水平等级，为国际中文教育的学习、教学、测试与评估提供了参考[③]。《等级标准》的创建、发布、实施为国际中文教育学科和事业发展的规范化、标准化、国际化提供了原创性、标志性成果，为全球国际中文教育带来了新的理念。

《等级标准》以国际中文教育领域七十多年来的教学实际为起点，以问题为导向，提出了具有中国特色的国际中文教育事业原创性概念和理论观点，为全世界的国际中文教育提供了学科标准体系。通过对新时代国际中文教育学科和事业的长远、综合考量，《等级标准》提出了"三等九级"的新范式，将外国学习者的中文水平整体性地划分为三等九级。初等水平是普及化水平，包括一、二、三级；中等水平包括四、五、六级；

---

① 刘英林，李佩泽，李亚男.汉语国际教育汉语水平等级标准全球化之路［J］.世界汉语教学，2020（2）：147—157.

② 刘英林，李佩泽，李亚男.《国际中文教育中文水平等级标准》的中国特色和解读应用［J］.国际汉语教学研究，2022（2）：31—38.

③ 中华人民共和国教育部、国家语言文字工作委员会.国际中文教育中文水平等级标准.2021：1.

高等水平包括七、八、九级。初等水平到中等水平的六个级别都是相对独立、完整的。《等级标准》中对一到六级的每一级都进行了定性描述和定量分析，为世界各地多样化、大众化、普及化、便捷化的教学需要进行回应。高等的七、八、九级不再细分，为以汉语为专业的外国学生以及汉语水平较高的学习者提供服务。"三等九级"提供了最低入门等级，服务于国际中文教育的普及化和大众化，也提供了高水平的标准与大纲，为高水平的汉语学习者提供服务。为新时期国际中文教育的短期目标、中期目标、长期目标指明了方向。

与西方语言相比，中文的学习具有一定的特殊性。国际中文教育等级标准的构建需要对汉语的特性有深层次的理解和认知。《等级标准》在以往的等级标准和等级大纲所提出的"二位基准""三维基准"基础上，提出了以音节、汉字、词汇、语法四种语言基本要素构成的"四维基准"，冲破了国际中文教育学科和事业的标准知识体系，拓展了新的思路①。面对国际中文教学中长期存在的"初级水平门槛过高，汉字和词汇总量偏低的问题"，《等级标准》在"三等九级"的基础上对各个水平的音节、汉字、词汇、语法四维语言要素进行总量控制和最低量设定，并协调搭配，优化配置。从而达到音节与汉字比呈现从高到低递减，词汇语汉字比呈现从低到高递增的趋势。等级水平越低，音节与汉字的比值越大，为零起点的音节教学提供科学依据，可以大大优化和提升用音节进行口语听说教学的效率。等级水平越高，词汇语汉字的比值越大，为中高级教学扩大词汇量提供了科学依据②。

《等级标准》将语言技能分为听、说、读、写、译五项。其中，听、说、读、写四项语言技能是外国人学习中文的基础性技能。除听、说、读、写四项语言技能，《等级标准》从第四级开始，增加了"译"这个第五项技能。"译"作为中文学习的语言技能并不是创新，早在20世纪50年代的对外汉语教学中就非常注重"译"。但是，随着对外汉语教学、汉语国际教育的发展，"译"逐渐被忽视。新时代的国际中文教育要满足世界多样化的需求，在外国人使用中文的口头、书面交际中，翻译的需求与日俱增。将"译"重新提出，是继承，也是在符合世界多样化需求中的"小创新"。

《等级标准》遵循通用化、系列化、组合化和精细化的设计理念，为新时期国际中文教育制定了短期、中期、长期目标，为实现各个阶段的目标提供了量化、精细化的描述与指导。既是教师进行国际中文教学的依据，又是评价学生水平、进行测试评

① 刘英林，李佩泽，李亚男.《国际中文教育中文水平等级标准》的中国特色和解读应用［J］.国际汉语教学研究，2022（2）：31—38.
② 刘英林，李佩泽，李亚男.《国际中文教育中文水平等级标准》的中国特色和解读应用［J］.国际汉语教学研究，2022（2）：34—35.

估的标准。无论是国际中文教育政策的制定者、国际中文教育活动的组织者，还是国际中文教师在教育教学实践中对《国际中文教育中文水平等级标准》进行研究、理解，既可以应用于教育教学实践，又可以作为标准对课堂教学中的特定评价对象进行教学评价。

（二）汉语水平考试（HSK）

汉语水平考试（HSK）是依据《国际汉语能力标准》《HSK 考试大纲》组织实施的一项国际标准化考试，重点考查汉语非第一语言的考生在生活、学习和工作中运用汉语进行交际的能力。HSK 考试有六个级别，其成绩是外国学生来华留学、申请奖学金的必备条件；是外国人来华工作、申请永久居留、移民等的语言证明，并被越来越多的跨国企业作为员工招聘和晋升的重要依据[①]。到目前为止，汉语水平考试（HSK）经历了开创阶段和过渡阶段。1984 年，北京语言学院成立"汉语水平考试设计小组"，着手研制针对外国人的汉语水平考试。1989 年，北京语言学院成立了汉语水平考试中心，专门负责汉语水平考试的研发和实施。1992 年，国家教委（今中华人民共和国教育部）发布了第 21 号令，将汉语水平考试定为国家级考试，并正式命名为"中国汉语水平考试（HSK）"。1997 年，HSK 形成了包括 HSK（基础）、HSK（初、中等）、HSK（高等）在内的比较完备的考试体系。经过二十余年的发展，HSK 已经成为海内外所认可的汉语考试品牌，在对外汉语教学中扮演着越来越重要的角色。为了使 HSK 更好地服务于对外汉语教学、服务于社会，2000 年，北京语言大学汉语水平考试中心开始酝酿 HSK 的改进工作。2006 年，成立了"HSK 改进工作项目组"，集中力量对 HSK 进行改版。2007 年 6 月，改进版 HSK 在全国 18 个考点开考，至 2008 年底，累计考生人数接近 7000 人次[②]。开创阶段，HSK 历经了考试体系的完善和第一次改版，具备了一定的社会认知度，为 HSK 的进一步发展奠定了基础。

为了更好地服务于汉语学习者，孔子学院总部 / 国家汉办主持研发了新 HSK。新 HSK 是依据《国际汉语能力标准》《HSK 考试大纲》组织实施的一项国际标准化考试，重点考查汉语非第一语言的考生在生活、学习和工作中运用汉语进行交际的能力[③]。新 HSK 最早分为一到六级。与之前两个版本的 HSK 相比，新 HSK 的一级降低了入门水平音节、汉字、词汇、语法的数量和难度，在试卷中引入拼音。通过降低汉语学习入门门槛的方式，让学习者能用较短的时间、以较快的速度打下汉语基础，获得最基本的

---

① 国家汉办 / 中外语言交流合作中心官网对汉语水平考试（HSK）的介绍参见：http://www.chinese.cn/page/#/pcpage/project?id=131.
② 王佶旻. 语言测试概论［M］. 北京：北京语言大学出版社，2010:31.
③ 中外语言交流合作中心官网：http://www.chinese.cn/page/#/pcpage/project?id=131.

学习能力和交际能力，并通过参加最低入门水平考试，拿到国家汉语水平考试委员会颁发的最低入门的等级证书，满足其汉语学习的需求，增强其汉语学习的自信心，激励其进一步进行汉语学习。此外，新 HSK 还增设了口语考试 HSKK。汉语水平口语考试 HSKK 主要考查汉语口头表达能力，包括 HSKK（初级）、HSKK（中级）、HSKK（高级）。HSKK 与新 HSK 共同为测评国际中文学习者的中文水平提供了全面的工具。

2021 年 7 月 1 日，《国际中文教育中文水平等级标准》实施之后，在理念和理论上给新 HSK 考试提供了总体指导。现有的新 HSK 一至六级考试基本满足了外国中文学习者初等、中等水平测试的需求，但针对来华留学硕博阶段的学生、各个国家中文专业的学生以及运用中文开展学术研究、经济文化科技交流的人员，需要开设针对中文高等水平的测试工具。因此，新 HSK 依据《国际中文教育中文水平等级标准》，在保持现有六个级别考试的基础上，增设 HSK 七至九级。新 HSK 七至九级于 2022 年 11 月 26 日进行了全球首考[①]。自此对标《国际中文教育中文水平等级标准》"三等九级"的汉语水平考试体系得到了健全。新 HSK 一至九级的汉语水平考试体系首次为各个层级的中文学习者提供了体系较为完备的测试体系，也是目前国际中文教育中影响最大的汉语考试。下表将从考试对象、考试内容、成绩报告三个方面对一级到九级进行简单梳理：

HSK 级别	考试对象	考试内容	考试结构	成绩报告
一级	具备初步中文听、读能力的初级中文学习者	中文听、读能力以及相应的话题、任务、语法和 300 个中文词语	听力：20 题 阅读：20 题	听力：100 分 阅读：100 分 满分：200 分 及格：120 分
二级	具备初步中文听、读能力的初级中文学习者	中文听、读能力以及相应的话题、任务、语法和 500 个中文词语	听力：35 题 阅读：25 题	听力：100 分 阅读：100 分 满分：200 分 及格：120 分
三级	具备初步中文听、读能力的初级中文学习者	中文听、读能力以及相应的话题、任务、语法和 1000 个中文词语	听力：40 题 阅读：30 题 书写：10 题	听力：100 分 阅读：100 分 书写：100 分 满分：300 分 及格：180 分

---

① 参见：https://mp.weixin.qq.com/s/ayGSW9NLAaw9zwn7_qqaZg.

续表

HSK 级别	考试对象	考试内容	考试结构	成绩报告
四级	具备一定的中文听、读、写能力的中级中文学习者和使用者	中文听、读、写能力，相应的话题、任务、语法和 2000 个中文词语，以及相关中华文化和中国国情	听力：45 题 阅读：40 题 书写：15 题	听力：100 分 阅读：100 分 书写：100 分 满分：300 分 及格：180 分
五级	具备一定的中文听、读、写能力的中级中文学习者和使用者	中文听、读、写能力，相应的话题、任务、语法和 4000 个中文词语，以及相关中华文化和中国国情	听力：45 题 阅读：45 题 书写：10 题	听力：100 分 阅读：100 分 书写：100 分 满分：300 分 及格：180 分
六级	具备一定的中文听、读、写能力的中级中文学习者和使用者	中文听、读、写能力，相应的话题、任务、语法和 5400 个中文词语，以及相关中华文化和中国国情	听力：50 题 阅读：20 题 书写：1 题	听力：100 分 阅读：100 分 书写：100 分 满分：300 分 及格：180 分
七—九级	中文作为第二语言的高水平学习者，包括来华留学硕博阶段的学生、各国中文专业学生，以及运用中文开展学术研究、经济文化科技交流工作的人员等	中文听、读、写、译能力，相应的话题、任务、语法和 11000 个中文词语，以及相关中华文化和中国国情	听力：40 题 阅读：47 题 写作：2 题 翻译：4 题 口语：5 题	提供听力、阅读、写作、翻译、口语和总分六个分数，以及等级评定结果

HSK一——九级测试情况表

■ **本章练习题：**

1. 国际中文教学课堂的特殊性表现在哪些方面？

2. 国际中文教学课堂的基本结构主要是什么？

3. 什么是"三一语法"？如何认识"三一语法"在国际中文教学中的指导作用？举例说明。

4. 如何理解学生作为教学评价的主体，其作用是什么？

5. 什么是产出导向教学法？举例说明其在国际中文教学中的应用。